应用型系列法学教材

法律应用逻辑

主编　王仁法　郑文姬

撰稿（按章节撰写顺序排序）

王仁法　万月玲　郑文姬　李姝昀

李阳桂　覃　健　杨三正　邵长飞

左　薇　魏　翔

WUHAN UNIVERSITY PRESS
武汉大学出版社

图书在版编目(CIP)数据

法律应用逻辑/王仁法,郑文姬主编. -- 武汉:武汉大学出版社,
2025.8. -- 应用型系列法学教材. -- ISBN 978-7-307-25125-0

Ⅰ.D90-051

中国国家版本馆 CIP 数据核字第 2025EV7297 号

责任编辑:胡　荣　　　责任校对:汪欣怡　　　版式设计:马　佳

出版发行:**武汉大学出版社**　　(430072　武昌　珞珈山)

(电子邮箱:cbs22@ whu.edu.cn 网址:www.wdp.com.cn)

印刷:湖北金海印务有限公司

开本:787×1092　1/16　　印张:14　　字数:330 千字　　插页:1

版次:2025 年 8 月第 1 版　　　2025 年 8 月第 1 次印刷

ISBN 978-7-307-25125-0　　　定价:58.00 元

目　录

第一章 法律思维的基石——逻辑

党的十八大以来，以习近平同志为核心的党中央高度重视法治建设，强调依法治国是党领导人民治理国家的基本方略。建设法治社会就必须拥有法律思维，尤其是对于法治社会中的重要角色——法律人来说，没有法律思维是不可想象的。而法律思维的基石就是法律逻辑。具体而言，一个法律人的思维基石就是法律应用逻辑。

第一节 逻辑思维与逻辑

思维通常被认为是人类特有的一种精神活动，是人与动物的根本区别所在。这里的思维主要是指抽象思维，而不是形象思维、直觉思维等。

一、人类的抽象思维能力

所谓"抽象"，就是舍弃事物个别的、非本质的属性，从众多事物中抽出共同的、本质的属性。而"抽象思维"则是指人在认识过程中借助于概念、判断、推理等来反映现实事物本质的思维方式。

抽象思维能力就是透过现象看本质的能力，就是能够从事物外表深入事物内部的能力，就是在复杂多变的具体事物中找到相对稳定的内在规律的能力。正因为有了抽象思维能力，人类才认识了各种事物发展的规律，并创造出辉煌的人类文明。各门科学将不同的事物作为自己的研究对象，分析、概括出它们存在、发展的不同规律，使人们了解、掌握这些规律，从而达到改造世界的目的。

法律是一种社会规范，而社会是复杂的、具体的，法律思维就是要从复杂而具体的社会中抽象出规范性的规律。因此，法律执行活动是需要很强的逻辑思维能力的。

逻辑学是对人类的抽象思维的形式和规律进行研究，法律应用逻辑是对各类法律人的抽象思维的形式和规律及其运用方法进行系统的研究。

二、逻辑学的研究对象

"逻辑"在汉语里是个外来语词，它源于古希腊的"λόγος"（逻各斯），原意是指事物运动和变化的某种规律性；它音译于英文的 Logic，中国近代学者严复在其译著《穆勒名学》中第一次将其翻译成汉语的"逻辑"一词。现在，汉语中的"逻辑"一词已是一个高频词了，其意义也至少有以下几种：一是与原意基本一致，指客观事物发展的规律性，如"战争的逻辑""犯罪的逻辑"等中的"逻辑"一词就是指这些事物发展的内在规律；二是专指人类思维的规律性，如"法庭论辩的逻辑性很强"中的"逻辑"即是说某人在法庭论辩的发言中体现出其思维有很强的规律性；三是特指研究思维形式及规律的一门学问，即"逻辑学"。要注意的是，在历史和现实中，有时"逻辑"一词还具有某种特殊意义。比如，黑格尔的《小逻辑》其实是指他的哲学著作，而"霸道逻辑""混账逻辑"是指某种特殊的、变态的、反逻辑的思维方式。

"逻辑学"因其关注人类的抽象思维而隶属于思维科学，但它并不研究抽象思维的一切方面。逻辑学主要研究思维的以下三个方面：

(一)研究思维的最一般的规律

"物质在它的一切变化中永远是同一的，它的任何一个属性都永远不会丧失，因此，它虽然在某个时候一定以铁的必然性毁灭自己在地球上的最美的花朵——思维着的精神，而在另外的某个地方和某个时候一定又以同样的铁的必然性把它重新产生出来。"[①]

哲学、心理学、神经科学以及思维学等，从不同的角度研究思维这朵地球上最美丽的花朵，得出了各自不同的关于人类思维的规律。

逻辑学当然也研究思维的规律，但它是从最基本、最一般的意义上来研究的，是将思维作为一个活动过程来探讨的。换句话说，逻辑学研究的是人们进行思维活动必须遵守的最基本、最起码的规律，即逻辑规律。一个人只要在进行思维，不管是进行日常思维还是科学思维，不管是在进行经济领域的思维还是物理领域的思维，都要受到制约，遵守这些规律思维就会沿着正确的方向进行，违背这些规律思维就会发生错误、发生变异、发生偏差。这些规律包括保证思维一致性的同一律，保证思维无矛盾性的不矛盾律，保证思维明确性的排中律以及保证思维论证性的充足理由律。

(二)研究思维的结构形式

思维是人在生产和生活的活动中，通过大脑来运用概念、作出判断并进行推理的活动过程，是人脑对于客观世界的间接的、概括的反映。这种反映是借助于思维的表达方式——语言(含哑语)来实现的。

人对客观事物的认识是通过一定的思维形式来进行的。思维形式就是思维反映客观对象的方式，包括概念、判断和推理。思维形式是思维对象内容的载体。只有思维内容而无思维形式所进行的思维活动是不存在的。同理，亦不存在无具体内容的思维形式。

而思维的结构形式则是指思维形式内在的联结方式，既包括具有不同内容的思维形式所共同具有的一般形式结构，又包括概念、判断和推理的联结方式。思维的结构形式被称为思维的逻辑形式。请看下面几个判断：

①所有罪犯都是触犯法律的。
②所有商品都是可以买卖的。
③所有行星都是围绕恒星运转的。

以上三个判断的具体内容千差万别，但从逻辑来看，它们的结构以及表达方式却是完全相同的。如果用"S"和"P"分别代替上述几个判断的思维对象和思维对象的具体属性，

---

① 《马克思恩格斯全集》(第20卷)，人民出版社1971年版，第379页。

则上述几个判断共同的思维结构形式就可以表达为："所有 S 是 P。"

这里的字母符号"S"和"P"被称为逻辑变项，它是逻辑形式中可以代入任何内容的部分；这里表达结构的"所有……是……"被称为逻辑常项，它是逻辑形式中相对保持不变的部分。逻辑常项是区别不同类型逻辑形式的主要依据。

再看下面几个推理的例子：

④做贼的人都心虚；

张三是参与行窃之人，

所以，张三一定心虚。

⑤这种蝴蝶是会改变自身颜色的；

树上的这只蝴蝶属于这种蝴蝶，

所以，树上的这只蝴蝶会改变自身颜色的。

⑥如果有高额的利润，就有人敢冒风险；

贩卖这种假货有高额的回报，

所以，一定有人冒此风险。

⑦假如明显感到地动，则震级一定超过 5 级；

大家刚才明显感觉到地在摇动，

所以，这次地震肯定在 5 级以上。

以上推理的内容也是风马牛不相及，但例④、例⑤的逻辑形式(思维的结构形式)却是相同的。如果用"M""P""S"依次表示各自不同的主要概念(逻辑变项)，则它们的共同逻辑形式如下：

所有 M 是 P；

S 是 M，

所以，S 是 P。

再对⑥、⑦两例的结构形式进行分析。我们用"p""q"来分别表示这两例中含有的两个不同的判断(逻辑变项)，将"如果……，就……"句式与"假如……，则……"句式视为意义相同(逻辑常项)，则它们的共同逻辑形式如下：

如果 p，那么 q；

p　　　　，

所以，q。

可见，逻辑学离不开概念、判断、推理等思维形式，但它相对撇开各种概念、判断、推理的具体思维内容，从中抽象出它们共同的结构形式，并以此作为自己特定的研究对象。

(三)研究日常思维的一些简单逻辑方法

人类思维的方法是很多的，如辩证法中的矛盾分析法，思维学中的分析法、综合法，创造性思维中的发散思维法等。逻辑学除了研究思维的逻辑规律和逻辑形式外，也研究一些思维的方法。

逻辑学也是一个大学科，含有不同门类。我国逻辑学者一般将逻辑分为辩证逻辑、数理逻辑和普通形式逻辑三大类。不同逻辑研究的思维方法也不尽相同，如辩证逻辑研究人们辩证思维的历史和现实相统一的思维方法；数理逻辑研究纯形式的思维方法等；普通形式逻辑主要研究日常思维的一些简单逻辑方法，如概念定义的方法、概念划分的方法、对概念进行限制或概括的方法以及判定判断联系情况的真值表方法、探求事物因果联系的逻辑方法等。

当然，从广义上讲，"类比""假说""归纳""证明""反驳"等都属于思维的逻辑方法。后面的章节将会对以上内容进行较为详细的阐述。

三、逻辑学的性质特点

任何一门科学的性质都是由这门科学的研究对象和内容所决定的，逻辑学主要是研究思维的结构形式及其一般规律的科学，这就决定了逻辑学具有以下基本性质和根本特点。

(一)逻辑学的基本性质

1. 思维工具性

从逻辑学的研究对象来看，其最基本的性质就在于它为人们的日常思维提供了一个思维的工具。人们在进行思维时，只有遵守了逻辑规律才能进行正确思维，只有在遵守逻辑规则的前提下运用思维的结构形式才能进行有效思维，只有巧妙应用逻辑方法才能进行高效思维。逻辑学解决的是思维技能、技巧方面的问题，并不能直接判定思维内容方面的对错。所以，逻辑学只是给人们提供了一个认识事物、表达思想或进行正确有效思维的必要的逻辑工具，并不能彻底地、实际地解决各种具体的问题。

2. 高度抽象性

逻辑学所研究的思维形式结构，是从许多的具体思维的概念、判断和推理中舍弃其丰富多彩的内容、抽取并得到的它们共同的结构形式。逻辑学不仅撇开了思维内容只研究思维形式，而且只研究思维形式中的结构形式。这就决定了逻辑学具有高度抽象性的特点。

3. 广泛运用性

从工具性这一特殊的性质出发，逻辑学又派生出另一个性质，那就是"全人类性"，或称"无阶级性"。也就是说，逻辑学作为一门工具性的学科，无论是谁都可以运用这个工具进行各种思维，谁都能够利用这个工具为自己的思维服务。因此，不同时代、不同民族、不同阶级所创立的逻辑形式和逻辑思维规律，在本质上是一致的；不同文化背景下所创立起来的逻辑学对其他科学所起的作用也都是一样的。所以，逻辑学可以跨越时空、跨越时代、跨越民族和阶级，运用于人类思维所能达到的一切领域，为人类的感情表达和思想交流提供有力的工具。

4. 学科基础性

逻辑学应用得十分广泛，其中自然包括它在各个学科中的运用。这一方面是指各种学科都要运用思维形式和逻辑方法，另一方面也是指任何学科的构建基础都必然归结到其逻辑基础，即由其基本的概念、判断发展为完善的学科体系。所以，列宁说任何科学都是逻辑的应用，而联合国教科文组织将逻辑学认定为七大基础学科之一。逻辑与语法、修辞共同构建了学习各门学科的工具。语法管的是"通不通"的问题，修辞管的是"好不好"的问题，逻辑则管的是"对不对"的问题。可见，在这三大工具中，逻辑是学习各门知识首要的、必不可少的工具，是学习和构建任何科学的基础。

（二）逻辑学的根本特点

逻辑学的基本性质决定了它具有形式符号化、可靠有力性和推测预测性的根本特点。

1. 形式符号化

逻辑学撇开了思维的具体内容，在相对纯粹的状态下来研究思维的结构形式，因而我们可以将思维形式符号化、公式化，用人工语言来研究思维的深层规律。可以说，逻辑不是研究思维内容的对与错，而是研究思维的结构形式的对与错。这既有利于研究在不受自然思维干扰的状态下展开，但同时也带来了较难理解的问题。

2. 可靠有力性

在较为纯粹的状态下得到的思维的规律和逻辑的规则，是非常精确的、十分可靠的，加之逻辑学是从最基础的角度研究人的思维，因而得出的结论基础牢固，有力可靠。假如一篇论文、一次演讲，其逻辑性很强，其中的论述都严格遵守了逻辑的规则，那么这就是一篇非常有力度的论文、一次非常有说服力的演讲；相反，如果把某篇论文、某次演讲评价为逻辑混乱，那它们就失去了可靠性，没有了说服人的力量。所以说，逻辑的力量是不可战胜的。

3. 推测预测性

逻辑可以从已知材料中推测出未知的结论，即可以由已知进入未知（详见相关推理内容），因此逻辑就有了预测的功能特点。这种预测既包括对未来即将发生的事情的预测，也包括对已经发生的事情但还不知具体情景的预测。这种预测有些是非常准确可靠的，因为在预测思维中运用了必然性推理；有些预测则只是较为可靠的，因为它运用了或然性推理。总之，推理作为从已知推向未知的形式，就表明了逻辑具有预测性的特征。

第二节　法律思维与法律逻辑

法律思维既是法律人的思维，也是包含法律人在内的所有社会人的思维。或者更严格点说，自从法律诞生后，社会人都应具有法律思维的意识。因此，法律思维是一种普遍性的思维，现代社会必须重视它，现代社会中的法律执行者也更应当重视它。

一、法律思维及其相关概念

究竟什么是"法律思维"呢？泛泛而言，或者如林喆在《法律思维学导论》中从法哲学、社会心理学角度说，所有涉及法律问题的思维都可以被视为法律思维。① 但如果基于法治

---

① 参见林喆：《法律思维学导论》，山东人民出版社2000年版。

和法律本身的性质，"法律思维指人们在建构规范并将规范应用于事实作出判断时的精神活动方式……"①具体来讲，它的含义包括以下几个方面：法律思维是法律人的职业思维，法律思维是一种规范性思维，法律思维的方法主要是运用逻辑的规则思考规范与事实之间的关系。②

根据以上的观点，我们可以这样来定义法律思维：它是根据法律的理念，遵循法律的原则，应用法律的方法，来对社会问题进行逻辑的、理性的分析的思维方式。作为法律人，毫无疑问，必须具备法律思维的素质；作为一般社会人，也应具有法律思维的意识。

党的十八大倡导的"法治思维"又是指什么呢？"法治"从字面上讲就是法律治理社会的意思，因而法治思维就是以限制权力的滥用为出发点，要求维持权力与权利之间的平衡，为了让权力在法律范围内有效行使而运用的思维方式。我们可以将法治思维看作法律思维的一种重要模式。社会管理者，尤其是国家公务员，都应在法律思维指导下具备法治思维素养。

另外一个与法律思维相关的概念是"法律人思维"。这个概念不是一个独立概念，而应将其看成复合体概念，即不同的法律人具有不同特点的法律思维。从事与法律执行、法律教育相关工作的职业人（包括警察、检察官、法官、律师及法律专业教师等），形成了职业岗位有差别的不同的法律人，他们应根据自己的职业岗位特点，为更好地履行职责，采用符合法律思维但又具有各自特征的法律人思维的方式、方法，在具备法律知识、职业能力的基础上，拥有自己的法律思维特质。这也就是说，法律人思维是法律思维在法律实践、法律工作中的具体应用。

二、法律思维的工具——法律逻辑

如上所述，逻辑的基本性质就是思维工具性，即人类思维的工具就是逻辑。据此可知，法律思维的工具就是法律逻辑。只要我们在进行法律思维，不管是法治思维还是具体的法律人思维，都离不开法律逻辑这个基本工具。

（一）法律逻辑的特点

对法律逻辑进行研究的学问，即法律逻辑学。中国逻辑学会设有法律逻辑专业委员会，这是一个对法律思维所涉及的逻辑问题进行全方位研究的学术组织。简单来说，法律逻辑学是一门研究涉法思维的形式、方法及规律的逻辑应用学科。其特点大致如下：

一是一般抽象性。法律逻辑学首先属于逻辑学的范畴，因而逻辑学研究思维最一般的规律、研究思维形式的一般结构的特点自然要承袭，只不过它研究的是法律思维中的一般规律、一般思维形式结构和一般思维方法。它一样是抽象的，可形式符号化的。

二是特殊应用性。法律逻辑学其次属于法律的领域，是应用到法律领域中的逻辑学，体现出的是法律应用所赋予的特殊性。一方面它将逻辑学的原理、知识应用到法律及司法活动过程中，另一方面它要总结法律及司法活动中思维的特殊规律并形成特有的法律思维形式与合理性规则。

---

① 郑永流：《法律方法阶梯》，北京大学出版社 2008 年版，第 32 页。

② 陈金钊、熊明辉主编：《法律逻辑学》，中国人民大学出版社 2011 年版，第 30 页。

三是综合推定性。法律逻辑学是逻辑抽象性与法律应用性的统一，其特殊性就是必须作出综合性的推定。逻辑推论既可以有必然性的结论，也可以有不确定的或然性结论。但在法律领域不是这样的。从立法层面上说，法律条文的规定必须是明确的，不能有模糊不清的规定，更不能让人产生歧义；从司法过程中看，经过调查、起诉和法庭论辩，法官最后的判决结果必须是非常确定的，不存在没有结果或不确定的、可以选择的结果。

(二)法律逻辑学的意义

法律逻辑学从深层次上、从应用性上研究法律思维，其意义非常重大。

一是实用意义。法律思维与司法实践紧密结合而生的法律逻辑，必能指导司法实践；如果把逻辑知识转化成非常实用的应用技术，变成非常容易掌握和操作的工具内容，警察、检察官和法官以及其他司法工作人员都能使用，那其实用意义自然是显而易见的。

二是普遍意义。法律人本身就是一个庞大的群体，再加上政府公务员的法治思维以及法律思维对所有社会人员的要求，法律逻辑学的研究成果当然具有普遍意义。

三是特别意义。法律逻辑学对法律思维进行深入研究，为法律疑难问题的解决找到新的路径、新的方法和新的手段，这就自然具有了特别意义。

四是效率意义。法律逻辑学提供有用的研究成果，能使人们熟练或巧妙地运用相关手段，将许多复杂的问题简化，从而高效解决法律纠纷，大大提高法律工作效率。

(三)法律逻辑学的作用

思维是人的本质特征，法律思维是法律人的本质特征。法律逻辑学研究法律思维，尤其是研究如何运用逻辑工具进行正确的法律思维，其重要作用是不言而喻的。我们可以将这个重要作用高度概括为以下几个方面：

第一是体现体系完整严谨的规范作用。我们经常说的法律规范，实质上、根本上是源于法律逻辑的。法律逻辑学研究了法律思维的概念、判断、推理和论证形式，给出了逻辑规则和逻辑要求，从而使法律概念明确了，法律判断恰当了，法律推理正确了，法律论证的内在关联性确立了。总之，法律逻辑学构建了完整严谨的法律思维形式、思维过程的规范体系，形成了各种法律之间的合理关系，并对所有法律概念、法律判断进行单义性的准确解释。所有的法律活动和法律争议，都必须在法律释义的基础上进行，都必须做到思维的严谨性。这对理解法律、运用法律解决法律纠纷和法律问题等起到了工具性的规范作用。

第二是发挥消除社会负面影响的避错作用。由于法律思维对象具有复杂性、具体性的特点，法律思维常常会犯错误，这样会导致冤假错案的发生。冤假错案的出现，使我们广大的法律工作者承担着巨大的社会压力。不管有多少种原因，归根到底，都与法律思维有关联。如果我们的思维素质提高了，如果严格遵守逻辑规范了，冤假错案一定会大大减少。逻辑思维是正确思维的有效保证，遵守逻辑规则，按照逻辑要求，作出各种法律判断，进行各种法律推论，就能有效避免思维错误，冤假错案就自然会减少。运用逻辑武器，敏锐察觉谬误，及时辨析谎言，识别骗局，冤假错案就无藏身之地。这个作用是特别重要的，有利于提高法律执行者的公正形象。

第三是维护司法公正威严的说理作用。法律的威力靠的是专政，靠的是国家强制力，但这主要是体现在最后的执行阶段。在这个最后阶段的漫长的前期，我们要靠说理，靠法律论证。如果仅仅依靠国家强制力，就很难说法律是公平公正的。只有靠以理服人，我们才能说这是一个公平公正的法治社会。因此，严密有力的法律论证和严格正确的法律思维，才是维护司法公正威严的潜在力量。法律论证必须有理有据，这个"理"就是法理，这个"据"就是证据，唯有此才能论证严密有力，做到司法公正。

第四是彰显法律工作智慧的解惑作用。法律工作千头万绪，法律案件千奇百怪，许多疑案、悬案、奇案随时可能使我们陷入困惑。要解决这些困惑问题，主要的不是靠领导，不是靠技术，而是要靠头脑，要从思维上、从逻辑上来突破。逻辑推理可以帮助我们从已知进入未知，思维的方式方法可以帮助我们打破僵局。法律工作者只有进行合情合理的准确判断和准确有效的大胆推测，斗智斗勇，才能解决疑难。这个作用能让我们拨开重重迷雾，还原案件真相。

三、法律逻辑的重要分支——法律应用逻辑

为了维护社会秩序，保护社会上每个人的基本权益，促进社会健康、高效发展，我们制定了许多的法律规范；有法可依了，就必须不折不扣地贯彻执行法律，否则法律的作用仍然无法发挥，法律的目的不能得到实现。立法要讲究逻辑，司法也要遵守逻辑，这就要建立法律应用逻辑。从这个角度看，法律应用逻辑就是注重法律逻辑应用的逻辑，就是应用法律的逻辑，它必然成为法律逻辑的重要分支。

美国法学家博登海默说："形式逻辑是作为平等、公正执法的重要工具而起作用的。它要求法官始终如一地和不具偏见地执行法律命令。"[①]他这里说的形式逻辑应用到法律工作中，那就是法律逻辑；他这里要求法官执行法律命令，那就是法律应用逻辑了。

第三节　法律人必备的逻辑素养

法律应用逻辑就是法律人必须具备的逻辑素养。对此，本书将展开全面的论述。这里，我们先对法律人逻辑思维的特点、法律人逻辑能力的作用、法律执行者逻辑素质的培养进行阐述。

一、法律人逻辑思维的特点

每个人在社会中所处的环境和地位不同，其看问题和思考问题的立场也就不同，并由此造成不同的思维方式。也就是说人的思维受社会环境、地位、文化、经验、职业等的影响，会产生不同的特点。法律人在特殊的岗位上工作，面临复杂的环境，身居特别的地位，经历非常的考验，因而必然有着自己的逻辑思维的特点。

（一）思维前提的法定性

法律人与法律有着天然的紧密联系，无论其具体岗位是什么，只要在法律领域工作就

---

①　[美]E. 博登海默：《法理学——法律哲学与法律方法》，邓正来译，中国政法大学出版社2001年版，第496~497页。

无法离开法律的约束。首先，任职资格是由法律来规定的。例如，要成为国家公务人员（含警察），必须按照国家的法律规定，通过公务员招录公开考试，再经过面试、审查等环节，被择优选用；要成为执业律师，必须通过国家司法考试。其次，执法人员的任务是维护法律的尊严，自然应在法律范围内行使职权。比如，《人民警察法》规定人民警察的任务是维护国家安全，维护社会治安秩序，保护公民的人身安全、人身自由和合法财产，保护公共财产，预防、制止和惩治违法犯罪活动。再次，法律人岗位的各项工作都由法律规定，不允许越过"法律雷池"。不管是侦查、治安还是查处、惩罚，不管是执勤巡逻还是教育罪犯，甚至代人参加诉讼、为犯罪嫌疑人辩护，法律人开展工作的每一步均受法律约束。最后，法律人作为执法的主体，在人民群众心目中就是法的代表、法的化身。因此，从事法律执行工作的人要时刻考虑法的存在、法的意义、法的作用，用法规定自己的行为，用法指导自己的行为，用法思考一切工作问题。总之，执法的性质决定了他们思维的法定性，其个人意志必须服从国家和法律的意志。

在法律应用的过程中，无论遇到什么样的问题，我们先要考虑这是不是法律规范的问题，再考虑法律规定怎样去规范，最后还要考虑规范的过程和结果是不是符合法律规定。总之，我们必须在法定的前提下，展开对各种问题的思维。这种思维前提的法定性是法律人思维必须具有的一大特色。

(二)思维过程的溯因性

法律人的职责是维护社会秩序，保护公民的合法权益，但在履行职责的过程中，我们直接面对的是案件或法律纠纷往往已经发生了，这时的首要任务是查清法律事件的来龙去脉，确定案件事实，然后再判定违法人的违法性质，追究其法律责任。即便是监狱人民警察也要在弄清被管制人员被管制的原因的基础上对其实施矫治教育和改造。预防犯罪，也要在明确犯罪根源的前提下，有针对性地、有效地开展预防工作。这决定了执法思维是一种溯因性思维。

我们总是在看到法律事件的结果后，再去追溯是什么原因导致了这种结果，其动机是什么，过程是怎么样的。从结果和效果去追溯原因、动机与过程，这是法律人思维过程的常态特征。只有从事物发展的结果追溯到事物的原因，从人们行为的效果找到其动机，才能对事物发展及人的行为的过程把握清楚，才能够准确定性，才能作出正确的法律判断，才能去履行自己的法律职责。

所以说，法律人的思维从表面上看是一种结果思维，实际上它是一种过程思维，是一种由结果追溯原因的思维。

(三)思维结果的确证性

法律人行使着国家和法律赋予的特定职权，而法律工作是严肃的且影响巨大的，它可以决定一个人的命运，改变一个人的一生。因此，法律人的思维不能是随意的或抱着错了再改的态度去思考问题，而必须尽一切可能保证思维不出差错。

以事实为根据，以法律为准绳，这是对所有法律人的基本要求。在法律思维中，我们要以证据为根据，以对法律的准确理解为前提，运用正确的逻辑推理，尽力得到确实可靠的、铁板钉钉的结论，避免给当事人造成伤害，避免损害法律执行者的神圣形象。

警察在侦破案件的过程中，首先要根据线索提出假说，制订破案的计划和方案，然后按照计划和方案去寻求证据，对假说进行验证。破案的过程也就是根据线索提出假说并进一步修改和验证假说的过程。检察院提出起诉，法院作出判决，当然要依据法律和证据，但更重要、更深层次的是依据证据与法律之间的内在的、必然的关联，这种关联是靠正确严谨的思维来建立的。在确定法律结果的时候，必须保证具有正确的思维逻辑。只有逻辑才能让法律的结果得到确证。这就是法律工作思维的确证性。

法律工作思维的确证性必须是在合法的基础上的确证性，采取刑讯逼供和其他不合法的手段所获得的证据是无效的，也就是说，法律工作思维的确证性与法定性是一致的，这是执法思维的另一方面。

二、法律人逻辑能力的作用

法律人肩负着神圣的职责，面临着复杂的局面，而其工作对社会、个人又有着巨大的影响，这一切都要求法律人必须具有较强的逻辑能力。学习逻辑，对于法律人提高工作能力的作用不可小觑。

(一)提高工作效率

逻辑思维源于实践，是实践的总结和概括；逻辑思维又能够指导实践，提高人们的工作效率。因此，法律工作人员掌握了逻辑知识，培养了逻辑能力，就能在工作中少走弯路，大大提高工作效率。遵循逻辑思维的路子，对线索进行逻辑分析，顺藤摸瓜，探求事情的真相，尽快使真相大白，从而使国家和人民少受损失。

法律人有保持社会稳定，保护国家和人民的生命及财产安全的义务。要完成这项艰巨而繁重的工作，除了需要制订切实可行的计划和方案并在实施和执行中不断根据新情况来变更和修改这些计划和方案外，还需要遵守逻辑的基本规律和规则，采用有效、快捷、便利的逻辑方法，尽快使问题得到解决。

学习逻辑，掌握逻辑思维的方法，使逻辑思维由自发变为自觉，有助于提高法律人的抽象思维能力，提高分析问题和解决问题的能力，并在此基础上提高思维效率，并最终提高各项工作效率。

(二)规避执法错误

从事法律工作不仅要求法律人有很高的政治觉悟和很强的工作责任感，而且要求法律人"有法必依，执法必严"，同时法律人还应尽量规避法律工作中的错误，避免法律工作中的失误。因为这些错误和失误会带来严重的后果，甚至会造成极其恶劣的影响。

逻辑的规律和规则是保证正确思维的必要条件，也是避免思维错误的有效手段。因此，要规避执法错误，法律人就必须具备很强的逻辑能力。

首先，法律人要避免思维中逻辑矛盾的出现，避免因证据不充分而匆忙作出结论，严格遵守逻辑的基本规律。如果在工作中，法律人遇到了相冲突的事实，在思考中遇到了前后不一致的地方，那就必须采用逻辑的手段，查找矛盾的根源。只有消除了思维中的矛盾，才能避免工作中的错误。如果证据收集的不足或不足以说明内在的逻辑关系，就应不辞辛苦再继续收集证据的工作。只有建立证据与案件断定间的内在逻辑关联，才能避免工作失误。

其次，法律人要明确概念、恰当判断、正确推理、严密论证，遵守各项逻辑规则和逻辑要求，防止一切逻辑错误的发生。在执法工作中，只有防止逻辑错误的发生才能避免冤假错案的发生。

(三)促进文明执法

科学的逻辑不是天上掉下来的，也不是主观自生的，它是随着社会文明的进步而逐渐发展起来的，是客观存在的。建立逻辑科学是人类文明和进步的表现，自觉遵守逻辑思维的规律将会促进人类文明的更大发展。

法律人学习和把握自觉遵守和运用逻辑规律和规则，能提高各项法律工作的效率和避免冤假错案的发生，文明执法的形象也就自然能得到提升。另外，法律人具备了逻辑能力，执法目的明确，对所执行的公务理解准确，言行前后一致，避免矛盾，这本身就是文明执法的标志。只有这样，执法工作才能使人民满意，才能保证执法公正，正义得到伸张。如果不懂得逻辑的基本规律和规则，不按这些规律和规则去进行思维、去行事，对执法工作的目的不明确，对执行的任务理解不准确，言行前后不一，自相矛盾，错误频发，错案不断，这不仅做不到文明执法，而且还必会严重损害法律执行者的形象，给国家和人民的利益带来重大损失。

三、法律执行者逻辑素质的培养

作为一名法律人，怎样才能学好逻辑，培养良好的逻辑素质，去履行好自己的神圣职责呢?

(一)全面理解，重点把握

逻辑学是一个严密的系统，是一个完整的科学体系，从概念、判断到推理和假说、论证等，都有着内在的联系。学习逻辑学，首先要理解这个逻辑体系，对其各个部分有充分的把握。同时，在全面理解的基础上，要重点把握那些关键的内容，如推理的规则、逻辑的方法等。

学习逻辑学除了要掌握其规律和规则、概念、判断、演绎推理及假说、论证等重点内容外，对于与法律工作有紧密联系的归纳推理和类比推理也应该重点把握。

(二)勤思多练，切忌突击

学习逻辑学，不仅要学，而且要思考。孔子说："学而不思则罔，思而不学则殆。"这对于学习和把握逻辑学，再合适不过。逻辑存在于我们日常的生活、学习和工作中，我们说的话、写的文章中都需要运用逻辑。学好逻辑，需要勤思多练，而不应采取短时突击的方法。因为逻辑学是一个严密完整的科学体系，每一部分与其他内容都有着内在的联系，要理解这个体系，只能细嚼慢咽，通过学习、思考、体会，才能逐步消化所学到的知识。

学好逻辑，还要进行逻辑练习，既要做基本知识的练习，也要做有一定深度的综合练习，这样才能使我们对逻辑学的把握更熟练和更深刻。

(三)结合实际，加强应用

逻辑学来源于实践，最终也要回到实践中。在日常生活和实际工作中，到处都存在着逻辑问题，只要我们去观察和体会，就能发现生活和工作中的逻辑问题。

作为法律人，写文章、写司法文书，不仅要合法，而且要遵守逻辑的规律和规则，日常语言也必须是规范的、合乎逻辑的语言，这样才能为人们所明白，才能与人们交流，起到法律执行的作用。因此，法律人学习逻辑，更应结合实际，在日常生活特别是执法工作中，绷紧逻辑思维这根弦，时刻自觉运用逻辑学的规律和规则及方法去思维，加强逻辑的应用，理论联系实际，达到学好逻辑并付诸实践的目的。

第二章　法律概念的准确理解

概念是思维的细胞，也是思维的结晶。概念是逻辑思维最基本的构成单元，研究人类的思维应当从研究概念开始。

第一节　概念的逻辑性质

每门学科都有自己的概念体系，每门学科使用的概念都有自己特定的内容。逻辑学则从最一般的意义上研究概念的基本性质。

一、概念的实质

概念是反映事物本质属性的思维形式。

这里的事物指的是人们认识的一切对象，包括人类社会、自然界、人的思维等领域中的所有的物体和现象，如法律、法庭、资金、货物、山川、河流、法律思维、情感等。每一种事物都具有多种性质，如色彩、气味、品质、数量、性能、功用等；一个事物还会与其他事物产生诸如轻重、大小、长短、对称等关系。我们将事物所具有的属性和事物之间的关系称为事物的属性。

事物由于属性的相同或不同形成了各种不同的类，具有相同属性的事物组成一类，具有不同属性的事物分别组成不同的类。在一类事物的属性中，有些是本质属性，有些是非本质属性。所谓本质属性，就是某类事物所具有而别类事物不具有的属性，即决定一事物之所以成为该事物并区别于其他事物的属性。所谓非本质属性，就是不单只为某类事物所具有的属性，即对该事物不具有决定意义的属性。如"法律"这个概念，它的本质属性就包括：统治阶级意志的表现、规定人们的权利和义务、一种社会规范、由国家强制力保证实施等。而由哪一个阶级所制定、何时制定、是否成文、条文数量的多少等，则是它的非本质属性。再如"能制造和使用生产工具"就是人的本质属性，而至于体形、年龄、肤色、毛发等则是人的非本质属性。概念舍去了事物的非本质属性，抽象地反映事物的本质属性。

概念的形成过程是对感性材料加工的过程，是人们在感性认识的基础上，通过比较、分析、综合、抽象、概括等方法完成的。人们对事物的认识是一个不断深化的过程，因而在认识过程中形成的概念所反映的事物的本质属性也在不断地深化，而人们对事物本质的认识越深刻，形成的概念也就越深刻。概念是思维的起点，是构成判断和推理的基本要素。

二、概念的语词表达

概念和语词是密不可分的。概念是语词的思想内容，语词是概念的语言表达形式。概念离不开语词，语词也离不开概念，它们是相互依存的。

概念和语词又有区别，它们并不是一一对应的。

首先，并非所有的语词都表达概念。汉语中的词分为实词和虚词两大类，一般来讲，实词表达概念，如"政法院校""血红色""天平""法官""五百""虐待"等；而虚词不表达概念，如"了""啊""吧""着""吗""呢"等。

其次，同一个概念可以用不同的语词来表达。如"诉讼"与"打官司"，"宪法"与"根本法"，"妻子"与"夫人"，"地瓜"与"红薯"，"书"与"book"等。

再次，同一语词可以表达不同的概念。事物是无限的，因而反映事物的概念也是无限的，而语词却是有限的，这就导致了同一语词可以表达不同的概念。如汉语里的"逻辑"这一语词，既可以指事物的规律，又可以指思维规律，还可以指逻辑学这门学科。

概念和语词之间的关系紧密而又复杂，这就要求法律工作者必须使用科学性、逻辑性、规范性的语词来准确地表达概念。

三、概念的逻辑特征

概念明确是正确思维的基本要求，而明确概念从逻辑的角度来说，就是要明确概念的逻辑特征，即概念的内涵与外延。

概念的内涵就是反映在概念中的事物的本质属性，通常也被称为概念的含义。如"艺术"这个概念的内涵是"通过塑造形象，具体地反映社会生活，表现作者一定的思想感情的一种社会意识形态"。"知识产权"这个概念的内涵就是"个人或者集体对其科学、技术和文化等知识领域内创造性的智力成果所享有的专有权"。"商品"这个概念的内涵是"用来交换的劳动产品"。

事物的本质属性是客观存在的，这种客观存在的本质属性一旦被人们所认识并反映在概念中，就构成了概念的内涵。概念的内涵与概念的本质属性是一致的，只不过概念的本质属性是自身固有的，而概念的内涵则是被人们认识了并被反映到主观思维中的本质属性。

概念的外延是指具有概念所反映的本质属性的事物数量、范围。如，"国家"的外延是指凡是具有国家的本质属性的一切事物，即古今中外的一切国家。"电子计算机"这个概念的外延就包括大型电子计算机、中型电子计算机、微型电子计算机等。

概念的外延有的包括一个单独事物，如"中国""中华人民共和国民法典"等；而有的则包括两个或更多的事物，如"城市""罪犯""毒品"等；有的则包括无限的事物，如"物体""数字""病菌"等；有的则一个事物都不包括，如"永动机"。

概念的内涵和外延是相互依存、相互制约的。内涵是概念的质，外延是概念的量。明确概念，既要明确概念的内涵，即该概念的含义是什么，也要明确概念的外延，即该概念到底包括哪些对象。只有这样，才能做到正确地理解概念和准确地使用概念。

第二节 概念的逻辑类别

逻辑学以概念的内涵和外延两个基本特征为根据，将概念分成了不同的类别，以方便人们从逻辑角度来把握和明确概念。具体地说，根据概念外延的特征，逻辑学中把概念分为单独概念与普遍概念；根据概念内涵的特征，把概念分为集合概念与非集合概念、肯定概念与否定概念、肯定概念与抽象概念。

一、单独概念与普遍概念

按照概念外延所反映的事物的数量的不同，可以把概念分为单独概念与普遍概念。

单独概念是反映某一个事物的概念，它的外延特征是特定的时间与空间中存在的独一无二的事物。其外延只有一个分子，如"《福尔摩斯探案集》的作者""党的十九大""世界上人口最多的国家"等。从语言上看，语词中的专有名词都表达单独概念，一些名词性短语（逻辑学中叫摹状词）也可以表达单独概念。

普遍概念是指反映某一类事物的概念，它在外延上的特征是由两个或两个以上分子组成的事物，如"高级人民法院""规律""律师""性质""勇敢"等。这些概念所反映的对象都不是单一的，而是由性质相同的事物组成的类。从语言上看，语词中的普通名词、动词、形容词、副词等都表达普遍概念。

单独概念与普遍概念都是反映事物存在状态的概念，与此不同，还有反映事物在现实中不存在状态的特殊概念——空概念（又称零概念或虚概念，如"天堂""鬼""花妖"等），反映不确定事物在现实中是否存在的特殊概念——悬概念（如"尼斯湖水怪""外星人"等）。本书不涉及这些特殊的概念。

二、集合概念与非集合概念

根据概念所反映的对象是否为集合体，概念可以分为集合概念与非集合概念。

所谓集合体，是由许多个体组成的不可分割的统一整体。集合体是由许多同类个体组成的，这些个体都是整体的组成部分。作为整体组成部分的个体不一定具有整体所具有的本质属性。如"党派"是由众多的具有相同志向的人所组成的群体，所有这些人都是组成"党派"这个整体的一个个体。作为整体组成部分的个体不一定具有"党派"这个整体所具有的本质属性，"党派"这一概念所反映的本质属性是针对整体而言的。

集合体与个体的关系不同于类与分子的关系。事物的类是由分子组成的，属于这个类的每一个分子都具有该类事物的属性。如"城市"和"广州"的关系，即为类与分子的关系，"城市"具有的性质，"广州"必然具有，否则广州就不能被称为城市。

集合概念就是以集合体为反映对象的概念。如"丛书""工人阶级""森林""群岛"等都是集合概念。集合概念只适用于它所反映的集合体，而不适用于该集合体中的个体；它们都只能用来指称一个集合体，而不能用来指称这个集合体的个体。集合概念的内涵是它们所反映的对象的集合体的属性。如"舰队"是由若干艘舰艇组成的一个有机整体，组成舰队的每一艘舰艇并不必然具有"舰队"的属性，我们也不能称一艘舰艇为"舰队"。

非集合概念是指不以集合体为反映对象的概念。如"指纹""法律书""陪审员""盗窃分子""自然数""星星"等都是非集合概念。非集合概念的内涵的特征是其所反映的对象的类的属性，这种属性必然地为构成该类事物的每个分子所具有，因此非集合概念既适用于它所反映的类，又适用于该类中的分子。

在区分由一个语词所表达的概念是集合概念还是非集合概念时，我们还要注意这一语词所出现的语境，如"重大的案件不是一天能审完的""张三杀人案是重大的案件"。其中"重大的案件"在第一句话里是在集合意义下使用的，是指所有的重大的案件的集合体，属于集合概念；而在第二句话中，这个概念则是在非集合意义下使用的，是指重大的案件中的一个分子，属于非集合概念。认真了解二者的差别，才不会犯诸如"张三杀人案不是一天能审完的"这类错误。

三、肯定概念与否定概念

根据概念所反映的事物是否具有某种属性，概念可以分为肯定概念与否定概念。

肯定概念是反映事物具有某种属性的概念，也叫正概念。如"公民""海啸""紫色""作案工具""残忍""已婚""成文法"等。

否定概念是反映事物不具有某种属性的概念，也叫负概念，如"非法""不健康""无轨电车""不果断""未成年人"等。从表达概念的语词看，否定概念一般都带有否定词"不""无""非""未"等。但并不是所有带有这种字样的语词都是否定概念，如"不丹""非洲"等概念就不是否定概念，因为这些概念中的"非""不"都不是否定词。

否定概念总是相对于某个特定范围而言的，一个否定概念所相对的范围，逻辑上称之为论域。分析否定概念时，应该注意它的论域，否则否定概念的外延便难以确定。如"禁止非机动车通行"中的"非机动车"是指不是机动车的车辆，它不包括车辆以外的任何事物，它的论域就是"车辆"。论域就是肯定概念和与之相对应的否定概念所反映的全部事物所组成的类。

四、具体概念与抽象概念

根据概念所反映的对象是独立存在的事物，还是依附于事物的属性，概念可以分为具体概念与抽象概念。

具体概念就是反映具体事物的概念，也称为实体概念，如"公职人员""彩虹""听诊器""刑警大队""矿山"等。在语言表达中，具体概念通常用名词或代词来表达。

抽象概念就是反映依附于事物的某种性质或关系的概念，也称为属性概念，如："严肃""铁色""光荣""意义""关心""等于""在……中""剥削"等。抽象概念在语言表达中常使用动词、形容词、介宾词组等。

在实际运用中，我们要注意区分具体概念与抽象概念这两类概念，千万不能混淆。如"关羽的性格是个强者"，这个说法是错误的，"关羽的性格"属于抽象概念，而"强者"这一概念是具体概念，我们不能用一个具体概念来说明一个抽象概念。

上述概念的种类，是根据概念的内涵或者概念的外延的不同角度来划分的，但在实际思维中的概念并不只是属于某种划分中的一个种类，而是可以同时属于几种不同划分中的一个种类。如"罪犯"这个概念既是一个普遍概念，又是一个非集合概念，还是一个肯定概念和具体概念。另外，由于同一语词可以表达不同的概念，而我们往往是在一定的语境中使用概念的，因而我们在判断一个概念的类别时，还要结合这个概念所在的语境，这样，才能准确使用概念。

第三节　概念外延间的基本关系

反映思维对象的概念之间有着各种各样的关系。逻辑学是从外延角度研究概念之间的关系。概念外延间最基本的关系就是同异关系。为了表示概念外延间的关系，逻辑学通常采用 18 世纪瑞士数学家欧拉所设立的圆圈图形来表示概念的全部外延。表示概念外延的图解法所用的圆圈图形，被称为欧拉图。

两个概念的外延之间的基本关系主要有如下五种。

一、同一关系

同一关系是指外延完全重合的两概念外延间的关系，又称全同关系。如果 A、B 两个概念的外延全部重合，即所有的 A 都是 B，同时所有的 B 都是 A，那么，A 与 B 之间的关系就是同一关系，如图 2-1 所示。例如：

①人民法院(A)
②我国的审判机关(B)

图 2-1　同一关系

这两个概念虽是从不同的方面来反映同一对象，但它们的外延是完全重合的。因此，了解具有全同关系的概念，有助于我们从不同方面来认识同一对象。我们将具有同一关系的两个概念交互运用，并不违反逻辑要求。不仅如此，有时我们还需要有意地进行这种代换，这不仅有助于明确概念，而且会使思想表达得更加生动精彩。例如，恩格斯在《在马克思墓前的讲话》中说：

3 月 14 日下午两点三刻，当代最伟大的思想家停止思想了。……这位巨人逝世以后形成的空白，不久就会使人感觉到。……但是马克思在他所研究的每一个领域，甚至在数学领域，都有独到的发现……因为马克思首先是一个革命家，……所以马克思是当代最遭嫉恨和最受诬蔑的人！①

_____

① 《马克思恩格斯选集》(第 3 卷)，人民出版社 2012 年版，第 574、575 页。

这段话中画有横线的 4 个概念之间都具有同一关系，这里把对同一对象的反映角度扩展到 4 个，从不同方面反映了无产阶级革命导师马克思的伟大一生，不仅在用词上获得了精确的修辞效果，而且也有助于人们加深对革命导师马克思的认识。

需要注意的是，我们一定要避免将实质上不具有同一关系的概念当作同一关系来互换使用。如"祖国的生日"和"中华人民共和国的诞辰日"，这两个概念不具有同一关系，但常常被人们误认为具有同一关系而频繁地见于报端和出现在电台的播音中，每年的 10 月 1 日总是能看到或听到"今天是祖国的生日""在祖国华诞的日子里……""在祖国母亲×岁生日庆典这一天"等。我们的祖国有着几千年的文明史，虽然中华人民共和国的诞生使我们的祖国获得新生，但 1949 年前的漫长历史不能因此而被抹去。"祖国的生日"与"中华人民共和国的诞辰日"是两个在内涵和外延上都不同的概念，是绝对不能混用的。

具有同一关系的两个概念，虽然其外延完全重合，但内涵并不完全相同。如果两个概念之间不但外延相同，而且内涵也完全相同，那就不是具有同一关系的两个概念，而是用不同的语词表达同一概念了。如"诉讼"与"打官司"、"鲁迅"与"周树人"就是外延与内涵完全相同的同一概念，而不是外延完全重合而内涵不尽相同的同一关系的两个概念。

二、真包含关系

真包含关系是指一个概念的部分外延与另一个概念的全部外延重合的关系，又称属种关系(逻辑学中称外延相对大的概念为属概念，称外延相对小的概念为种概念)。A、B 两个概念，如果所有 B 都是 A，有的 A 不是 B，那么 A 与 B 之间的关系就是真包含关系。例如：

①社会科学(A)与法学(B)
②警察(A)与刑警(B)

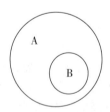

图 2-2　真包含关系

以上两例中，A 与 B 之间就是真包含关系。对于"社会科学"和"法学"来说，所有的"法学"都是"社会科学"，但是有的"社会科学"不是"法学"。这样，"社会科学"对于"法学"就是真包含关系。如图 2-2 所示，从属种关系角度看，B 概念为种概念，A 概念为属概念，A 概念的外延真包含 B 概念。

属概念与种概念的区分是相对的。同一概念，可以既是属概念，又是种概念。如"法律"是"民法"的属概念，"法律"又是"上层建筑"的种概念。

实际运用中，具有真包含关系的属、种两概念不能并列使用。例如：

地方人民检察院和县人民检察院都是检察机关。

上述说法是把具有属种关系的"地方人民检察院"与"县人民检察院"两个概念并列使用，意味着县人民检察院不属于地方人民检察院。

三、真包含于关系

真包含于关系是指一个概念的全部外延与另一个概念的部分外延重合的关系，又称种属关系。A、B 两个概念，如果所有的 A 都是 B，有的 B 不是 A，那么 A 与 B 之间的关系就是真包含于关系，如图 2-3 所示。例如：

①法学（A）与社会科学（B）
②刑警（A）与警察（B）

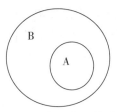

图 2-3　真包含于关系

以上两例中，A 与 B 之间的关系就是真包含于关系。所有的"法学"都是"社会科学"，所有的"刑警"都是"警察"，但是有的"社会科学"不是"法学"，有的"警察"不是"刑警"，这样，A 与 B 的关系，就是真包含于关系。

概念的真包含关系和真包含于关系，统称为从属关系，它不同于整体与部分的关系。其区别在于：种概念必然具有属概念的内涵；但部分却不必然具有整体的本质属性，因而反映部分的概念也不必然具有反映整体的概念的内涵。如"树"与"果树"为属种关系，而"树"与"树叶"为整体与部分的关系。同理，"实体法"与"刑法"是属种关系，而"刑法"与"刑法总则"是整体与部分的关系。从概念外延间的逻辑关系来看，包含关系的概念是一种相容关系，而整体与部分关系的概念则是一种不相容关系。

具有真包含于关系的属、种两个概念分别反映不同层次的对象，在实际运用中不能并列使用。

四、交叉关系

交叉关系是指一个概念的部分外延与另一个概念的部分外延重合的关系。A、B 两个概念，如果它们的外延仅有一部分是重合的，即有的 A 是 B，有的 A 不是 B；而且，有的 B 是 A，有的 B 不是 A，那么，A 与 B 之间的关系就是交叉关系，如图 2-4 所示。例如：

①司法人员(A)与志愿者(B)
②警察(A)与青年(B)

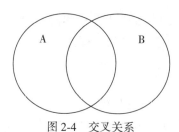

图 2-4 交叉关系

在上述两例中，A 与 B 之间的关系就是交叉关系。从"司法人员"与"志愿者"这一组概念看，有的司法人员是志愿者，有的司法人员不是志愿者。这样，"司法人员"与"志愿者"就是交叉关系；同理，"警察"与"青年"也是交叉关系。

上述两个概念之间的同一关系、真包含关系、真包含于关系、交叉关系有一个共同点，即 A、B 两个概念中至少有一部分外延是重合的；同一关系——A 与 B 外延全部重合，真包含关系——A 的部分外延与 B 的全部外延重合，真包含于关系——A 的全部外延与 B 的部分外延重合，交叉关系——A 的部分外延与 B 的部分外延重合。逻辑上把这四种关系统称为相容关系。

五、全异关系

全异关系是指一个概念的全部外延与另一个概念的全部外延没有任何重合的两个概念间的关系。A、B 两个概念，如果它们的外延没有任何重合，即所有的 A 都不是 B，所有的 B 都不是 A，那么 A 与 B 之间的关系就是全异关系，如图 2-5 所示。全异关系也被称为不相容关系。例如：

①有期徒刑(A)与无期徒刑(B)
②故意犯罪(A)与过失犯罪(B)

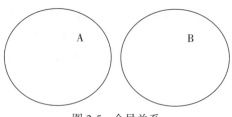

图 2-5 全异关系

上述两例中，A 与 B 两个概念之间的关系就是全异关系。以"有期徒刑"与"无期徒刑"两个概念来说，所有的有期徒刑都不是无期徒刑，所有的无期徒刑都不是有期徒刑，这样，"有期徒刑"与"无期徒刑"之间的关系，就是全异关系。

如果两个具有全异关系的概念 A、B，同时真包含于一个属概念 C，则概念的全异关系就有两种情形，即概念的矛盾关系和反对关系。

(一)矛盾关系

具有全异关系的 A、B 两个概念，它们都真包含于同一概念之中，并且 A 与 B 的外延之和等于 C 的全部外延，那么，A 与 B 之间的关系就是矛盾关系，如图 2-6 所示。例如：

①合法行为(A)与非法行为(B)
②正义战争(A)与非正义战争(B)

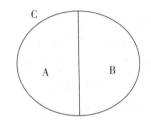

图 2-6 全异关系的矛盾关系情形

在以上两例中，A 与 B 就是矛盾关系。就"合法行为"和"非法行为"这两个概念来说，二者的外延是全异关系，并且"合法行为"加上"非法行为"的外延等于它们的属概念 C"行为"的全部外延，这样，"合法行为"与"非法行为"之间的关系，就是矛盾关系。

具有矛盾关系的概念，互称为对方的矛盾概念。如上例中"合法行为"就是"非法行为"的矛盾概念。

具有矛盾关系的两个概念往往一个是正概念，一个是负概念，如前所述。但也有具有矛盾关系的两个概念都是正概念的。如"故意犯罪"与"过失犯罪"、"阳极"与"阴极"，这两组概念分别具有矛盾关系，但都是正概念。可见，要识别两个概念的关系是否矛盾关系，就要把握概念的矛盾关系，必须根据矛盾关系的特征作具体分析。

(二)反对关系

具有全异关系的 A、B 两个概念，它们都真包含于另一个概念 C，并且，A 与 B 的外延之和小于 C 的全部外延，那么，A 与 B 之间的关系就是反对关系，如图 2-7 所示。例如：

①社会主义法律(A)与资本主义法律(B)
②有期徒刑(A)与死刑(B)

以上两例中，A 与 B 之间的关系就是反对关系。以"社会主义法律"与"资本主义法律"这两个概念来看，它们都包含于"法律"之中，而且"社会主义法律"加上"资本主义法律"其外延之和小于全部"法律"之外延，因为除了这两个法律外，还有"奴隶社会法律""封建社会法律"等。这样，"社会主义法律"与"资本主义法律"的关系，就是反对关系。

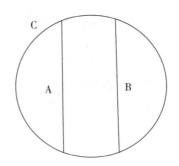

图 2-7　全异关系的反对关系情形

具有反对关系的概念，常常用两个肯定概念来表达。它同矛盾关系的共同点都是同属于全异关系，A 与 B 在外延上没有任何部分重合；而两者的主要区别在于：矛盾关系是两概念的外延之和等于其属概念的外延，反对关系是两概念的外延之和小于其属概念的外延，一个"等于"，一个"小于"，区别了两种不同的全异关系。

由于概念的矛盾关系和反对关系都是同一属概念之中的两个种概念之间的全异关系，只是涉及包含它们的那个类，所以，概念的矛盾关系和反对关系是全异关系的两种特殊情况。

从抽象思维的角度上看，上述五种两个概念外延之间的关系，穷尽了两个概念外延之间的一切可能情况，同时，这五种关系之间又是互相排斥的。即任意两个概念外延之间必定而且只能是这五种关系中的某一关系，不可能兼而有之。

第四节　明确内涵，准确定义法律概念

每一个概念都有内涵与外延，内涵是从本质属性方面对概念作出的规定。每一个概念的内涵既有其稳定含义的一面，也有其发展变化的一面。正确把握概念，尤其是法律概念，首先要明确概念的内涵，掌握其相对稳定的含义，这就需要用到定义的方法。

一、掌握定义的基本方法

(一)定义及其结构

定义是揭示概念内涵的逻辑方法。它的特点是用简短的语句揭示概念所反映的对象的固有属性，从而达到明确概念内涵的目的。例如：

①刑事案件是因犯罪必须追究刑事责任而由司法机关立案处理的案件。
②死刑就是剥夺犯罪分子生命的刑罚。
③危害国家安全罪是指故意危害中华人民共和国国家安全、生存及发展的犯罪行为。
④警察学是研究警察和与其职能相关的社会现象间的矛盾运动规律的科学。

　　定义是由被定义项、定义项和定义联项三部分组成的。

　　被定义项就是被揭示内涵的概念，如"刑事案件""死刑""危害国家安全罪""警察学"。

　　定义项就是用来揭示被定义项内涵的概念，如"因犯罪必须追究刑事责任而由司法机关立案处理的案件""剥夺犯罪分子生命的刑罚""故意危害中华人民共和国国家安全、生存及发展的犯罪行为""研究警察和与其职能相关的社会现象间的矛盾运动规律的科学"。

　　定义联项就是联结被定义项和定义项两个概念的语词，在现代汉语中，经常用"就是、是指、是、即、所谓、就是"等连接词来表示。

　　如果以 Ds 表示被定义项，Dp 表示定义项，定义的形式一般表示为：

　　　　Ds 就是 Dp。

(二)定义的种类和下定义的逻辑方法

　　根据定义对概念内涵的揭示程度，可以将定义分为实质定义和语词定义。

1. 实质定义

　　实质定义就是揭示事物特有属性的定义，在逻辑学上又叫做真实定义。科学概念的定义都属于真实定义，普通逻辑也主要研究真实定义。例如：

　　　　①刑讯逼供罪是指司法工作人员对犯罪嫌疑人、被告人使用肉刑或者变相肉刑，逼取口供的行为。
　　　　②侵犯财产罪，是指将公私财物非法占有或者故意毁坏的行为。
　　　　③妨碍公务罪，是指以暴力、威胁方法阻碍国家机关工作人员依法执行职务的行为。

　　在实质定义中，一般是用"属加种差"的方法来揭示事物的特有属性。具体公式为：

　　　　被定义项＝种差＋邻近的属

　　作出实质定义的具体步骤为：

　　首先找出被定义概念的属概念，即相应的邻近的属，以确定被定义概念是属于哪一类事物，然后找出被定义项与其他同级种概念在内涵方面的差别，最后用相应的联接词把新找出来的两个内容结合在一起，组成定义。

　　比如给"刑讯逼供罪"下定义，首先要找出"刑讯逼供罪"邻近的属概念"行为"，把"刑讯逼供罪"放到"行为"这个更广泛的概念里，确定"刑讯逼供罪"是"行为"当中的一种。然后把"刑讯逼供罪"同其他各种行为加以比较，找出它和其他各种行为(如贪污贿赂罪、强奸罪、投毒罪、放火罪)之间的差别，即"司法工作人员对犯罪嫌疑人、被告人使用肉刑或者变相肉刑，逼取口供"，这就是"刑讯逼供罪"有别于其他罪行的种差。最后，将种差和属概念相加，就构成了"刑讯逼供罪"的定义。

　　这里所说的"邻近的属"是相对而言的，在实际下定义时，到底选择哪一个外延广的概念来做属概念，取决于定义的具体要求，如"刑讯逼供罪"这个概念的属概念可以是行为、犯法行为、事实等。因为属概念可以选择，种差不同，得出的定义也不同。

　　根据种差的不同，实质定义可以分为性质定义、关系定义、发生定义和功用定义等。

　　(1)性质定义。即以事物本身固有性质为种差的定义。例如：

　　　　①报复证人罪是指对于依法如实作证的证人，因为其作证的行为而对其进行打击报复的行为。

　　　　②变造货币罪是指行为人变造货币数额较大的行为。

　　　　③非法搜查罪是指非法对他人的身体或住宅进行搜查的行为。

　　　　④赌博罪是指以营利为目的聚众开设赌场或者以赌博为业的行为。

例①中"对于依法如实作证的证人，因为其作证的行为而对其进行打击报复"这个种差就是"报复证人罪"本身固有的性质；例②中"行为人变造货币数额较大"，例③中"非法对他人的身体或住宅进行搜查"，例④中"以营利为目的聚众开设赌场或者以赌博为业"，作为种差，就是相应罪名本身固有的性质。前面所举的例子一般都是性质定义。

　　(2)关系定义。即以事物间关系为种差而作出的定义。例如：

　　　　①主犯是组织、领导犯罪集团进行犯罪活动的或者在共同犯罪中起主要作用的犯罪分子。

　　　　②强奸罪是指以暴力、胁迫或者其他手段，违背妇女意志，强行与妇女发生性交的行为。

　　　　③叔父是指跟父亲同辈而年纪较小的男子。

以事物之间的关系作为种差，如例①中"组织、领导犯罪集团进行犯罪活动的或者在共同犯罪中起主要作用"这个种差，指的是犯罪分子在犯罪集团中的地位、作用及与其他犯罪分子的关系。例②中"以暴力、胁迫或者其他手段，违背妇女意志，强行与妇女发生性交"这个种差，指的是犯罪分子与被害人之间的关系。例③中"跟父亲同辈而年纪较小"指的是叔父与父亲的关系，所以它们都是关系定义。

　　(3)发生定义。即以事物产生或形成过程的情形为种差而作出的定义。例如：

　　　　①亲属关系是人与人之间因婚姻、血缘或收养而发生的关系。

　　　　②过失犯罪是指行为人应当预见自己的行为可能发生危害社会的结果，因为疏忽大意而没有预见，或者已经预见而轻信能够避免，以致发生危害结果的犯罪行为。

　　　　③签证是由一国驻国外的主管机关或国内的主管机关，在外国人所持护照或其他相应的出入境证件上签注、盖印，表示准许持证人入、出该国国境的许可证明。

　　　　④自首是指犯罪分子在犯罪以后，自动投案，如实供述自己的罪行的行为。

它们分别从"人与人之间因婚姻、血缘或收养""行为人应当预见自己的行为可能发生危害社会的结果，因为疏忽大意而没有预见，或者已经预见而轻信能够避免，以致发生危害结果""由一国驻国外的主管机关或国内的主管机关，在外国人所持护照或其他相应的出入境证件上签注、盖印，表示准许持证人入、出该国国境""犯罪分子在犯罪以后，自动投案，如实供述自己的罪行"的产生过程揭示了各自的本质。"关系""行为""许可证明"是属概念，形成过程是种差。

（4）功用定义。以事物的功用为种差而作出的定义。例如：

①警察是国家维持社会秩序和治安的武装力量。

②证据是指证明案件真实情况的一切事实材料。

③看守所是公安机关、司法机关为了保证刑事诉讼活动顺利进行，对处在侦查、起诉、审判阶段被依法拘留、逮捕的人犯，实施羁押管理教育的场所。

④交通信号是指挥车辆、行人前进、停止或转弯的特定信号，是各种交通指挥信号的总称。

它们分别揭示了"警察"的功用是"维持社会秩序和治安"；"证据"的功用是"证明案件真实情况"；"看守所"的功用是"为了保证刑事诉讼活动顺利进行，对处在侦查、起诉、审判阶段被依法拘留、逮捕的人犯，实施羁押管理教育"；"交通信号"的功用是"指挥车辆、行人前进、停止或转弯的特定信号"。"武装力量""事实材料""场所""信号"是属概念。

上述四种定义方法是最常用的。法律概念的定义，一般常采用性质定义或关系定义。

运用"属加种差"的方法下定义，也有一定的局限性，即难以对哲学范畴和单独概念下定义。因为哲学范畴的外延最大，没有与它相邻的属概念；单独概念外延最小，种差太多无法确定。因此，给哲学范畴下定义，可以从两个相对的范畴的关系中来明确它的内涵，如"物质"与"意识"、"形式"与"内容"等。而给单独概念下定义，可以采用描述对象的主要特征的方法来明确它的内涵，寻人启事、尸体认领通报、侦缉通报、协查通报、通缉令等，就是采用的这种定义法。如一份通缉令中对于某杀人案的疑凶外貌特征的描述："身高1.70米左右、体型中等、方脸、高颧骨、尖下巴、双眼皮、凹眼、蒜头鼻、大嘴、下唇外翻，操×省口音。"这样的描述有利于人们辨认疑犯，对案件侦破有着十分重要的作用。

2. 语词定义

有些概念只需要对语词的意义给予解释，而不一定是对事物本质属性的揭示。这种方法被称为语词定义。语词定义有两种：说明的语词定义和规定的语词定义。

（1）说明的语词定义。某个语词的含义已经确立，就可以用说明性的话语进行描述性陈述。例如：

①"足迹"也称"脚印"，是指人行走、运动后，在承受客体上所留下的能反映出赤脚、穿鞋、穿袜等外表形态结构的印迹。

②"DNA"是英文脱氧核糖核酸（Deoxyribo Nucleic Acid）的简称，是生命最基本的

遗传物质，是储藏、复制和传递遗传信息的主要物质基础，对生物体的生长、遗传、变异等都起着极其重要的作用。

③刑罚是人民法院依照法律对犯罪分子实行惩罚的强制方法。

这几个例子都是对概念的一种解释，而非从实质上进行定义。

（2）规定的语词定义。当提出一个新的语词或者在某种特殊意义上使用某些语词时，我们就应对它们作出规定性的解释。例如："敌对组织"是指敌视中华人民共和国人民民主专政的政权和社会主义制度，危害国家安全的组织；"三股势力"是指宗教极端势力、民族分裂势力和国际恐怖势力；"新干涉主义"是指以人道主义和捍卫西方共同的价值观为借口，以武力干涉别国内政为手段，以推行霸权主义和构筑有利于西方国际关系新秩序为目的的思潮和模式；"一国两制"是指在中华人民共和国这个统一主权的社会主义国家的前提下，允许香港、澳门以及台湾的社会、经济制度不变，生活方式不变、大陆实行社会主义制度，香港、澳门、台湾实行资本主义制度；"丝绸之路"是指汉朝张骞出使西域开辟的一条东西方政治、经济、文化交流的交通线。

二、运用定义的逻辑规则

下定义的目的是准确揭示概念的内涵，因此必须遵守相应的规则。定义的逻辑规则有如下几条：

(一)定义项的外延和被定义项的外延必须相等

也就是说，定义项和被定义项的外延数量必须相等，两者指称的是同一类对象，即所有 Ds 都是 Dp，并且所有 Dp 都是 Ds。

若违反这条规则，主要会犯以下三种逻辑错误：

（1）定义过宽。定义项的外延大于被定义项的外延，即把本来不属于被定义项所指的对象也包括在定义项之中，使定义项真包含被定义项。例如：

①赃物就是犯罪分子的财物。
②盗窃罪就是非法占有公私财物的行为。
③刑法是国家的法律。
④犯罪就是危害统治阶级利益的行为。

例①中的"财物"除赃物以外，还有合法财物；例②中的"非法占有公私财物的行为"还包括贪污行为；例③中的"国家的法律"除刑法外，还包括其他实体法、程序法；例④中的"危害统治阶级利益的行为"既包括犯罪行为，也包括其他不认为是犯罪的行为。

（2）定义过窄。定义项的外延小于被定义项的外延，即把被定义项所指称的部分对象排斥在定义项之外，使定义项真包含于被定义项。例如：

①犯罪是故意危害统治阶级利益并应受刑罚处罚的行为。
②脚印是人所穿的鞋由于行走、运动而在各种承受客体上形成的痕迹。

③盗窃罪就是非法占有公私财物并且数额较大的犯罪行为。

④犯罪是触犯刑律应该判处有期徒刑的行为。

例①中缺少了过失罪；例②中还应包括赤脚和穿袜行走留下的痕迹；例③中"非法占有公私财物并且数额较大的犯罪行为"未包含多次盗窃、数额巨大或有其他严重情节等；例④中"犯罪"的外延还包括触犯刑律、情节轻微不受刑罚处罚的行为，以及被判处管制、拘役和无期徒刑、死刑的行为。

（3）定义交叉（定义既过宽又过窄）。即定义项和被定义项的外延是交叉关系。例如：

①中国人是在中国出生的人。

②盗窃是偷东西。

例①中，因为有的中国人不是在中国出生的人，而有的在中国出生的人又不是中国人，定义项与被定义项是交叉关系；例②中盗窃与偷东西两个概念形成交叉关系，既有采用秘密手段以非法占有公私财物为目的的共性，又有情节、后果、数额等的不同。以上两个定义在逻辑上就犯了"定义既过宽又过窄"的错误。

（二）定义项中不能直接或间接地包含被定义项

下定义是用定义项去揭示被定义项的内涵，以达到明确概念的目的，如果定义项中直接或间接地包含被定义项，就是以不明确的部分去定义不明确的部分，最终还是不明确。

若违反这条规则，主要会犯以下两种逻辑错误：

（1）同语反复。即定义项概念直接包含被定义项概念。例如：

①公安学就是研究公安的科学。

②国际法就是关于国际事务的法律。

③隐私案件就是涉及隐私内容的案件。

④强奸罪就是因为强奸而犯的罪。

例①中"研究公安的科学"直接包含"公安学"；例②中"关于国际事务的法律"直接包含"国际法"；例③中"涉及隐私内容的案件"直接包含"隐私案件"；例④中"因为强奸而犯的罪"直接包含"强奸罪"。以上例子中的两个概念都没有得到明确揭示，犯了"同语反复"的逻辑错误。

（2）循环定义。即定义项概念间接包含被定义项概念。例如：

①诉讼就是打官司，打官司就是诉讼。

②麻醉是麻醉剂所起的作用。

③警察是在公安机关任职的人，公安机关是警察工作的单位。

④恐怖分子就是参与恐怖活动的人。

例①中的诉讼与打官司、例②中的麻醉与麻醉剂、例④中的恐怖分子与恐怖活动的人，前一个概念需要后一个概念定义，后一个概念则需要前一个概念定义；例③中警察不能被公安机关定义，公安机关也不能被警察所定义。以上形式上的定义都没有起到定义的作用，犯了"循环定义"的逻辑错误。

（三）定义项必须清楚明白，不得使用比喻

定义要揭示被定义项的内涵，表达定义项的语词需要清楚、明白，不能晦涩含混，也不能使用比喻。

若违反这条规则，主要会犯以下两种逻辑错误：

（1）定义含混。即定义项语词意义模糊含混，不清楚、不明确。例如：

①政治斗争就是政治上的暴风雨。
②犯罪是不规范自我言行的行为。
③抢劫罪就是抢别人东西的行为。

例①中"政治上的暴风雨"具有借喻意义，而且政治斗争形式多样，并非都是以激烈形式表现的；例②中"不规范自我言行"可导致多种后果，但并不一定导致犯罪；"抢东西"可能构成抢夺罪，也可能不构成犯罪。上述定义项用语模糊含混，没有起到定义的作用。

（2）以比喻代定义。即用比喻的修辞手法、文学语言来解释被定义项。例如：

①犯罪是自掘坟墓的行为。
②法律是人民的保护伞。
③宗教是麻醉人民的鸦片烟。
④警察是人民的金盾。

"比喻"作为一种修辞手法，可以形象地描述出事物的特征，却不能科学地揭示内涵，所以不能当作定义来使用。

（四）定义项一般不得使用负概念和否定语句

如果定义项中使用了负概念和否定语句，那么被定义项则不具有某种属性，也就不需要定义了，当然也就无法达到定义的目的。例如：

①紧急避险行为是不负刑事责任的行为。
②律师是非警察。
③犯罪行为不是合法行为。
④警察不是非公安人员。

例①中的"不负刑事责任的行为"、例②中的"非警察"使用了负概念；例③中的"不是合法行为"和例④中的"不是非公安人员"使用了否定语句，表示被定义项不具有某种属性，失去了定义的意义。

这条规则一般是对肯定概念而言的。给否定概念下定义时，可以使用负概念和否定语句。例如：

①无罪证据就是能证明刑事被告人犯罪事实不存在的证据。

②无行为能力的人就是不满十六周岁的未成年人和不能独立处理自己事务、不能辨认自己行为的意义和后果的精神病患者或其他精神失常的人。

③非暴力死亡是指非外力作用于人体所引起的死亡。

④非法搜查罪是指非法地对他人的身体或住宅进行搜查的行为。

第五节　明确外延，准确划分法律概念

从内涵角度明确概念是重要的，从外延角度明确概念也是一种非常有效的逻辑手段。

一、掌握划分的常用方法

(一)划分的定义及其结构

划分就是把一个概念所反映的对象分为若干个小类，来揭示这个概念的外延的逻辑方法。例如：

①证据可分为原始证据和派生证据。

②交通标志分为主标志和辅助标志。

③我国刑罚分为主刑和附加刑。

④根据主观方面，犯罪可分为故意犯罪和过失犯罪。

例①是从证据的形成方面进行的划分，例②是从交通标志的作用程度方面进行的划分，例③是从刑罚的严厉程度方面进行的划分，例④是从犯罪的主观动机方面进行的划分。

明确概念的外延，就是要说明它反映的是哪些对象，包含哪些子类或分子，适用多大的范围。单独概念的外延只包含一个对象，可以使用指出这个对象的方法来明确它的外延，而无须划分(如珠穆朗玛峰)。普遍概念的外延，如果它的分子是有限的、可以计量的，也可采用列举对象的方法来明确它的外延。例如，在明确"证据"这个概念的外延时，就可以把七种证据一一列举出来。但是，如果普遍概念的外延是无限的或者难以计量的，那么就要用划分的方法来明确它的外延。例如，"数"是无限的、不可数的，要把每一个数都列举出来是根本不可能的，但可以把数划分为实数、虚数两大类；再把实数划分为有理数、无理数两类，把有理数划分为整数、分数两类。这样就能够把无限量的类划分出一个分类体系，然后分门别类研究其性质，总结其规律。

划分是由划分的母项、划分的子项、划分的标准三部分组成的。

母项即被划分的概念，是划分中的属概念，如上述例子中的"证据""交通标志""我国刑罚""犯罪"。

子项即表明母项外延种类的概念,是母项的种概念,如上述例子中的"原始证据、派生证据""主标志、辅助标志""主刑、附加刑""故意犯罪、过失犯罪"。

标准就是划分的依据,即所选择的事物的某种属性,如上述例子中的"证据形成的情形""标志作用程度""处罚形式的主次地位""犯罪时的主观状态"。划分的标准是隐性要素,它不直接被表达出来,但必不可少。

划分不同于分解。划分是把一个大类(属概念)分为若干个小类(种概念),小类(种概念)必然具有大类(属概念)的属性。分解是把一个整体分成若干个部分,各个部分不必然具有整体的属性。例如,《中华人民共和国刑法》可分为总则、分则和附则三个部分,各个部分不具有刑法整体的属性,因而这是分解,不是划分。

划分的逻辑形式:S 包括 S_1、S_2、S_3……Sn。

划分的符号公式:$S=S_1+S_2+S_3+\cdots\cdots+Sn$。

(二)概念划分的逻辑方法

根据划分的层次不同,分为一次划分和连续划分。

一次划分就是根据划分标准,对母项一次划分完毕,这种划分只有母项和子项两层。例如:

①治安管理处罚的种类分为:警告、罚款、行政拘留、吊销公安机关发放的许可证。

②国家行政机关公文按密级可分为绝密、机密、秘密。

③司法文书可分为公安文书、检察院文书、法院文书、监狱文书。

④人民警察警衔分为总警监、警监、警督、警司、警员。

连续划分就是把母项划分为若干子项后,再将子项作为母项继续进行划分,这样连续划分下去,直到满足需要为止。连续划分法至少有两层母项和两层子项。例如:

①"法律"可分为"实体法""程序法"。"实体法"又可分为"刑法""民法""经济法""婚姻法""行政法"等,程序法也可分为"刑事诉讼法""民事诉讼法""行政诉讼法"。

②我国刑罚分为主刑和附加刑。主刑包括管制、拘役、有期徒刑、无期徒刑和死刑,附加刑包括罚金、剥夺政治权利和没收财产。

③人民警察警衔分为总警监、警监、警督、警司、警员。警督分为一级警督、二级警督和三级警督。

此外,还有一种特殊的划分方法:二分法。它是将母项划分为两个互为矛盾的子项,即一个正概念、一个负概念的方法。例如:

①死亡分为正常死亡和非正常死亡。

②人员分为公安人员和非公安人员。

③子女分为婚生子女和非婚生子女。

二、运用划分的逻辑规则

准确把握概念的外延，是进行划分的起点。而在划分时出现错误，也是由于不能准确把握概念的外延。为了保证划分的顺利进行，必须遵守以下几条规则：

(一)划分必须相应相称

这条规则要求子项的外延之和等于母项的外延。

若违反了这条规则，主要会犯以下三种逻辑错误：

(1)划分过宽，也叫多出子项。它是指划分出来的子项外延之和大于母项的外延，即把一些本不属于母项所指称的对象也包括进来。例如：

①我国刑事诉讼法中的强制措施包括拘传、取保候审、监视居住、拘留、逮捕和劳动教养。

②刑法规定的近亲属是指称祖父母、外祖父母及父、母、夫、妻、子、女，同胞兄弟姐妹。

③犯罪分为共同犯罪、集团犯罪、故意犯罪和过失犯罪。

例①中多出了"劳动教养"这个子项，例②中多出了"祖父母，外祖父母"的子项，例③中的"共同犯罪、集团犯罪"两个子项和"故意犯罪、过失犯罪"两个子项不在一个母项之下。

(2)划分过窄，也叫划分不全。它是指划分出来的子项外延之和小于母项的外延，即遗漏了本应属于母项所指称的一部分对象。例如：

①刑法规定的近亲属是指称父、母、夫、妻、子、女。

②主刑分为管制、拘役、有期徒刑、死刑。

③证据有物证、被害人陈述、犯罪嫌疑人、被告人供述和辩解、视听材料。

例①中遗漏了"同胞兄、弟、姐、妹"，例②中遗漏了"无期徒刑"，例③中遗漏了"书证及勘验、检查笔录"。

(3)划分既过宽又过窄。这指的是在同一次划分中，既犯了划分过宽的错误，又犯了划分过窄的错误，就是该有的没有，不该有的倒有了。例如：

①房产纠纷包括所有权纠纷、使用权纠纷和装修权纠纷。

②毒品可分为：天然毒品、合成毒品和有毒食品。

例①的划分多了一个子项"装修权纠纷"，同时少了一个子项"经营管理权纠纷"；例②的划分多了一个子项"有毒食品"，少了一个子项"半合成毒品"。

(二)各子项必须互相排斥

这条规则要求划分出来的子项之间必须具有不相容关系。

违反这条逻辑规则就犯了"子项相容"的错误。例如：

①证据包括直接证据、间接证据、有罪证据、无罪证据和实物证据等。

②文件有内部文件、绝密文件、军事文件。

③协助我们侦破这起案件的有民工、妇女、干部、学生。

上述三例中的各子项之间都是交叉关系，没有互相排斥。如例①中的直接证据、间接证据与有罪证据、无罪证据，与实物证据，必然互相包含，互相交叉；例②中的内部文件包括绝密文件、军事文件，绝密文件包括内部文件、军事文件，军事文件包括内部文件、绝密文件；例③中的民工、妇女、干部、学生，也都是互相交叉的。

(三)每次划分的标准必须同一

这条规则要求每次划分只能有一个标准，不能几个标准混用。

违反这条逻辑规则就犯了"多标准划分"的错误，也叫做"划分标准不同一"。例如：

①法律可分为国内法、国际法、成文法和不成文法。

②今天参加会议的有警察、青年、妇女、律师、教师、干部。

例①用了两个标准，例②用了三个标准。

需要注意的是，一个错误的划分可能同时违反多条规则，犯有多种错误。如多标准划分与子项相容有一致的地方，划分不相应相称也与划分标准不统一有关系。

划分的标准极为重要，如果标准不明确，就无法划分并造成划分混乱不清，每一类事物都有许多属性，因而划分时可以选择它的不同属性作为标准，对它进行不同的划分，从而获得对这类事物多方面的了解。例如，对一个班的学生，就可分别依据性别、年龄、现有文化程度、政治面貌等作为标准进行划分。当然，每次划分选择什么标准，须根据事物的性质和要达到的目的来决定。

第六节　运用反变关系，准确概括限制法律概念

定义和划分分别从内涵和外延的角度提供了明确概念的方法，而对概念进行概括和限制，则可以从内涵和外延相结合的角度得到明确概念的方法。

一、明确内涵与外延的反变关系

概念有内涵与外延两个特征，在前面我们运用定义和划分的方法，分别从内涵与外延两方面予以了明确。那么，如果将一个概念的内涵与外延联系在一起来进行分析的话，二者之间有什么关系呢？例如：

①犯罪的内涵是触犯刑律应当受到刑罚处罚的行为；外延是根据犯罪的主观方面分为故意犯罪和过失犯罪。

②故意犯罪的内涵是行为人明知自己的行为会造成危害社会的结果，并且希望或者放任这种结果发生的犯罪行为；外延是危害国家安全罪，危害公共安全罪，破坏社会主义市场经济罪，侵犯公民人身权利、民主权利罪，侵犯财产罪，妨害社会管理秩序罪，危害国防利益罪，贪污贿赂罪，渎职罪，军人违反职责罪等。

可以看出，当我们对一个概念的内涵和外延提出要求的时候，实际上就产生了一个新概念，两个概念之间就形成了属种或种属关系；概念的内涵与外延存在着反变关系，即一个概念的内涵越少，则外延越大；外延越大，内涵越少；内涵多的概念是种概念，外延大的概念是属概念。

具有属种关系的两个概念间的内涵与外延的反变关系，正是对概念进行概括与限制的逻辑依据。

二、掌握概念概括的方法

概念的概括就是减少概念的内涵，扩大概念的外延的逻辑方法，简而言之，把外延较小的概念过渡为外延较大的概念，从种概念过渡到属概念。例如："公安警察"与"警察"，"管制刀具"与"刀具"，"中华人民共和国警察法→实体法→法律"。这几例都是减去一个限制词（内涵）而扩大外延得到前概念的属概念。有些概念也可直接从种概念过渡到它的属概念。例如：

①抢劫罪→侵犯财产罪→故意犯罪。
②剥夺政治权利→附加刑→刑罚。

概括可以连续进行，但也有其限度，概括的极限是范畴。如物质、意识、运动、静止、原因、结果、行为等范畴，它们都是外延最大，适用范围最广的概念，再也没有比范畴外延更大的概念，即再也不会找到属概念，当然就不能再进行概括了。如"诽谤罪"只能概括到"行为"。

概括只能在具有种属关系的概念之间进行，具有全同、交叉、全异关系的概念都不能进行概括。例如："交通客运部门规定，旅客严禁携带管制刀具、汽油、酒精等液体物品。"汽油、酒精是液体物品的种概念，但管制刀具不是，此例犯了"概括不当"的错误。如果将此句改成："交通客运部门规定，旅客严禁携带管制刀具、汽油、酒精、雷管、鞭炮、硫酸、剧毒农药等危险物品。"这样就是正确的。

三、运用概念限制的方法

这是通过增加概念的内涵，以缩小外延来明确概念的逻辑方法，简单地说，就是从外延较大的概念过渡为外延较小的概念，从属概念过渡为种概念，如"大学生与警察院校学生"。

限制可以连续进行，如"法律""实体法""中华人民共和国治安处罚法""刑罚""主刑""无期徒刑"。

在现代汉语中，限制常常采用名词前加定语的方法来表示，如在"警察"前加"社区"就是"社区警察"；也可以在动词和形容词前加状语来表示，如对"占有""残忍"进行限制可成为"非法占有""很残忍"等。

并不是所有的定语都表示限制，有些只是修饰，如在"侵略战争"前加"不得人心的"，"老虎"前加"吃人的"；也有些限制，并不用加定语，如将"犯罪"限制为"侵犯财产罪"，将"过失罪"限制为"失火罪"等。究竟是不是限制，主要是看外延的变化，并不取决于有没有定语或状语成分。

限制也有限度，限制的极限是单独概念。因为单独概念的外延就只有其本身一个，如"法律"可以限制到"中华人民共和国行政法""中华人民共和国道路交通法"；如"城市"可以限制到"北京市""伦敦市"等单独概念，但往下再没有种概念了，就无法继续限制。

限制只能在具有属种关系的概念之间进行，具有全同关系、全异关系和交叉关系的概念不能限制。

概括的作用是使事物概括化、抽象化，限制的作用是使对象具体化、明确化。这些方法都是为了使我们更准确地进行思维，更好地认识事物。对概念的概括体现了思维的一种要求：从宏观的角度、原则的立场、战略的高度来观察世界、观察事物。如将"爆炸罪"概括为"故意犯罪"，就突出体现了"爆炸罪"这个罪的本质特点是具有社会危害性的。对概念的限制体现了思维的另一种要求：从微观的角度、细节的差别、战术的深度来观察世界、观察事物。如将"故意罪"限制为"爆炸罪"，则可以使人们清楚地认识到"故意罪"会从哪些方面对社会造成危害。

◎ 练习一：法律概念训练

一、分析下列各题括号中的内容，指明它是从内涵方面还是从外延方面说明划线的概念的

1. 当事人是指（自诉人、被告人、附带民事诉讼的原告人和被告人）。

2. 地震是（由于地球内部的某种动力活动而产生的地壳震动），如（火山地震、构造地震、陷落地震等）。（地下深处岩层断裂错动发出震动的地方）叫震源，（地面上正对着震源的地方）叫震中。

3.（合同双方当事人权利义务所指向的对象）叫合同的标的，例如（买卖、互易、供应合同中的物，承揽合同中承揽人完成的工作等）。

4. 宪法是国家的根本法，（它通常规定一个国家的阶级性质、社会制度、国家制度、国家机构、公民的基本权利和义务等）。

5."经"是我国古籍的通称，凡（带有原理、原则性质的著述），皆可称作"经"，如"法经"。现在所说的"十三经"，（即指《尔雅》《公羊传》《穀梁传》《左传》《周礼》《仪礼》《礼记》《诗经》《书经》《易经》《孝经》《论语》《孟子》）。

6. 普通话就是(以北京语音为标准音，以北方话为基础方言，以典范的现代白话文著作作为语法规范的法定汉民族共同语)。

二、分析下列划线的语词所表达的概念的类别

1. 女法官能顶半边天。

2. 西沙群岛自古以来就属于中国领土。

3. 单独概念与普遍概念是一对矛盾关系的概念。

4. 我院的学生来自五湖四海。

5. 非国家工作人员犯前款罪的，依照前款的规定酌情处罚。

6. 谦虚廉洁是做官的美德。

7. 世间一切事物，人是第一宝贵的。

8. 人贵有自知之明。

9. 湖南人爱吃辣椒。

三、用欧拉图表示以下各组概念的外延关系

1. A. 杀人犯；B. 抢劫犯；C. 罪犯

2. A. 法学家；B. 律师；C. 青年人

3. A. 合法行为；B. 违法行为；C. 犯罪行为

4. A. 运动员；B. 足球运动员；C. 优秀体育工作者

5. A. 刑事侦查员；B. 检察员；C. 审判员；D. 司法人员；E. 国家工作人员

四、填空

1. 定义是一种揭示概念_____的逻辑方法，最常用的一种下定义方法是_____。

2. 定义是由_____、_____、_____构成的。

3. 划分是揭示概念_____的逻辑方法。

4. 划分是由划分的_____、划分的_____和划分的_____三部分组成。

5. 具有属种关系的两个概念在内涵与外延之间存在内涵多则外延小、内涵少则外延大_____关系，这种关系是对概念进行_____或_____的逻辑依据。

6. 概念的限制或概括只能在具有_____关系或_____关系的概念之间进行。

五、选择

1. 把"警察管理就是对警察进行管理"这句话作为"警察管理"的定义，所犯的逻辑错误是(   )。

　　A. 定义过宽　　B. 定义过窄　　C. 循环定义　　D. 同语反复

2. 在一次划分中，若犯"子项相容"的逻辑错误，即划分后的子项之间出现了(   )。

　　A. 全同关系　　B. 真包含关系　　C. 交叉关系　　D. 矛盾关系　　E. 反对关系

3. 通过增加"犯罪"这一概念的内涵，将其外延缩小为"故意犯罪"这一概念，运用的逻辑方法是(   )。

A. 概括　　　　　B. 限制　　　　　C. 定义　　　　　D. 划分

4. 通过减少"刑事警察"这一概念的内涵，将其外延扩大为"警察"这一概念，运用的逻辑方法是(　　)。

A. 概括　　　　　B. 限制　　　　　C. 定义　　　　　D. 划分

六、指出下列语句作为定义所犯的逻辑错误

1. 律师就是靠打官司吃饭的人。

2. 巡警不是交警。

3. 犯罪行为就是危害社会的行为。

4. 犯罪学就是研究犯罪预防的科学。

5. 贪污犯就是侵蚀、破坏社会主义大厦的蛀虫。

6. 所谓大国就是比小国更大的国家，而小国就是比大国更小的国家。

7. 健康就是没有生理疾病。

8. 法律就是人人都要遵守的行为规范。

七、指出下列划分是否正确，并说明理由

1. 直系亲属有祖父母、父母、配偶、子女、兄弟、姐妹等。

2. 犯罪集团分为主犯和从犯。

3. 主刑包括拘役、拘留、有期徒刑、驱逐出境、管制、无期徒刑、死刑、剥夺政治权利。

4. 小说有长篇小说、侦探小说、爱情小说、外国小说、中篇小说、短篇小说。

5. 这个派出所的民警，除了七名女民警外，其余都是男民警。

6. 概念分为普遍概念、单独概念和正概念。

7. 证据有：(1)物证、书证；(2)证人证言；(3)被害人陈述；(4)被告人供述和辩解；(5)鉴定结论；(6)勘验、检查笔录；(7)影像资料。

8. 被抓获的犯罪嫌疑人有工人、高干子弟、学生、农民和干部。

9. 为了保证旅客的安全，铁道部门规定：严禁携带易燃品、爆炸品、腐蚀品、危险品、雷管、火药等进站乘车。

八、请指出下列限制或概括是否正确，并说明理由

1. 小偷小摸行为→犯罪行为→违法行为→行为

2. 法律→宪法→民法→中国民法

3. 法官→青年法官→女青年法官

4. 女青年法官→青年法官→法官

5. 法官→青年→中共党员

6. 中共党员→青年→法官

7. 把"中国"概括为"亚洲的国家"

8. 国家→社会主义国家→中国→北京

9. 全国人民代表大会→省人民代表大会→市人民代表大会→县人民代表大会

◎ 练习二：行政职业能力测验概念题训练

（说明：利用概念外延间的基本关系可以解答行政职业能力测验中的部分类比推理题）

1. 春夏秋冬：四季（　　）
   A. 喜怒哀乐：情绪　　　　　　　B. 赤橙黄绿：颜色
   C. 早中晚：一天　　　　　　　　D. 东南西北：四方

2. 麻雀：动物（　　）
   A. 豆浆：早餐　　　　　　　　　B. 开水：纸杯
   C. 发卡：首饰　　　　　　　　　D. 钢笔：电脑

3. 技能：技术：技艺
   A. 昏沉：昏迷：昏睡　　　　　　B. 习惯：规矩：法律
   C. 认可：鼓励：奖励　　　　　　D. 经常：往往：一直

4. 医学家：文学家
   A. 李时珍：中药家　　　　　　　B. 电影演员：歌唱家
   C. 职业演员：职业　　　　　　　D. 经理：公司

5. 书法：绘画
   A. 太空：飞船　　　　　　　　　B. 森林：树木
   C. 捕鱼：修船　　　　　　　　　D. 梨树：桃树

6. 主观：客观
   A. 赞成：反对　　　　　　　　　B. 大哥：小妹
   C. 有机物：无机物　　　　　　　D. 白菜：蔬菜

7. 红色：暖色
   A. 海口：海南　　　　　　　　　B. 绿色：环保
   C. 地球：行星　　　　　　　　　D. 党员：领导

8. 森林：群众
   A. 头：身体　　　　　　　　　　B. 花：梅花
   C. 书籍：服装　　　　　　　　　D. 星星：眨眼

（说明：利用属加种差的定义方法，能够迅速解答行政职业能力测验中的全部定义判断题）

9. 真理是指客观事物及其规律在人的意识中的正确反映。真理可以分为理性真理和事实真理两种。理性真理指的是具有普遍性和必然性的真理，其反面是不可能的；事实真理指的是具有偶然性的真理，其反面是可能的。

根据上述定义，下列属于理性真理的是（　　）。
   A. 月晕而风，础润而雨
   B. 如果 a 大于 b 且 b 大于 c，那么 a 大于 c
   C. 恩惠要一点点地施舍才具有最大效益
   D. 一个人如果违反了法律，就一定会受到法律的制裁

10. 人耳对一个声音的感受性会因另一个声音的存在而发生改变。一个声音能被人耳听到的最低值会因另一声音的出现而提高，这种现象就是听觉掩蔽。

根据上述定义，下列符合听觉掩蔽的是(　　　)。
    A. 吵闹的课间，老师得大声说话，同学们才能听到
    B. 长时间戴耳机听音乐，会觉得听到的音量逐渐变小
    C. 人类无法听到蝙蝠等动物发出的超声波
    D. 安静的房间内，我们能够听到闹钟"滴嗒"的声音

11. 语句的示意功能是指通过语句表达某种通知、告诫、命令或请求，目的在于要求别人按照语句表达的思想，作出或不作出某种行为。

根据上述定义，下列没有反映语句的示意功能的是(　　　)。
    A. 全体学生请到操场集合
    B. 请您务必不要践踏草坪
    C. 禁止生产假冒伪劣产品
    D. 销售部现在应该在开会

12. 异质型人力资本是指某个特定历史阶段中具有边际收益递增生产力形态的人力资本，表现为拥有者所具有的独特能力，这些能力主要包括综合协调能力、判断决策能力、学习创新能力和承担风险能力等。

根据上述定义，下列不涉及异质型人力资本的是(　　　)。
    A. 某厂长期亏损，李某担任厂长后施行了大刀阔斧的改革，很快使工厂扭亏为盈
    B. 技术员陈某潜心钻研技术，他将人们认为不太可能整合的两种技术巧妙结合在一起，大大降低了生产成本
    C. 某包装厂效益平平，设计师王某应聘到该厂后，由于他的设计新颖、风格清新，一下子使该厂的包装产品畅销起来
    D. 某厂聘请某院士担任技术顾问，一大批风险投资公司慕名而来，一些高学历人才也陆续加盟

13. 符号现象是指表意上没有相关性的甲乙两事物，当我们用甲事物代表乙事物时，甲事物就可以视为乙事物的符号。

根据上述定义，下列不属于符号现象的是(　　　)。
    A. 消防车的警笛声
    B. 医疗机构使用的十字标记
    C. 法院大门上雕刻的天平图案
    D. 体育比赛裁判员的哨声

14. 数客互动管理是指通过先进的电子通信和网络手段，达到企业与目标客户群之间高效、直接、自主、往复的沟通，从而满足客户的个性化需要。

根据上述定义，下列属于数客互动管理的是(　　　)。
    A. 某市政府在官网设立市长信箱，广泛收集各方面的意见，及时答复群众质询，努力改进政府工作

  B. 某玩具公司建立网络交流平台，家长只要将需要的玩具类型、价格、功能等提交给平台，公司就可以及时生产出来

  C. 某家具生产企业通过收集网络海量数据，进行市场需求分析，及时调整家具风格

  D. 某热水器厂家根据客户提供的信息，定期与客户联系，为客户提供免费检修服务

15. 蜂鸣式营销是一种通过向潜在消费者直接提供企业产品或服务，使其获得产品或服务体验的销售方式。根据上述定义，下列不属于蜂鸣式营销的是( )。

  A. 某软件公司在网上推出一款试用版软件，用户可免费试用三个月

  B. 某公司聘请演员在各大城市繁华地区扮演情侣，邀请可能成为目标客户的路人为他们拍照，借机向其宣传新款相机的功能

  C. 某企业定期向用户发送邮件，寄送产品杂志，推送优惠信息，并承诺购买产品一个月内不满意可以无条件退货

  D. 某饮料公司的营销人员频频出现在街道、咖啡馆、酒吧、超市等场所，请路人品尝不同口味的饮料来宣传自己的品牌

第三章 法律判断的精确掌握

判断是对概念的展开，同时它又是构成推理的基础。可见，判断是思维形式的重要中间环节。

第一节 判断的逻辑性质及类别

我们时刻都在对各种事物作出自己的判别和断定，如"这个人品德不好""有的动物受法律保护""这把刀不是证据"等。这几个判断涉及对人、动物和物体不同属性的断定，但逻辑学不研究这些断定各不相同的内容，而是从基本形式结构方面研究其逻辑性质。

一、判断的逻辑特征

概念有两个逻辑特征，判断也有两个逻辑特征。

（一）什么是判断

判断是对客观事物情况有所断定的一种思维形式。作为最基本的思维形式之一的判断，其思维形式通常表现为两个或两个以上的概念之间的联系，也只有把两个或更多个概念联结起来，才能对反映对象作出判断。例如：

①实践是检验真理的唯一标准。
②人的正确思想不是从天上掉下来的，也不是头脑中固有的。
③人民警察既要惩治犯罪，又要保护人民的生命财产安全。

以上三个判断中，第一个是断定"实践"具有"检验真理的唯一标准"的属性；第二个是断定"人的正确思想"不具有"从天上掉下来""头脑里固有的"的属性；第三个则是断定"人民警察"具有"惩治犯罪""保护人民生命财产安全"的属性。事实上，在日常社会实践中，人们不由自主地形成各种各样的判断，相应得出或真或假的认识。可见，人们不但在认识过程中需要运用判断形式，并把认识的结果用判断形式固定下来，而且在表达、交流思想时，也离不开这种思维形式。因此，无论在认识过程中或在交流思想过程中，判断都具有十分重要的作用。简而言之，没有判断这种思维形式，人们就无法进行正常的思维活动。

（二）判断的逻辑特征

判断的首要逻辑特征是有所断定，即对思维对象有所肯定或有所否定。

尽管人们各自断定的具体对象是不尽相同的，但是这些断定总是对不同的对象作出了相应的断定，即肯定了某种对象具有某种属性，或者否定了某种对象具有某种属性。因此，我们可以说，判断就是对客观事物有所肯定或有所否定的思维形式。例如：

①这里的人是遵纪守法的。
②法律决不是只保护少数人的利益。

前者肯定了"这里的人"具有"遵纪守法"的性质；后者否定了"法律"具有"保护少数人利益"的性质。倘若在思维中对反映对象无所断定，既不肯定什么，也不否定什么，便不构成判断。

判断的另一基本逻辑特征是有真假问题，即任何一个判断都是或真或假的。

判断是对客观事物有所肯定或有所否定的思维形式，是对事物情况的反映，因而必然存在是否符合客观实际的问题。换言之，判断有真假的问题。如果断定的情况正确地反映了实际情况，就是真判断；反之，就是假判断。如唯物主义者认为"存在决定意识"，经过实践检验并被证明是符合实际情况的，因此，这个判断是真判断；而唯心主义者认为"意识决定存在"被实践证明是不符合实际情况的，因此，该判断是假判断。当然，确定某个判断的真假，这是具体科学所研究的范畴，形式逻辑并不考量具体判断及其内容的真假，它只着重从判断的逻辑形式，即判断的形式结构、类型和逻辑值等诸方面来研究判断，以便正确地进行推理和论证。值得注意的是，普通逻辑认为，任何一个判断或真或假，二者必居其一，而不能兼而有之。

二、判断的语句表达

正确领会判断的两个逻辑特征是非常有必要的，它是我们识别一个语句是否表达判断、是否成为判断的最基本的标准。一个语句，只有当它所表达的是对客观事物情况有所肯定或有所否定、并从而是或真或假的思想时，我们才可以说该语句表达了判断，它是判断；否则，它就没有表达判断，因而它不是判断。

作为一种思维形式，判断是不能离开语句而存在的，判断的形成和表达都离不开语句。因此，判断与语句是一对既有联系又有区别的概念。

它们的区别如下：

第一，判断与语句分属不同的学科范畴，判断是一种思维形式，为逻辑学研究的对象，运用判断应当遵守逻辑规律；语句是语言的形式，为语言学研究的对象，运用语句应当遵守语言规则。

第二，通常情况下所有的判断都需用语句表达，但并非所有的语句都表达判断。在现代汉语里，语句的类型通常分为四种：陈述句、疑问句、祈使句和感叹句。一般而言，陈述句都直接表达判断，因为它直接对客观事物有所肯定或有所否定，同时亦有真假之分。例如：

①抢劫犯不是过失犯罪。
②凡犯罪行为都是违法行为。

以上例子均是陈述句。它们直接对反映对象有所断定，因而都直接表达判断。

疑问句、祈使句和感叹句一般不表达判断,例如:

①人民警察的宗旨是什么?
②请把窗户关上!
③啊,黄河!

以上三个例子均不表示判断。然而,这并不意味着它们在任何时候都不表达判断。当出现一些表示反问的疑问句、暗含以某种规则为依托的祈使句和隐含具有实际意义的感叹句时,这些疑问句、祈使句和感叹句就当然表示判断了。例如:

①难道你的行为是合法的吗?
②大学生,不要吸烟!
③祖国啊,我的母亲!

例①形式上是疑问句,但事实上是利用反问的方式表达了发问者对被问者情况的明确断定,即否定"你的行为是合法的"或肯定"你的行为不是合法的";例②表达了对大学生的一种要求甚至命令。人们提出这种句子的主要意图不在于直接对反映对象有所肯定或有所否定,而是在于表示请求。从这种意义上说,可以认为它并不是直接表达判断的。但是,这并不意味着它就对人或物无所断定。实际上,它是表达一个规范意义的判断——"大学生,不应当吸烟"。当然,它也有真假之分,因而可以将此类祈使句视为间接的判断。至于那些没有明确断定,只是反映说话人的主观意愿,事实究竟如何尚未以断定的祈使句就不能表达判断了。例③表达了说话人对祖国真挚的热爱之情,所抒发的强烈感情是以"祖国是我的母亲"这一判断为其基础的。由此可见,此种感叹句同样间接表达了判断。

判断与语句的联系:语句是判断的语言表达形式,判断则是语句所表达的思想内容。

首先,同一判断可以采用不同的语句来表达。如"一切作案者都有作案时间"这一判断,还可以用下述语句来表达:

①凡是作案者都有作案时间。
②没有作案时间的作案者是没有的。
③难道有没有作案时间的作案者?
④哪有不具有作案时间的作案者?

对于这些表达同一判断的不同语句而言,它们的基本意思是同一的,换言之,它们表达同一个判断,但是它们的感情色彩和语言风格却迥然不同。这告诉人们,为了准确、恰当地表达判断,人们还需在修辞等方面下功夫,注重语言的表达效果,以加强语句的感染力。

其次,同一语句可以表达不同的判断。例如:

①被告人曾因盗窃三次被判刑。

②张三正在上课。

③湖人队战胜了马刺队进入了 NBA 总决赛。

以上三个语句可以分别表达两个不同的判断。在第一个语句中，既可表示"被告人曾因盗窃被判刑三次"，也可以表示"被告人曾因三次盗窃被判刑"；第二个语句中，由于"上课"这个语词既可表示教师"授课"或"讲课"，又可表示学生正在"听课"，因此，该语句一方面表达"张三正在讲课"，另一方面表达"张三正在听课"；第三个语句则可以表示"湖人队战胜了马刺队，湖人队进入了 NBA 总决赛"，也可以表示"湖人队战胜了，但是马刺队进入了 NBA 总决赛"。必须注意的是，在同一语句中表达不同的判断，实际上等同于暗含具有歧义的内容，在语言的运用中，应当尽量避免此类语句的使用，从而有利于语言的正常理解和交流。

三、判断的逻辑类别

按照不同的标准，可以对判断进行划分。

首先，按照判断中是否含有"必然""可能""应当""禁止"等模态词，把判断分为非模态判断和模态判断。

其次，根据判断形式结构的特征，将非模态判断分为简单判断和复合判断。按照在判断中是断定反映对象的性质还是断定反映对象之间的关系，将简单判断分为直言判断(亦称性质判断)和关系判断。直言判断按照质项和量项的不同结合，又可分为全称肯定判断、全称否定判断、特称肯定判断、特称否定判断、单称肯定判断和单称否定判断。关系判断可分为对称性关系判断和传递性关系判断。复合判断按照逻辑联结词性质的不同，分为联言判断、选言判断、假言判断、负判断和混合复合判断。至于模态判断，根据判断断定的某种状态，可以将其分为真值模态判断和规范模态判断。

判断的逻辑类别可如图 3-1 所示：

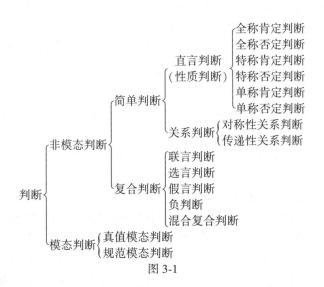

图 3-1

43

第二节　简单判断的法律应用

在日常生产生活实践中，人们经常使用简单判断进行思考或推理以满足人们的需求。所谓简单判断，就是指形式结构较为基本的判断，即本身不包含其他判断的判断。依据判断反映对象即客观事物的性质或客观事物之间关系，我们将简单判断分为性质判断和关系判断。下面逐一介绍这两种判断。

一、性质判断的理解与应用

（一）性质判断的定义和结构

性质判断，在一般逻辑学中亦称直言判断，是断定客观事物具有或不具有某种性质的判断。例如：

①所有的正当防卫都是合法行为。
②有的被告不是有罪的。

以上两例是两个性质判断。前者是断定所有的正当防卫具有"合法行为"的性质；后者是断定有的被告不具有"有罪"的性质。分析以上两个判断，我们可以看到，性质判断由主项、谓项、联项和量项四部分组成。

主项是指在判断中被反映或被断定对象的概念。如例①中的"正当防卫"和例②中的"被告"分别表示这两个判断的各自主项。在逻辑学上，主项通常用大写字母"S"表示。

谓项是指在判断中对被反映对象或被断定对象所具有或不具有的某种性质的概念。上述例①和例②中的"合法行为"和"有罪的"分别是两个判断的谓项。在逻辑上，通常用大写字母"P"表示。

联项是指在判断中联结主项和谓项的概念。如例①中的"是"和例②中的"不是"分别表示这两个判断的联项。一般而言，含有联项"是"的判断为肯定判断，含有联项"不是"的判断为否定判断。在日常语言表达中，表示肯定的联项有时可以省略，如"延安啊，中国革命的圣地！"但是，否定的联项则不能省略，否则会失去原意。这种判断的肯定或否定叫做判断的质。

量项是指在判断中表示主项范围或数量的概念，它通常位于主项之前，有时也可在主项之后，一般称之为判断的量。量项分为以下三种：

一是全称量项，它表示在一个性质判断中对主项的全部外延作了断定或反映，通常用"所有""凡是""一切""没有一个不是""任何""每一个"等来表示。此外，在判断的联项前加"都"亦可表示，如"犯罪行为都是违法行为"。在日常语言运用中，全称量项有时可以省去，如"事物是有矛盾的"，实际上是"所有事物都是有矛盾的"判断的省略形式而已。

二是特称量项，它表示在一个性质判断中没有对主项的全部外延进行断定或反映，通常使用"有的""某些""有"等来表示，在判断的运用过程中，特称量项不能省略，故又称存在量项，是指"存在着"，至少有一些，如"有的学生是党员""有些警察是铁路警察"

等。值得注意的是，在形式逻辑上，特称量项"有的"等有其特定的意义，即与日常生活中的"有的"含义有所不同。在日常语言中，我们说"有的是……"时，往往意味着"有的不是……"当说"有的不是……"时，则意味着"有的是……"然而，在作为特称量项的"有的"或"有些"只表示在一类事物中"有的"被反映对象具有或不具有某种性质，并没有对那些未被反映对象作出断定，也就是未作出明确的表示。因此，特称量项"有的"是指"至少有一个"，它并不排除客观上可能全部如此。由此可见，当我们断定某类反映对象中有的对象具有某种性质时，并不意味着该类反映对象中未断定的对象一定不具有这种性质，反之亦然。正如特称量项又称存在量项一样，特称判断亦被称为存在判断。

三是单称量项，它表示在一个性质判断中对表达特定对象主项的一个外延作了断定或反映，或用专有名词来表示，或在普通名词前加上"这个"或"那个"来表示。当一个判断的主项是单独概念时，可以视之为全称判断的特殊形式，其主项前不再用加量项，如"北京是中国的首都"等。

综上所述，性质判断的逻辑结构可以表示为：

这个(所有)(有的)S 是(不是)P

在这一逻辑结构中，量项"这个(所有的、有的)"和联项"是(不是)"是逻辑常项，主项 S 和谓项 P 是逻辑变项。根据逻辑常项的不同组合，性质判断可以划分为不同的类型。

(二)性质判断的种类

在逻辑学中，逻辑常项是区分不同类型逻辑形式的唯一依据。在性质判断中，断定不同判断种类的只能是逻辑常项，即逻辑联项和逻辑量项。按照性质判断联项的不同，性质判断可分为肯定判断和否定判断。按照性质判断量项的不同，性质判断可分为全称判断、特称判断和单称判断。按照性质判断联项和量项的不同组合，性质判断可分为全称肯定判断、全称否定判断、特称肯定判断、特称否定判断、单称肯定判断和单称否定判断。

1. 全称肯定判断

全称肯定判断是断定一类事物的全部对象都具有某种属性的判断。其逻辑量项是全称的，联项是肯定的，例如：

①所有逻辑性很强的辩护都是令人信服的。
②凡法律都是统治阶级意志的表现。

全称肯定判断的逻辑形式：

所有 S 都是 P；可简写为：SAP 或 A

2. 全称否定判断

全称否定判断是断定一类事物的全部对象都不具有某种属性的判断。其逻辑量项是全称的，联项是否定的，例如：

①所有抢劫罪都不是过失犯罪。

②一切法律都不是先天就有的。

全称否定判断的逻辑形式：

所有 S 都不是 P；可简写为：SEP 或 E

3. 特称肯定判断

特称肯定判断是断定一类事物中有对象具有某种属性的判断。其逻辑量项是特称的，联项是肯定的，例如：

①有些证据是物证。

②有的警察是公安部一级英模。

特称肯定判断的逻辑形式：

有的 S 是 P；可简写为：SIP 或 I

4. 特称否定判断

特称否定判断是断定一类事物中有对象不具有某种属性的判断。其逻辑量项是特称的，联项是否定的，例如：

①有的大学不是政法院校。

②有些律师不是称职的。

特称否定判断的逻辑形式：

有的 S 不是 P；可简写为：SOP 或 O

5. 单称肯定判断

单称肯定判断是断定某一特定对象具有某种性质的判断。其逻辑量项既可以省略也可以用特指词，联项是肯定的，例如：

①台湾是中国领土不可分割的一部分。

②这个国家是一个社会主义法治国家。

单称肯定判断的逻辑形式：

这个 S 是 P；可简写为：SaP 或 a

6. 单称肯定判断

单称否定判断是断定某一特定对象不具有某种性质的判断。其逻辑量项既可省略也可用特指词，联项是否定的，例如：

①尼罗河不是流经一个国家的河。
②那个城市不是治安良好的都市。

单称否定判断的逻辑形式：

这个 S 不是 P；可简写为：SeP 或 e

上述判断就是性质判断的六种基本形式。由于单称判断是对某一特定对象的断定，因而从主项概念外延的角度看，单称判断和全称判断没有什么不同，即它们都是对主项概念全部外延情况的断定，因此，传统逻辑将单称肯定判断视为全称肯定判断，将单称否定判断视为全称否定判断。这样，性质判断可归结为以下四种基本形式，如表 3-1 所示：

表 3-1

名称	逻辑形式	符号形式	简称
全称肯定判断	所有 S 都是 P	SAP	A
全称否定判断	所有 S 都不是 P	SEP	E
特称肯定判断	有的 S 是 P	SIP	I
特称否定判断	有的 S 不是 P	SOP	O

必须指出的是，性质判断的自然语言表达时常是不规范的，因此，在进行逻辑分析时需将此类不规范的性质判断转化为规范形式，以防误解。譬如：将"个人隐私不是不可以得到保护的"转化为 A 判断："所有的隐私都是可以得到保护的"；将"证人的话不都是真的"转化为 O 判断："有的证人的话不是真的"。对自然语言中性质判断作规范化梳理时，切记不能改变判断的本义。

(三)性质判断中项的周延性

性质判断中项的周延性情况对于正确理解和运用性质判断以及三段论推理都是至关重要的。忽略周延性，性质判断很可能陷入困境，甚至陷入谬误的泥潭，三段论的某些规则正是借助周延性得以演绎推理的，没有周延性，三段论则无法得到有效推演。

所谓项的周延性是指在性质判断中，对主项、谓项外延数量的是否被断定的情况。若在一个性质判断中，对其主项（或谓项）的全部外延作出断定，那么，该性质判断的主项

(或谓项)就是周延的；反之，若在一个性质判断中，没有对主项(或谓项)的全部外延作出断定，那么，该性质判断的主项(或谓项)就是不周延的。

性质判断 A、E、I、O 中主、谓项的周延性情况如下：

1. 全称肯定判断主、谓项周延性情况

在全称肯定判断"所有 S 都是 P"中，由于它断定了所有 S 都是 P，至于所有 P 是否都是 S 则没有断定，换言之，它只断定了 S 的全部外延，而没有断定 P 的全部外延。因此在全称肯定判断中，主项 S 是周延的，谓项 P 是不周延的。

2. 全称判断否定主、谓项周延性情况

在全称否定判断"所有 S 都不是 P"中，由于它断定了所有 S 都不是 P，也就意味着 S 的全部外延排除在 P 的全部外延之外，因而也就同时断定了所有的 P 不是 S，简言之，它不仅断定了 S 的全部外延，而且断定了 P 的全部外延。因此，在全称否定判断中，主项 S 是周延的，谓项 P 也是周延的。

3. 特称肯定判断主、谓项周延性情况

在特称肯定判断"有的 S 是 P"中，它只断定了有的 S 是 P，至于所有的 S 是否属于 P，则没有断定，同时更没有断定所有的 P 是否属于 S。这表明，它既未断定 S 的全部外延，也未断定 P 的全部外延。因而，在特称肯定判断中，主项 S 和谓项 P 都是不周延的。

4. 特称否定判断主、谓项周延性情况

在特称否定判断"有的 S 不是 P"中，它断定了有的 S 不是 P，实际上表明这一部分 S 不是任何 P，即把这一部分 S 排斥在全部 P 的外延之外，也就意味着它虽然没有断定 S 的全部外延，却断定了 P 的全部外延。因而，在特称否定判断中，主项 S 不周延，谓项 P 是周延的。

综上所述，性质判断 A、E、I、O 中主项、谓项的周延性情况详见表 3-2：

表 3-2　　　　　　　　　　　　　　**性质判断主、谓项的周延性情况**

性质判断形式	主项	谓项
SAP	周延	不周延
SEP	周延	周延
SIP	不周延	不周延
SOP	不周延	周延

据此，我们可以归纳出性质判断中主项、谓项周延性情况的特点：就主项而言，全称判断周延，特称判断不周延；就谓项而言，肯定判断不周延，否定判断周延；主项、谓项都周延的是 E 判断，主项、谓项都不周延的是 I 判断；A 判断与 O 判断主、谓项周延情况相反，E 判断与 I 判断主项、谓项周延情况相反。

此外，我们在断定性质判断主项、谓项周延情况时，仍需注意的是：第一，只有性质判断才有周延与否的问题，也只有性质判断的主项、谓项才有周延与否的问题，一旦脱离了性质判断，就无所谓周延和不周延；第二，周延与否仅仅与判断形式有关联，它不涉及判断的具体内容；第三，单称肯定判断和单称否定判断在周延性问题上可以视为全称肯定判断和全称否定判断的特例，因此，其主项、谓项周延情况与全称判断相同。

(四)同素材四种性质判断间的真假制约关系

四种性质判断在主项、谓项相同(同一素材)的情况下，彼此间存在一定的相互制约的真假关系。鉴于此种真假关系遵循着一定的客观规律，因此领会和运用这种关系对于我们明辨是非、恰当判断是大有裨益的。

性质判断中的主项 S 和谓项 P 事实上反映了类与类的关系，根据概念外延间的关系，可知类与类之间的关系有五种：全同关系、真包含于关系、真包含关系、交叉关系和全异关系。再根据主项和谓项所反映的类与类之间的不同关系，就可以确定素材相同(主项、谓项相同)的 A、E、I、O 四种性质判断的真假情况及其之间的真假关系。

就 SAP 而言，它断定了 S 类的分子都是 P 类的分子，因此，当 S 与 P 反映了类与类之间的全同关系和真包含于关系时，SAP 是真判断；当 S 与 P 反映了类与类之间的真包含关系、交叉关系和全异关系时，SAP 是假判断。五种情形是：两真三假。

就 SEP 而言，它断定了 S 类的分子都不是 P 类的分子，因此，只有当 S 与 P 反映了类与类之间的全异关系时，SEP 是真判断；当 S 与 P 反映了类与类之间的全同关系、真包含于关系、真包含关系和交叉关系时，SEP 是假判断。五种情形是：一真四假。

就 SIP 而言，它断定了有的 S 类分子是 P 类分子，因此，当 S 与 P 反映了类与类之间的全同关系、真包含于关系、真包含关系和交叉关系时，SIP 是真判断；当 S 与 P 反映了类与类之间的全异关系时，SIP 是假判断。五种情形是：四真一假。

就 SOP 而言，它断定了有的 S 类分子不是 P 类分子，因此，当 S 与 P 反映了类与类之间的真包含关系、交叉关系和全异关系时，SOP 是真判断；当 S 与 P 反映了类与类之间的全同关系和真包含于关系时，SOP 是假判断。五种情形是：三真两假。

依照上述主、谓项相同的 A、E、I、O 四种判断的真假情况，列表3-3如下：

表3-3 　　　　　　　　　　**同素材性质判断间的真假制约关系**

判断形式＼主谓项关系	全同关系	真包含于关系	真包含关系	交叉关系	全异关系
A	真	真	假	假	假
E	假	假	假	假	真
I	真	真	真	真	假
O	假	假	真	真	真

根据上述 A、E、I、O 四种判断的真假情况，就可以断定同一素材的 A、E、I、O 四种判断的真假制约关系。

1. 反对关系

反对关系是指全称肯定判断(A)与全称否定判断(E)之间的关系。例如："所有被告都是江西人"与"所有被告都不是江西人"；"这次逻辑考试所有一班学生都及格"与"这次逻辑考试所有一班学生都不及格"。在这两组判断中，每组的两个判断之间都是具有反对关系的。前一组判断表明，全称肯定判断是真的，那么全称否定判断是假的；后一组判断表明，全称否定判断是假的，那么全称肯定判断是真的。这说明，两者之间，若一个判断是真的，那么另一个判断必然是假的；但是，倘若一个判断是假的，另一个就必然是真的吗？事实未必如此。上述第二组例子就表明，当一班有部分学生及格，另一部分不及格时，则这两个判断都是假的，也就是说，当具有反对关系的两个判断都具有这样的关系：当一个判断为真时，另一个判断必定是假的；当一个为假时，另一个真假不定（即不能必然推出其真或假），换言之，两者可以同假，不可同真。

2. 下反对关系

下反对关系是指特称肯定判断(I)与特称否定判断(O)之间的关系。例如："有的警察是铁道警察"与"有的警察不是铁道警察"；"有的国家是社会主义国家"与"有的国家不是社会主义国家"。在这两组判断中，每组的两个判断之间都是具有下反对关系的。这两个判断之间的真假关系是：若一个是真的，另一个则真假不定（即可真、可假）。譬如：假如所有的警察都是铁道警察时，那么，"有的警察是铁道警察"是真的，"有的警察不是铁道警察"则是假的；事实上，在我国除了铁道警察外，还有缉私警察、水上警察和林业警察等，也就是说，"有的警察是铁道警察"是真的，"有的警察不是铁道警察"也是真的。简言之，两者可以同真，不可同假。

3. 矛盾关系

矛盾关系是指全称肯定判断(A)与特称否定判断(O)、全称否定判断(E)与特称肯定判断(I)之间的关系。例如："一切诈骗行为都是犯罪行为"与"有的诈骗行为不是犯罪行为"；"所有的证据都不是合法的证据"与"有的证据是合法的证据"。在这两组判断中，每组的两个判断之间均为矛盾关系。前者表明：当全称肯定判断为假时，特称否定判断就为真；后者表明：当全称否定判断为真时，特称肯定判断就为假。事实上，当全称肯定判断"一切诈骗行为都是犯罪行为"为真时，特称否定判断"有的诈骗行为不是犯罪行为"就为假；当全称否定判断"所有的证据都不是合法的证据"为假时，特称肯定判断"有的证据是合法的证据"就为真。概言之，矛盾关系是这样一种关系：两者既不能同真，也不能同假。因此，一个为真，另一个必假；一个为假，另一个必真。

4. 差等关系

差等关系是指全称肯定判断(A)与特称肯定判断(I)、全称否定判断(E)与特称否定判断(O)之间的关系。例如："所有文物都是家传文物"与"有些文物是家传文物"，"一切法律执行者都不是纹身者"与"有的法律执行者不是纹身者"。在这两组判断中，每组的两个判断之间均为差等关系。若"所有文物都是家传文物"即全称肯定判断为真，那么，"有些文物是家传文物"即特称肯定判断同样为真；若"所有文物都是家传文物"即全称肯定判断为假，那么，"有些文物是家传文物"即特称肯定判断的真假是不定的。反之，若"有些文物是家传文物"即特称肯定判断为真，那么"所有文物都是家传文物"即全称肯定判断同样真假不定；当"有些文物是家传文物"即特称肯定判断为假时，那么"所有文物都是家传文物"即全称肯定判断同样为假。全称否定判断和特称否定判断之间的关系与上述全称肯定判断和特称肯定判断之间的关系相同。简言之，差等关系归结为：全称判断真，则特称判断必真；全称判断假，则特称判断真假不定；特称判断真，则全称判断真假不定；特称判断假，则全称判断假。

单称肯定判断与单称否定判断之间属于矛盾关系。

上述前四种性质判断之间的关系，传统逻辑称之为对当关系，又可以用一个正方形表示，故又称之为逻辑方阵。这种对当关系的成立，是借助于性质判断的主项存在（即主项所反映的对象客观存在着）为前提条件的。若主项是空概念，也就是它所断定对象不存在，那么这种对当关系就不能成立。例如："所有的永动机造价很高"即 A 判断，"有的永动机造价不高"即 O 判断。依据矛盾关系，它们之间必有一真一假。实际上，很难断定孰真孰假，因为永动机是不可能存在的。

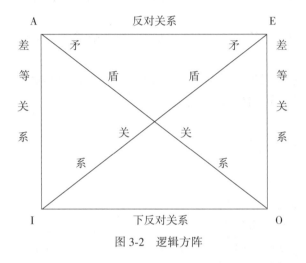

图 3-2　逻辑方阵

按照逻辑方阵，就可以由一个判断的真假推出其他三种判断的真假情况。所以，实质上这已经是一种简单的推理过程，反映了从判断向推理的转化和过渡。

二、关系判断的理解与应用

当对事物的属性还没有认识清楚、暂时不能作出性质判断的时候，我们也可以认识这个事物与其他事物之间的关系，作出一个关系判断。

（一）关系判断的概念和结构

作为一种简单判断，关系判断是指断定事物与事物之间关系的判断。例如：

①公安机关工作、人民法院工作和人民检察院工作是密切联系的。
②事实胜于雄辩。

以上两个判断都是关系判断。前一判断断定了"公安机关工作""人民法院工作""人民检察院工作"之间具有"密切联系"的关系。后一个判断断定了"事实"与"雄辩"之间具有"胜于"关系。

与性质判断不同，关系判断是断定客观事物之间存在某种关系的判断。而"关系"总是复杂多样的，并且"关系"存在于两个、三个或者更多事物之间，因此，关系判断的对象就在两个或两个以上。其中，存在于两个事物之间的关系，逻辑上称作两项关系；存在于三个事物之间的关系，称作三项关系。依此类推，存在于多个事物之间的关系被称作多项关系。

所有的关系判断都是由三部分组成的，分别是关系者项、关系项和量项。

关系者项是表示关系承担者的概念，如上述例①中的"公安机关工作""人民法院工作""人民检察院工作"，例②中的"事实"与"雄辩"都是关系者项。如果是两项关系，我们常常将前一个关系者项称为关系者前项，将后一个关系者项称为关系者后项。

关系项是表示关系者项之间具有某种关系的概念，例①中"密切联系"和例②中"胜于"就是关系项。

量项是表示关系项外延的数量的概念。如"有的老师赞美了全体学生"中，"有的"和"全体"都是量项。

如果我们用 R 表示关系项，用 a 、b 分别表示关系者前项和关系者后项，那么，具有两个关系者项的关系判断可用公式表示：

$$所有(有的)aR\ 有的(所有)b$$

或简写为：aRb

（二）关系判断的类型

客观事物之间的关系是多种多样的，因此，关系的类型也是多样的，列举出所有的关系既没有必要，更不切实际。但是，关系判断中最常见的，也是最主要的关系是对称性关系和传递性关系。现分述如下：

1. 对称性关系

（1）对称关系。在两个事物之间，如果一个事物与另一个事物有某种关系，另一个事物与这个事物也必有这种关系，那么，这两个事物之间的关系就叫做对称关系。用逻辑术语描述就是：如果 aRb 真时，公式 bRa 也真，那么，关系 R 就是一种对称关系。例如：

甲是乙的朋友，则乙也是甲的朋友。
被告李某与被告张某共同作案。

一般来讲，两个概念之间只要存在全同、全异（含矛盾、反对）、交叉关系，这两个概念之间就属于对称关系。

（2）反对称关系。在两个事物之间，如果一个事物与另一个事物有着某种关系，而另一个事物与这个事物必然不具有此种关系，那么，这两个事物之间的关系就叫做反对称关系。用逻辑术语即可表示为：如果 aRb 真时，公式 bRa 必假，那么，关系 R 就是一种反对称关系。例如：

在这个团伙中，甲的地位高于乙，则乙的地位一定不高于甲。

未成年人的父母是未成年人的监护人，则未成年人是未成年人的父母的监护人必为假。

日常生活中的"大于""重于""侵略""剥削""压迫""在……之上""比……早"等关系都是反对称关系。

（3）非对称关系。在两个事物之间，如果一个事物与另一个事物有着某种关系，而另一个事物既可与这个事物具有此种关系，也可不具有该种关系，那么，这两个事物之间的关系就叫做非对称关系。用逻辑语言描述为：如果 aRb 真时，公式 bRa 有时为真，有时为假，那么，关系 R 就是一种非对称关系。例如：

老张信赖老李，老李可能信赖老张，也可能不信赖老张。

表示非对称关系的常见语词有："认识""喜欢""赞美""支援""帮助""佩服"等。

2. 传递性关系

对称性关系是涉及两个事物之间的关系，而传递性关系则是涉及三个以上事物之间的关系。

（1）传递关系。如果甲事物与乙事物有某种关系，而乙事物又与丙事物也有某种关系，那么当甲事物与丙事物也有这种关系时，这个关系我们就称之为传递关系。用逻辑术语描述为：如果 aRb 真而且 bRc 真，那么公式 aRc 必真。此时，关系 R 就是一种传递关系。例如：

甲在乙之前到达酒店，而乙在丙之前到达酒店，因而甲在丙之前到达酒店。

这里的"在……之前"就是典型的传递关系，常见的表示传递关系的语词有："小于""在……之后""晚于""平行""包含"等。

（2）反传递关系。如果甲事物与乙事物有某种关系，乙事物与丙事物也有某种关系，则当甲事物与丙事物一定无此种关系时，我们就将这种关系称之为反传递关系。用逻辑术语描述为：如果 aRb 真而且 bRc 也真，那么 aRc 必假。此时，关系 R 就是一种反传递关系。例如：

张红是李楠的母亲，李楠是王冠的母亲，则张红是王冠的母亲一定为假。

这里的"是母亲"的关系就是反传递关系，其他如"是爷爷""是儿子"等，也都是反传递关系。

（3）非传递关系。如果甲事物与乙事物有某种关系，乙事物对丙事物同样有某种关系，则甲事物与丙事物可能具有这种关系，也可能不具有这种关系，这时的关系就是非传递关系。用逻辑术语可描述为：如果 aRb 真而且 bRc 也真，那么 aRc 有时为真，有时为假。此时，关系 R 就是一种非传递关系。例如：

> 小芹喜欢小兰，小兰喜欢小白，则小芹可能喜欢小白，也可能不喜欢小白。

这里的"喜欢"就是一种非传递关系。此外，如"相邻""认识""朋友"等也属于非传递关系。

第三节　复合判断的法律应用

所谓复合判断是指其自身包含其他判断的判断，它通常由两个或两个以上的判断并借助于逻辑联结词而构成。例如：

> ①如果死者是服砒中毒死亡，那么尸体内一定有砒的残留物质。
> ②只有懂得法律，才能搞好执法工作。

以上两个判断都是复合判断，例①由"死者是服砒中毒死亡"和"尸体内一定有砒的残留物质"这两个简单判断并借助逻辑联结词"如果……那么……"组合而成；例②由"懂得法律"和"搞好执法工作"这两个简单判断并借助于逻辑联结词"只有……才……"组合而成。

我们把构成复合判断的判断称为复合判断的肢判断。复合判断的逻辑性质是由肢判断的逻辑关系构成的，表达肢判断逻辑关系的语词被称为联结词，除上例中的"如果……那么……""只有……才……"外，常用的联结词还有"并且""或者""要么……要么……"等。

根据复合判断肢判断的逻辑关系或联结词逻辑性质的不同，复合判断一般可分为联言判断、选言判断、假言判断和负判断。

一、联言判断的理解与应用

(一)什么是联言判断

联言判断就是反映若干事物情况同时存在的复合判断。例如：

> 小李是一名刑警，并且他还是一个神枪手。

这就是一个联言判断。它反映了"小李是一名刑警"和"他是一个神枪手"这两种情况同时存在。

构成联言判断的肢判断被称为联言肢。一个联言判断至少包含两个联言肢，也可以是两个以上。例如：

> 犯罪必须是具有社会危害性的行为、违反刑法的行为和应处以刑罚的行为。

在这个联言判断中就有三个联言肢。这里我们主要研究包含两个联言肢的联言判断。一个两肢的联言判断的逻辑形式是：

p 并且 q

其中，"p"和"q"表示肢判断，"并且"是联结词。

联言判断还可用符号表示为：

p∧q（"∧"读作"合取"）。

在自然语言里表达联言判断联结词的通常还有"既……又……""不仅……而且……""虽然……但是……""一方面……另一方面……"等。

在日常思维中，如果联言肢的主项或谓项是共同的，那么，就可以采用省略式，省略一个主项或谓项。例如："李某犯了强奸罪并且李某犯了杀人罪。"这个联言判断中的两个联言肢的主项是相同的，因此我们可以省略一个主项表达为："李某犯了强奸罪和杀人罪。"又如："领导干部要遵纪守法，普通市民也要遵纪守法。"这个联言判断中的两个联言肢的谓项是相同的，因此我们可以省略一个谓项表达为："领导干部和普通市民都要遵纪守法。"

在自然语言里，我们还常常省略联言判断的联结词，如"水涨船高""事出有因，查无实据"等。

(二)联言判断的逻辑值

联言判断是反映若干事物情况同时存在的判断，其真假取决于各个肢判断是否都真。只有联言肢都真，联言判断才为真，其他情况下联言判断均为假。比如，针对上述"李某犯了强奸罪和杀人罪"这个联言判断而言，如果"李某犯了强奸罪"是真的，"李某犯了杀人罪"也是真的，那么这个联言判断就是真的；而其中只要有一个肢判断为假，或者两个肢判断都假（即李某既没有强奸，也没有杀人），那么，该联言判断就是假的。联言判断的逻辑值(真假值)与其联言肢的逻辑值之间的关系，可用下列真值表来表示，详见表3-4：

表 3-4

p	q	p∧q
真	真	真
真	假	假
假	真	假
假	假	假

二、选言判断的理解与应用

(一)什么是选言判断

选言判断是反映若干事物情况至少有一种情况存在的复合判断。当人们对事物的认识尚未确定之时，通常对事物情况的可能性作出估计。例如：

①死者或者是歌唱演员，或者是舞蹈演员。
②这起盗窃案，要么是内盗，要么是外盗，要么是内外勾结盗窃。

以上两种判断就是选言判断，它们分别反映了几种事物情况中至少有一种情况是存在的。例①反映了"死者是歌唱演员"和"死者是舞蹈演员"这两种情况至少有一个是存在的，并有可能是同时并存的。例②反映了"这起案件是内盗""这起案件是外盗""这起案件是内外勾结"这三种可能情况中有一种而且只有一种情况是存在的。

选言判断是由两个或两个以上的肢判断构成的。构成选言判断的简单判断被称为选言肢，选言判断由选言肢和选言联结词两部分组成。根据选言肢之间的关系不同，选言判断可分为相容选言判断和不相容选言判断。

(二)相容选言判断

相容选言判断就是反映选言肢至少有一个为真并且可以同真的选言判断。例如：

这篇辩护词不好，或是因为观点不符合法律，或是因为证据不充分，或是因为论证方式不合逻辑。

在这个选言判断中，至少有一个肢是存在的，或者两个肢是存在的，或者三个肢都是存在的，即"观点不符合法律""证据不充分""论证方式不合逻辑"都可能是这篇辩护词不好的原因。这种判断就是相容的选言判断。

一个两肢的相容选言判断的逻辑形式是：

p 或者 q

其中，"p"和"q"表示选言肢，"或者"是相容选言联结词。

相容选言判断还可以用符号表示为：

p∨q("∨"读作"析取")

在自然语言中表达相容选言判断的联结词除了"或者……或者……"，还有"可能……也可能……""也许……也许……"等。

相容选言判断的逻辑值是由其选言肢决定的。由于相容选言判断反映选言肢中至少有一真，并且可以同真，因此，只有当它的选言肢全假时，该相容选言判断才是假的，在其余情况下，它都是真的。

相容选言判断的逻辑值与选言肢的逻辑值之间的关系，可用下列真值表来表示，详见表 3-5：

表 3-5

p	q	p∨q
真	真	真
真	假	真
假	真	真
假	假	假

（三）不相容选言判断

不相容选言判断就是选言肢有并且只有一个为真的选言判断。例如：

> 某人死亡的原因，要么是自杀，要么是他杀，要么是自然死亡，要么是意外事故死亡。

在这个选言判断中，四个选言肢是不可以并存的，即"自杀""他杀""自然死亡""意外事故死亡"这四个选言肢有且只有一个是某人死亡的原因，不可能几个原因并存。这种判断就是不相容选言判断。

一个两肢的不相容选言判断的逻辑形式是：

> 要么 p，要么 q

其中，"p"和"q"表示选言肢，"要么……要么……"是不相容选言联结词。

不相容选言判断还可用符号表示为：

> p∨̲q（"∨̲"读作"不相容析取"或"严格析取"）

在自然语言中表达不相容选言判断的联结词除了"要么……要么……"，还有"不是……就是……"，有时也用"或者……或者……"等表达。

不相容选言判断的逻辑值也是由其选言肢决定的，由于不相容选言判断的选言肢不仅有而且只能有一个是真的，因此，仅当选言肢中只有一个为真时，该选言判断才为真，其余情况下，它都是假的。不相容选言判断的逻辑值与选言肢的逻辑值之间的关系，可用下列真值表来表示，详见表 3-6：

表 3-6

p	q	p V̇ q
真	真	假
真	假	真
假	真	真
假	假	假

(四)选言判断选言肢的穷尽问题

人们在使用选言判断时，必须注意其中的选言肢是否穷尽的问题。所谓选言肢穷尽是指选言肢应把一定范围内和一定条件下对象的可能情况列举完全。如果没有列举完全，遗漏了选言肢，而被遗漏的选言肢又恰好是真的，那么，整个选言判断就可能是假的。因此，选言肢没有穷尽的选言判断可能是假的判断。例如：

> 某市傍晚发生一起凶杀案，李某曾被列入嫌疑对象。但在排查作案时间时，显示李某 7 点曾到过当地派出所，7 点 10 分上了赌桌(这是两个选言肢)，便认定李某没有作案时间，把他排除。其实，此案发生在 6 点 45 分至 7 点之间。

这里显然遗漏了这一刻钟的时间(这是又一个选言肢)，因而发生了差错。

三、假言判断的理解与应用

(一)什么是假言判断

假言判断就是反映某一事物情况的存在(或不存在)是另一事物情况存在(或不存在)的条件的判断。例如：

> ①如果案件材料残缺不全，那么就无法形成对案件的正确认识。
> ②只有具备作案时间的人，才能是杀人凶手。

这两个判断都是假言判断。例①反映了"案件材料残缺不全"是"无法形成对案件正确认识"的条件，例②反映了"具备作案时间"是"杀人凶手"的条件。

假言判断一般由两个肢判断构成。作为条件的肢判断叫前件，依赖条件而成立的判断叫后件，联结前件和后件的联结词称为假言联结词。根据假言判断前后件所反映的条件关系不同，可将假言判断分为三种：充分条件假言判断、必要条件假言判断和充分必要条件假言判断。

(二)充分条件假言判断

充分条件假言判断是反映前件是后件足够条件的假言判断。

所谓足够条件是指当前件存在时，后件一定存在；但当前件不存在时，后件不一定不存在的条件关系。反映足够条件关系的判断就是充分条件假言判断。例如：

如果物体摩擦，则物体会生热升温。

这个判断反映了"物体摩擦"是"物体生热升温"的足够条件，因为只要"物体摩擦"，必然导致"物体生热升温"；而"物体不摩擦"则未必导致"物体不生热升温"。因此这个判断是一个充分条件假言判断。

充分条件假言判断的逻辑形式是：

如果 p，那么 q

其中，"p"表示前件，"q"表示后件，"如果……那么……"是充分条件联结词。

充分条件假言判断还可用符号表示为：

p→q（"→"读作"蕴涵"）

在日常用语中，表达充分条件假言判断联结词的通常还有"假使……就……""倘若……则……""只要……就……""当……就……""当……便……"等。

但是，我们也不能把一切使用了"如果……那么……"这类联结词的句子都看作表达了充分条件的假言判断。例如："如果说嫌疑人在理论上一窍不通，那么他在干阴谋勾当方面却是颇为能干的。"在这个复句里，只是将嫌疑人在理论掌握方面的状况和他在干阴谋勾当方面的情况做了一番比较罢了，并非表达它们之间存在条件关系。

一个充分条件假言判断的逻辑值，取决于该判断前件和后件的真假情况。当前件存在（p 真），后件也存在（q 真）时，该判断就是真的。当前件不存在（p 假）时，后件无论是否存在该判断也都为真。只有当前件存在（p 真），后件却不存在（q 假）时，该判断才为假。

充分条件假言判断的逻辑值与前后件的逻辑值之间的关系，可用下列真值表来表示，详见表3-7：

表3-7

p	q	p→q
真	真	真
真	假	假
假	真	真
假	假	真

（三）必要条件假言判断

必要条件假言判断是反映前件是后件的不可缺少条件的假言判断，即当前件不存在时，后件一定不存在；但当前件存在时，后件不一定存在。反映不可缺少条件关系的判断就是必要条件假言判断。例如：

只有明确办案目的，才能提高办案效率。

这个判断反映了"明确办案目的"是"提高办案效率"的必要条件，因为"办案目的"不明确，就不可能"提高办案效率"；而明确了"办案目的"不一定就能"提高办案效率"。因此，这个判断是一个必要条件假言判断。

必要条件假言判断的逻辑形式是：

只有 p，才 q

其中，"p"表示前件，"q"表示后件，"只有……才……"是必要条件联结词。

必要条件假言判断还可用符号表示为：

p←q（"←"读作"逆蕴涵"或"反蕴涵"）

在日常用语中，表示必要条件假言判断联项的语词通常还有："除非……不……""没有……就没有……""除非……才……"等。

一个必要条件假言判断的逻辑值取决于该必要条件假言判断的前件和后件的真假情况。当前件不存在（p假），后件也不存在（q假）时，该判断就是真的；当前件存在（p真）时，后件无论是否存在，该判断都为真；只有当前件不存在（p假），而后件却存在（q真）时，该判断才为假。

必要条件假言判断的逻辑值与前后件逻辑值之间的关系，可用下列真值表来表示，详见表3-8：

表3-8

p	q	p←q
真	真	真
真	假	真
假	真	假
假	假	真

(四)充分必要条件假言判断

充分必要条件假言判断是反映前件既是后件的充分条件，又是后件的必要条件的假言判断。即前件存在，后件一定存在；前件不存在，后件一定不存在。反映这种条件关系的判断就是充分必要条件假言判断。例如：

只要，而且只有社会分裂为阶级时，国家与法律才会出现。

在这个判断中，反映了"社会分裂为阶级"与"国家与法律出现"之间具有充分必要条件关系，因为"社会分裂为阶级"存在，"国家与法律"也就"出现"；"社会分裂为阶级"不存在，"国家与法律"也就不会"出现"。因此，这个判断是一个充分必要条件假言判断。

充分必要条件假言判断的逻辑形式是：

如果 p 则 q，并且，只有 p 才 q

也可表示为：

当且仅当 p，才 q

其中，"p"表示前件，"q"表示后件，"当且仅当……才……"是充分必要条件联结词。

充分必要条件假言判断还可以用符号表示为：

$p \longleftrightarrow q$（"$\longleftrightarrow$"读作"等值"或"互蕴涵"）

在日常用语中表达充分必要条件假言判断联结词的通常还有："当且仅当……才……""如果……那么……并且只有……才……""如果……那么……并且如果不……就不……"等。

一个充分必要条件假言判断的逻辑值取决于该充分必要条件假言判断前件和后件的真假情况。当前件存在（p 真），后件也存在（q 真），或者当前件不存在（p 假），后件也不存在（q 假）时，该判断是真的；而当前件存在（p 真），后件却不存在（q 假），或者前件不存在（p 假），后件却存在（q 真）时，该判断就是假的。

充分必要条件假言判断的逻辑值与前后件逻辑值之间的关系，可用下列真值表来表示，详见表 3-9：

表 3-9

p	q	$p \longleftrightarrow q$
真	真	真
真	假	假
假	真	假
假	假	真

由表 3-9 可以看出，p、q 的真假值相同时，该充分必要条件假言判断是真的。因此，

又可把充分必要条件假言判断称为"等值判断"。

四、负判断的理解与应用

(一)什么是负判断

负判断是否定某个判断的判断，或者称为对原判断进行否定的判断。它是一种特殊的复合判断。例如：

①并非所有的违法行为都是犯罪行为。
②并非如果某人年满 18 岁，那么就有选举权。

上述两例都是负判断。例①是否定"所有的违法行为都是犯罪行为"这个简单判断而形成的一个负判断；例②是对"如果某人年满 18 岁，那么就有选举权"这一复合判断进行否定而形成的负判断。

负判断由原判断和否定联项两部分构成。负判断中被否定的原判断叫做负判断的肢判断。它可以是某个简单判断，也可以是某个复合判断。例①中的判断是简单判断，而例②中的判断就是复合判断，它们都是负判断的肢判断。上述两例中的"并非"就是负判断的否定联项，它是负判断的逻辑常项。在现代汉语中，常用作否定联项的语词有"并非""并不""并不是""不是""……是假的""不可能"等。

逻辑学中常用逻辑变项"p"表示负判断的原判断，用逻辑常项"并非"表示否定联项。因此，负判断的逻辑形式可表示为：

并非 p

也可用符号表示为：

¬ p 或 $\bar{p}$

负判断与其他各类复合判断不同，它是一种特殊的复合判断。负判断的特殊主要表现在结构上，一般的复合判断，如联言判断、选言判断、假言判断都至少包含两个肢判断，而复合判断只有一个肢判断(即原判断)。

负判断和性质判断(直言判断)中的否定判断不同。从是否包含其他判断来看，负判断是复合判断，而否定判断是简单判断；从所否定的对象来看，负判断是对某一判断的整体否定，而性质判断的否定判断是否定某一判断中主项具有谓项的性质；从包括的种类来看，性质判断的否定判断只有单称否定判断、特称否定判断和全称否定判断三种，而负判断可以是对任何一个判断的否定，既可以是对任何一个简单判断的否定，也可以是对任何一个复合判断的否定。

(二)负判断的逻辑值

由于负判断是对原判断的否定，因此负判断与其原判断之间为矛盾关系，即两者既不能同真，也不能同假，其真假值正好相反，可用下列真值表表示，详见表 3-10：

表 3-10

p	￢p
真	假
假	真

如"所有犯罪行为都是对社会有危害性的行为"为真，则它的负判断"并非所有犯罪行为都是对社会有危害性的行为"一定为假；"所有被告都是有罪的"为假，则它的负判断"并非所有被告都是有罪的"一定为真。再如："张三和李四盗走了文物"为真，则它的负判断"并非张三和李四盗走了文物"为假；"张三或者李四盗走了文物"为假，则它的负判断"并非张三或者李四盗走了文物"为真。

第四节 模态判断的法律应用

"模态"一词源于英文 modal 的音译，原意是样式、状态，有人意译为"情态"。广义上讲，包含有诸如"必然""可能""应当""禁止""知道"等模态词的判断都可以称之为模态判断，逻辑学者自 20 世纪 60 年代以来由此建立了认知逻辑、道义逻辑、时态逻辑等模态逻辑系统。狭义上讲，包含"必然""可能"这类模态词的判断才是模态判断。本书主要讲解真值模态判断和规范模态判断。

一、真值模态判断的理解与应用

(一)什么是真值模态判断

真值模态判断是反映事物情况的必然性或者可能性的判断，也就是包含"必然"或"可能"一类模态词的判断。由于这类模态判断可以对照客观事物情况确定其真或假，具有真假值，所以称之为真值模态判断，通常也简称之为模态判断。例如：

①犯罪行为必然要受到法律的制裁。
②现场上的这些脚印可能是犯罪分子留下的。

这就是两个真值模态判断。前者反映的是"犯罪行为"有"要受到法律制裁"的必然性，后者反映的是"现场上的这些脚印"具有"犯罪分子留下的"可能性。

(二)真值模态判断的分类

依据真值模态判断中包含的模态词的不同，可将其分为必然判断与或然判断两类。

1. 必然判断

必然判断是断定某种事物情况具有必然性的判断。例如：

①这起案件的真实情况一定能查清。
②贪污受贿必然是要受到惩罚的。

例①断定了"这起案件的真实情况能查清"是"必然"的，例②断定了"贪污受贿要受到惩罚"是"必然"的。

表达必然模态判断的模态词，除"必然""一定"外，还有"必定""总是""必"等。模态词所制约的判断，可以是肯定判断(如上面两例)，也可以是否定判断，如下例：

任何高超的技能都必然不是一天就能学会的。

可称前者为必然肯定判断，可称后者为必然否定判断。其判断形式为：

S 必然是 P = "S 是 P"是"必然"的
S 必然不是 P = "S 不是 P"是"必然"的

若以"P"表示模态词制约的判断成分，必然判断的公式：

必然 P(或"必然非 P")

2. 或然判断

或然判断是断定某种事物情况具有可能性的判断，也可称之为可能判断。例如：

①被告张 X 也许会揭发团伙的犯罪事实。
②这位死者可能不是当地人。

表达或然判断的模态词，除"可能""也许"外，有时也用"大概"表示。
或然判断也可以分为或然肯定判断和或然否定判断。其判断形式为：

S 可能是 P = "S 是 P"是"可能"的
S 可能不是 P = "S 不是 P"是"可能"的

或然模态判断的公式：

可能 P(或"可能非 P")

(三)真值模态判断间的对当关系

若将变项"P"代入相同的判断素材，则真值模态判断的四种基本形式之间也具有与 A、E、I、O 之间相似的真假制约关系，即真值模态判断的对当关系。

1. 反对关系

"必然 p"与"必然非 p"之间的关系为反对关系。它们二者之间不能同真，但可同假。这也意味着其中一个判断为真，则另一个判断必为假；若其中一个判断为假，不能据此确定另一判断为真或假。

2. 矛盾关系

"必然 p"与"可能非 p"之间，"必然非 p"与"可能 p"之间，均为矛盾关系。二者既不能同真，也不可能同假，真假关系非此即彼。这就意味着若其中一个判断为真，则另一个判断必为假；若其中一个判断为假，则另一个判断必为真。

3. 差等关系

"必然 p"与"可能 p"；"可能非 p"与"必然非 p"，它们之间分别是差等关系。即当"必然 p"为真时，"可能 p"必为真，但若"必然 p"为假时，"可能 p"则可为真可为假。反之，若"可能 p"必真，则"必然 p"可为真可为假，而"可能 p"为假时，则"必然 p"必为假。这就意味着根据"必然 p"为真可以确定"可能 p"也为真；根据"可能 p"为假可以确定"必然 p"也为假。

"必然非 p"与"可能非 p"之间的真假关系，与此相同。

4. 下反对关系

"可能 p"与"可能非 p"之间为下反对关系。它们可以同真，但不能同假。这意味着若其中一个判断为真，另一个判断则可为真可为假；但若其中一个判断为假，则另一个判断必为真。

真值模态判断间的上述真假制约关系，可用如下真值模态逻辑方阵图表示，详见图3-3：

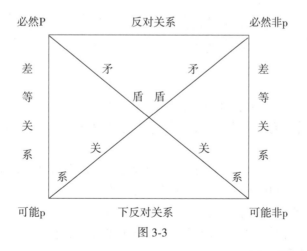

图 3-3

真值模态判断也有其负判断，它表现为对模态词的否定，因此其表现形式通常是在模态词的前面加否定词。如"并非必然……""不一定……""不可能……""不必然……"等，都表示了对一个模态判断的否定。

模态判断的负判断，等值于与该模态判断构成矛盾关系的判断，据此，可以建立如下等值式：

（1）"不必然 p"↔"可能非 p"。断定"不必然 p"，是对"必然 p"的否定。因此，它不等值于"必然非 p"，而是等值于"可能非 p"。例如，"并非工作成绩好的人必然清廉"，就不等于断定"工作成绩好的人必然不清廉"，而是等于断定"工作成绩好的人可能不清廉"。

（2）"不可能 p"↔"必然非 p"。断定"不可能 p"，是对"可能 p"的否定，因此，它不等值于"可能非 p"，而是等值于"必然非 p"。例如，断定"本案不可能是奸杀案"，就不等于断定"本案可能不是奸杀案"，而是等于断定"本案必然不是奸杀案"。

（3）"不必然非 p"↔"可能 p"。断定"不必然非 p"，是对"必然非 p"的否定，因此，它不等值于"必然 p"，而是等值于"可能 p"。例如，断定"A 案的凶犯不一定不是本地人"，就不等于断定"A 案的凶犯一定是本地人"，而是等于断定"A 案的凶犯可能是本地人"。

（4）"不可能非 p"↔"必然 p"。断定"不可能非 p"，是对"可能非 p"的否定，因此，它不等值于"可能 p"，而是等值于"必然 p"。例如，断定"本案的作案人不可能不熟悉内情"，就不等于断定"本案的作案人可能熟悉内情"，而是等于断定"本案的作案人必然熟悉内情"。

二、规范模态判断的理解与应用

所谓规范模态判断（可简称为规范判断），就是表达某项行为规定的判断，或者说，就是指包含"必须""允许""禁止"一类模态词的判断。

严格地说，对某项行为规定的表达只是一种语句，是约束人的行为的命令或建议，并没有对客观事物情况有所断定；正因为如此，它也无所谓真假。但是，由于行为规定总要通过语句形式表达，在这种特定的意义下，可将其视为判断，并称为规范判断。例如：

（1）公安机关拘留人的时候，必须出示拘留证。
（2）禁止非法搜查或者非法侵入公民的住宅。
（3）对行政处罚不满的可以申请复议。

例（1）表明"公安机关拘留人的时候出示拘留证"是"必须"的，例（2）表明"非法搜查或者非法侵入公民的住宅"是"禁止"的，例（3）表明"对行政处罚不满的申请复议"是"允许"的。

从以上例子可以看出，规范判断包含两个成分：一是表示该行为规定执行方式的模态词；二是受该模态词制约的行为规定。后者既可以表现为简单判断的结构，也可以表现为复合判断的结构（如例②）；可以是肯定形式，也可以是否定形式。下面，我们仅限于考察简单的判断结构，着眼于研究不同规范模态判断之间的逻辑关系。

（一）规范模态判断的分类

规范判断依其所表明的不同的执行方式，即不同的规范模态词，可以分为"必须"型规范判断、"禁止"型规范判断和"允许"型规范判断。

1."必须"型规范判断

这是包含"必须""应当"一类规范模态词的判断。它表明履行相关的行为规定是必需的。

"必须"型规范亦称义务性或命令性的规范，带有强烈的命令色彩。在现代汉语中，除用"必须""应当"一类模态词来表示外，有时也用"有……的义务"这类语词来表示。例如：

①醉酒的人犯罪，应当负刑事责任。
②高风险疫区的人必须做到不出行。

上面两例中，例①表明"醉酒的人犯罪负刑事责任"是"必须"的，例②表明"高风险疫区的人出行"是"必须不"发生的。

规范模态词制约的判断，可以是肯定形式，也可以是否定形式。因此，若以"p"代替模态词制约的判断形式，"必须"型规范判断的公式可以表示为：

必须 p（或"必须非 p"）

2. "禁止"型规范判断

这是包含"禁止""不准"一类规范模态词的判断。它表明实施相关的行为规定的某种行为，是不允许的。在现代汉语中，表示"禁止"型规范判断的模态词，除"禁止""不准"以外，还有"严禁""不得""不许"等语词。例如：

①禁止破坏婚姻自由。
②任何人不许不系安全带驾驶车辆。

以上两例都属于"禁止"型规范判断。例①表明实施"破坏婚姻自由"这样的行为是"禁止"的，例②表明任何人实施"不系安全带驾驶车辆"这样的行为，是"禁止"的。

"禁止"型规范判断的公式可以表示为：

禁止 p（或"禁止非 p"）

3. "允许"型规范判断

这是包含"允许""可以"一类规范模态词的判断，它表明履行相关的行为规定是允许的、不禁止的。

"允许"型规范判断，又称"授权性"规范判断。在现代汉语中，表示"允许"型规范判断的语词，除"允许""可以"外，还常有"有权""有……的权利""有……的自由"等词表示。例如：

①犯罪以后自首的，可以从轻处罚。
②允许法人作为民事诉讼的当事人。

　　③被撤销死亡宣告的人有请求返还财产的权利。

　　④公民有信仰宗教的自由，也有不信仰宗教的自由。

　　上述均为"允许"型规范判断。例①表示"犯罪以后自首的，从轻处罚"是"允许"的，例②表示"法人作为民事诉讼的当事人"是"允许"的，例③表明"被撤销死亡宣告的人请求返还财产"是"允许"的，例④表明"公民信仰或不信仰宗教"是"允许"的。

　　"允许"型规范判断的公式可以表示为：

　　　　允许 p（或"允许非 p"）

　　规范判断虽可以分为以上三种，但因为：第一，"禁止"可以定义为"不允许"，即等于对"允许"的否定，因而"禁止 p"可视同于"不允许 p"；第二，就规范的含义来看，当规定"必须 p"时，就隐含了"禁止非 p"的意思，当规定"禁止 p"时，则隐含了"必须非 p"的意思。因此，当我们从逻辑角度来考察不同规范判断之间的关系时，对"禁止"型规范判断可以不单独列出。这样，规范判断便可以归结为"必须"型规范判断与"允许"型规范判断两类，再加上每一类型中其行为规定部分可以是肯定形式，也可以是否定形式，因此，规范判断的主要形式就有如下四种，即"必须 p""必须非 p""允许 p""允许非 p"。

（二）四种主要的规范判断之间的逻辑关系

　　若以"p"表示相同的判断素材，四种主要的规范判断形式之间，也具有类似于 A、E、I、O 之间的真假对当关系。不过，由于规范判断本身并无所谓真假之分，只有"妥当"或"不妥当"之别。因此，我们这里要考察的四种主要的规范判断形式之间的逻辑关系，是它们之间妥当与否的对当关系。

1. 反对关系

　　"必须 p"与"必须非 p"之间具有反对关系。即若其中一个判断妥当，则另一个判断必然不妥当；若其中一个判断不妥当，则另一个判断可能妥当，也可能不妥当。其含义在于：若"p"被确立为义务时，"非 p"必定不是义务，不能将"p"与"非 p"同时确立为义务；但若"p"未被确立为义务时，不能由此而认为"非 p"是义务，它可能是也可能不是义务。

2. 矛盾关系

　　"必须 p"与"允许非 p"，"必须非 p"与"允许 p"，它们之间分别具有矛盾关系。即若其中一个判断妥当，则另一个判断必然妥当。二者不可能都妥当，也不可能都不妥当。这种关系的含义在于：当否定"p"为义务时，则"非 p"必然能确立为权利，当确立"p"为义务时，则"非 p"就必然不能确立为权利；反之亦然。因此，不能既确立"p"是义务，又确立"非 p"是权利；也不能既否定"p"是义务，又否定"非 p"是权利。

3. 差等关系

　　"必须 p"与"允许 p"，"必须非 p"与"允许非 p"，它们之间都是差等关系。即对同一行为规定 p（或非 p）来说，若"必须"判断妥当，则"允许"判断也妥当，但若"必须"判断不妥当，则"允许"判断可能妥当，也可能不妥当；若"允许"判断妥当，则"必须"判断未必妥当，但若"允许"判断不妥当，则"必须"判断必然不妥当。这种关系的含义，简要地说，若确立"p"为义务时，也就意味着同时确立了有履行"p"的权利；但否定了"p"为义务时，却不意味着否定了"p"的权利。若否定了"p"是权利时，当然也就否定了有履行"p"的义务；但确立了"p"为权利时，却不意味着确立了"p"是义务。

4. 下反对关系

"允许 p"与"允许非 p"之间具有下反对关系。即若其中一个判断妥当，则另一个判断可能妥当，也可能不妥当；但若其中一个判断不妥当，则另一个判断必然妥当。二者可能都妥当，但不可能二者都不妥当。这种关系的含义在于：若确立了"p"是权利，则"非 p"可能是、也可能不是权利；若确立了"非 p"是权利，则"p"可能是、也可能不是权利。但若否定了"p"是权利，就得承认"非 p"是权利；若否定了"非 p"是权利，就得承认"p"是权利。

由上文可见，四种主要的规范判断之间的逻辑关系，实则揭示了权利(可以怎样)与义务(必须怎样)之间的关系，了解这些关系，对于制定和理解法律规范来说，无疑具有不可忽视的意义。

规范判断也有负判断，它是对规范模态词的否定，如"不应当 p""不允许 p""不禁止 p"等，都是规范判断的负判断。

如同其他负判断一样，一个规范判断的负判断，也等值于该规范判断的矛盾判断。根据上面所揭示的矛盾关系，并列入"禁止"型规范判断，可以建立如下等值式：

①"不必须 p"↔"允许非 p"↔"不禁止非 p"
②"不必须非 p"↔"允许 p"↔"不禁止 p"
③"不允许 p"↔"必须非 p"↔"禁止 p"
④"不允许非 p"↔"必须 p"↔"禁止非 p"

第五节 精确掌握复杂法律判断

一、准确表达多重复合判断

所谓多重复合判断，就是指由复合判断作肢判断构成的复合判断。例如：

> 如果我们不具备现代法律知识，或者不学习先进的执法技术，那么我们就无法很好地执行法律。

这就是一个多重复合判断。它总体上是一个充分条件假言判断，其前件是一个选言判断，后件是一个简单判断(全称否定判断)。用符号可表示为：(p∨q)→r。
再例如：

> 如果甲第一个开枪、乙第二个开枪，则丙就是第三或者第四个开枪的。

这也是一个多重复合判断。它总体上也是一个充分条件假言判断，其前件是一个联言判断，后件是一个选言判断。用符号可表示为：$(p \wedge q) \rightarrow (r \vee s)$。

又例如：

> 你是贪得无厌的人，你就不会放过任何机会而贪婪钱财；你是清正廉洁的人，你就不会贪婪钱财而放过任何机会并保持一身正气。

对这个多重复合判断，我们可以先用字母定义各个肢判断：

p：你是贪得无厌的人
q：你放过任何机会
r：你贪婪钱财
s：你是清正廉洁的人
t：你保持一身正气

然后分析其逻辑结构，用符号公式予以表达：

$$(p \rightarrow (\neg q \wedge r)) \vee (s \rightarrow (\neg r \wedge (q \wedge t)))$$

多重复合判断虽然在结构上显得比较复杂，其实它所遵循的也仍然是一般复合判断的逻辑性质。从上例中我们也可以看到，在分析一个多重复合判断的结构时，括号有着重要的作用。借助于层层括号，能清楚地表明一个比较复杂的复合判断中，各个肢判断之间的结合情况，并表明复杂的判断形式中逻辑结构的层次。

二、利用真值表判定复合判断之间的关系

我们在前面讲复合判断时曾经涉及真值表，它直接地规定了由真值变项结合而成的真值形式，表示了肢判断的真假情况与包含这些肢判断的复合判断的真假之间的关系。因此，真值表也可以说是用来确定判断真假的一种图表。

真值表是一种可行的判定方法，利用它总是能够在有限的步骤内对复合判断作出断定。

使用真值表判定方法来判定复合判断之间关系的步骤：第一，将原判断符号化，用符号公式表达原判断；第二，作出肢判断的真假组合情况，注意同时作出肢判断的负判断的真假情况；第三，得出每个复合判断的真值，注意对较复杂的复合判断（多重复合判断）进行层层分解；第四，比较各复合判断的真值情况，断定它们之间的等值、矛盾或反对的关系。

（一）等值关系的判定

经过上述步骤，如果各复合判断最后得出的真值情况排列完全一样，那么这些判断之间就具有逻辑等值关系。比如，我们需要判定"此人或者手持铁锤，或者手持菜刀"与"此人如果没有拿铁锤，就一定拿了菜刀"两个判断是否具有逻辑等值关系，就可采取如下

步骤：

首先，将两个判断符号化为两个表达公式：

①p∨q；
②¬p→q。

其次，作出如下的真值表3-11：

表3-11

p	q	¬p	p∨q	¬p→q
真	真	假	真	真
真	假	假	真	真
假	真	真	真	真
假	假	真	假	假

比较最后两列的结果，其真假排列完全一致，即可断定两判断等值。最后的结果只要有不一致，我们就应断定原判断之间不等值。

(二)矛盾关系的判定

经过上述步骤，如果两个复合判断最后得出的真值情况排列完全相反(即一个为真另一个必定为假，一个为假则另一个必定为真)，那么这两个判断之间就具有逻辑矛盾关系。

例如，断定"只有病倒，他才会离开岗位"与"他没有病倒，但他却离开了岗位"两判断是否具有逻辑矛盾。

两判断的符号表达式是：

①p←q；
②¬p∧q。

作出如下的真值表3-12：

表3-12

p	q	¬p	p←q	¬p∧q
真	真	假	真	假
真	假	假	真	假
假	真	真	假	真
假	假	真	真	假

比较最后两列的结果,其真值情况完全相反,即可断定两判断相互矛盾。只要两列的结果有一处不是相反的,就应判定两判断不是矛盾关系。

(三)反对关系的判定

经过上述步骤,如果各复合判断最后得出的真值情况排列不完全一样,但又不是完全相反的,那么这些判断之间就具有逻辑反对关系。

例如,甲认为:"如果李某没有投毒,则张某也没有犯罪。"乙的观点则是:"李某肯定投毒了,张某也犯罪了。"丙的看法却是:"李某投毒张某也没犯罪,或者说李某没投毒但张某却犯了罪。"

以上三个判断分别用符号表示如下:

①￢p→￢q;
②p∧q;
③(p∧￢q)∨(￢p∧q)

作出这三个判断的真值表 3-13,注意对判断③进行分解,先得出每个肢判断的情况,再得出整个判断的真值情况。

表 3-13

p	q	￢p	￢q	￢p→￢q	p∧q	p∧￢q	￢p∧q	(p∧￢q)∨(￢p∧q)
真	真	假	假	真	真	假	假	假
真	假	假	真	真	假	真	假	真
假	真	真	假	假	假	假	真	真
假	假	真	真	真	假	假	假	假

比较第 5、6、9 列的真值情况,既不是完全一样的,也不是刚好相反的,所以三判断之间是反对关系。

◎　**练习一:法律判断训练**

一、下列哪些语句表达判断?并指出理由

1. 难道有不保护国民的法律吗?

2. 请保持法庭安静!

3. 证据不是从天上掉下来的。

4. 没有一位警察不是热爱人民群众的。

5. 宪法是国家的根本大法。

二、下列判断属于何种类型？并指出其主项和谓项的周延性情况

1. 世界上没有不受制约的自由。

2. 有的执法人员是学历很高的知识分子。

3. 王萌不是受害者。

4. 有些法律文书不是法官制作的。

5. 所有的抢劫罪都不是过失犯罪。

6. 中国警察都是好样的。

三、根据性质判断之间的对当关系，回答下列问题

1. 若"所有的公务员都是共产党员"为假，能否断定"有的公务员是共产党员"为假和"没有一个公务员是共产党员"为真？

2. 若"有的债权是超过诉讼时效的"为真，能否断定"有的债权没有超过诉讼时效的"为真和"并非有的债权没有超过诉讼时效"为假？

3. 若"合议庭中有的人是不认真听取律师意见的"为假，能否断定"合议庭中没有人认真听取律师意见的"为真和"合议庭中有的人是认真听取律师意见的"为假？

4. 已知下列判断为真，请指出同一素材的另三个判断的真假。

    A. 所有的传销商品都是伪劣产品。

    B. 有的被告是无罪的。

    C. 一切正当防卫都不是犯罪行为。

    D. 有的大牌律师不是政法大学毕业的。

四、单项选择题

1. 在性质判断中，决定判断种类类型的是（   ）。

    A. 主项和谓项   B. 主项和量项

    C. 联项和谓项   D. 联项和量项

2. 在下列四个选项中，与其他三项意见差别最大的一项是（   ）。

    A. 没有贪污犯是不隐瞒财产的

    B. 不隐瞒财产的贪污犯是不存在的

    C. 凡贪皆瞒

    D. 不隐瞒财产的贪污犯不是不可能的

3. 在 S 与 P 可能具有的五种外延关系中，下列判断形式真假情况为三假两真的是（   ）。

    A. SAP   B. SEP   C. SIP   D. SOP

4. 下列判断中，主项、谓项都周延的是（   ）。

    A. 凡正确的案情分析都不是不符合实际案情的

    B. 凶器木槌是不导电的

    C. 该团伙成员的武器都是美式武器

    D. 有的实习生不是警校学生

5. 当 SAP 和 SEP 皆为假时，S 与 P 之间可能具有（   ）。

    A. 全同关系   B. 真包含关系   C. 真包含于关系   D. 交叉关系

6. "他或者是犯罪嫌疑人，或者是证人。"上述判断是真，还是假？（　　）

    A. 真的　　　　　　　B. 假的　　　　　　　C. 或真或假的　　　　　D. 无所谓真假

7. "如果王某是优秀警察，他就一定去过犯罪现场。"

这一判断是从以下哪个判断中推论出来的？（　　）

    A. 一个优秀警察应该去过犯罪现场。

    B. 除非去过犯罪现场否则不是优秀警察。

    C. 有些优秀警察真的没有去过犯罪现场。

    D. 犯罪现场勘查知识有助于提高警察素养。

8. 只有当田某和李某都赴宴时，阎某才会赴宴。阎某没赴宴，所以田某一定没赴宴，而且李某也没赴宴。

以下哪项与题干的逻辑结构最为相似？（　　）

    A. 只有工作好，并且和同事保持良好的关系，才能被评为优秀法律工作者。小张工作好，并且与同事关系也好，所以他一定能够被评为优秀法律工作者。

    B. 只有工作好，并且和同事保持良好的关系，才能被评为优秀法律工作者。小张没有被评为优秀法律工作者，所以他工作一定不好。

    C. 只要工作好，并且和同事保持良好的关系，就能被评为优秀法律工作者。小张没有被评为优秀法律工作者，所以他工作一定不好，并且与同事关系不好。

    D. 只有工作好，并且和同事保持良好的关系，才能被评为优秀法律工作者。小张工作不好，并且和同事关系也不大好，所以小张没有被评为优秀法律工作者。

    E. 只有工作好，并且和同事保持良好的关系，才能被评为优秀法律工作者。小张没被评为优秀法律工作者，所以他肯定工作不好并且与同事关系紧张。

五、简答题

1. 断定"明天张某可能不来送货"是否等值于断定"明天小张可能来送货"？为什么？

2. 否定"甲可能是凶手"这一判断，等于肯定了什么样的判断？

3. 说"本案死者不一定不是自杀"，是否等于说"本案死者一定是自杀"？

4. 断定"并非甲方不必然诈骗乙方"，是否等于断定"甲方不可能不诈骗乙方"？

六、填空题

1. "酒后驾驶可能会发生交通事故"所表述的是_____模态判断。

2. "嫌疑人不一定出现"的等值判断是_____。

3. 根据真值模态判断间的对当关系，若已知"张某可能具有作案时间"为假，可断定"张某必然不具有作案时间"为_____。

4. 由"不必然 p"真，便可推知"必然非 p"为_____。

七、真值表题

1. 用真值表方法判定下列两个复合判断逻辑形式间的关系。

(1) p←q 和 p∨¬q

(2) p∧q 和 p←q

2. 用真值表解答：当 p→q 和 q 同时为真时，¬p∨¬q 和 p∧q 各取何值。

3. 判断 A 为"如果甲不是木工，则乙是泥工"；判断 B 为"只有乙是泥工，甲才是木工"；判断 C 与判断 A 相矛盾。现要求用 p 代表"甲是木工"，q 代表"乙是泥工"，列出 A、B、C 三个判断形式的真值表，并回答当 B、C 同真时，甲是否为木工，乙是否为泥工？

八、给出下列判断的负判断的等值判断

1. 只有警察才有执法权。

2. 如果他的话没错，结果一定是好的。

3. 警方一旦作出决定，就不会改变。

4. 李某要么去赌球，要么去喝酒。

5. 当且仅当案件发生时，他们才会开始行动。

◎ 练习二：行政职业能力测验判断题训练

1. 某公司举行假面舞会。张先生与张女士头戴不同颜色的面具相遇。

"我是一位先生。"戴红色面具的那位说。

"我是一位女士。"戴黄色面具的那位说。

说完后，两人都笑了。因为他们两人中至少有一个人在说谎。

据此，可以推断出下列哪项判断为真？（　　　）

    A. 张先生说真话，他戴红色面具

    B. 张先生说假话，他戴黄色面具

    C. 张女士说真话，她戴红色面具

    D. 张女士说假话，她戴黄色面具

（提示：判断有真假问题，由选项的真，确定题干某句话为假）

2. 有人说："这段材料是真的，因为它来自公开出版物。"

假定下列各项判断为真，则下列哪项判断是对该人观点最有力的反驳？（　　　）

    A. 公开出版物上的材料都是真的　　　　B. 有的公开出版物上的材料是真的

    C. 有的公开出版物上的材料不是真的　　D. 有的真材料并不来自公开出版物

（提示：利用性质判断之间的矛盾关系断定）

3. 这个单位已发现有职工上班赌球。如果上述断定是真的，那么下述三个断定中：

(1)这个单位没有职工不上班赌球；(2)这个单位有的职工没上班赌球；

(3)这个单位所有的职工都未上班赌球。

不能确定真假的是(　　　)。

    A. 只有(1)和(2)　　　　　　　　　　　B. (1)、(2)和(3)

    C. 只有(1)和(3)　　　　　　　　　　　D. 只有(2)

（提示：利用对当关系断定）

4. 某计算机所共有包括主任在内的 12 名职员。在这 12 名职员中，以下有三个断定中只有一个是真的：

    I. 有人是会用计算机。II. 有人不会用计算机。III. 主任不会用计算机。

    以下哪项一定为真？（　　　）

A. 12 名职员都会用计算机　　　B. 12 名职员都不会用计算机

C. 肯定有一人不会用计算机　　　D. 只有一人会用计算机

（提示：利用下反对关系的性质思考）

5. 我：认识：你

A. 尔：就是：你　　　　　　　　B. 他：喜欢：她

C. 八：大于：六　　　　　　　　D. 你：矮于：她

（提示：用关系判断的对称性质断定）

6. 有专家认为，全球经济正缓慢复苏，其主要证据是，美国的经济表现超出预期，在就业和住房方面都有不错的表现；欧洲央行启动了融资运作计划，用比较低的利率贷款，为更多的企业以及中小企业进行融资；全球整个大宗商品市场树立了足够的信心。因此，这都是非常好的迹象。

如果以下各项为真，最有可能成为上述论证前提的是（　　　）。

A. 专家先前对美国经济表示不乐观

B. 欧洲央行原有利率较高，银根紧

C. 非欧美国家的经济状况保持稳定

D. 全球大宗商品交易缺乏信心支持

（提示：利用联言判断的逻辑性质断定）

7. 小白、小黄、小蓝在上学的路上相遇。他们当中背着白色提包的人说："真有意思！我们三人的书包，一个是白色、一个是黄色、一个是蓝色。可是，没有一个人书包的颜色和自己的姓所表示的颜色相同。"小黄看了看，也说："是啊！"

如果以上叙述为真，则下列哪项为最可能的推论？（　　　）

A. 小黄背白书包，小白背蓝书包，小蓝背黄书包

B. 小黄背白书包，小白背黄书包，小蓝背蓝书包

C. 小黄背蓝书包，小白背黄书包，小蓝背白书包

D. 小黄背黄书包，小白背蓝书包，小蓝背白书包

（提示：根据不相容选言判断的逻辑性质迅速断定）

8. 在评价一个企业管理者的素质时，有人说："只要企业能获得利润，其管理者的素质就是好的。"以下各项都是对上述看法的质疑，除了（　　　）。

A. 有时管理层会用牺牲企业长远利益的办法获得近期利润

B. 有的管理者采取不正当竞争的办法，损害其他企业，获得本企业的利润

C. 某地的卷烟厂连年利润可观，但从领导层中挖出了一个贪污集团

D. 某电视机厂的领导任人唯亲，工厂越办越糟，群众意见很大

（提示："只要"相当于"如果"，根据充分条件假言判断的逻辑值解答）

9. 父亲对儿子说："你只有努力学习，才能考上重点大学。"

后来可能发生的情况是：

(1)儿子努力了，没有考上重点大学。

(2)儿子没努力，考上了重点大学。

(3)儿子没努力，没有考上重点大学。

（4）儿子努力了，考上了重点大学。

发生哪几种情况时，父亲说的话并没有错误(　　)。

  A. 仅(4)　　　　B. 仅(3)、(4)　　　　C. 仅(2)、(4)　　　D. 仅(1)、(3)、(4)

（提示：根据必要条件假言判断的逻辑值解答）

10. 不可能所有的江西人都喜欢辣椒。

以下哪项判断的含义与上述判断最为接近？(　　)

    A. 必然有的江西人不喜欢吃辣椒

    B. 可能所有的江西人都喜欢吃辣椒

    C. 必然所有的江西人都喜欢吃辣椒

    D. 可能有的江西人会吃辣椒

（提示：根据真值模态判断的负判断及对当关系分析）

第四章　必然性法律推理的正确进行

人们在思维过程中，不仅要用概念反映事物的本质属性，用判断对事物作出某种断定，还要借助已有的知识，反映更为复杂的事物之间的关系，以扩大认识领域，获得新的知识。这就需要进行推理。能得出确定、可靠结论的推理就是必然性推理。法律推理追求的目标是进行必然性推理，而要能够进行必然性推理就必须遵守推理的逻辑规则，以保证法律推理的正确进行。

第一节　逻辑推理(断)概述

逻辑推理就是根据逻辑学的原理，遵守推理的逻辑规则或逻辑要求进行的推理。从法律逻辑的角度看，法律人就是要通过应用逻辑推理对法律事件进行断定。因而，我们将法律推理称作法律推断更为合适。

一、推理的逻辑结构

(一)什么叫推理

推理是根据一个或几个已知判断推出一个新判断的思维形式。例如：

①所有犯罪行为都是犯法行为，所以，有的犯法行为是犯罪行为。
②所有犯罪行为都是犯法行为，所以，所有犯法行为都是犯罪行为。
③砒霜有剧毒，这个东西是砒霜，所以，这个东西有剧毒。
④砒霜有剧毒，这个东西含砒霜，所以，这个东西有剧毒。

上述四例尽管所表达的具体思想内容各不相同，但在形式上却有一个共同特点：它们都是以已知的判断为根据而推出另一个新判断的。例①和例②的已知判断都是一个，例③和例④的已知判断都是两个。

推理在语言上表现为因果关系的复句，以上四例都可以表现为因果关系的句群。再如下例：

⑤为人民的利益而死，就比泰山还重；替法西斯卖力，替剥削人民、压迫人民的人去死，就比鸿毛还轻。张思德同志是为人民的利益而死的，他的死是比泰山还要重的。

这是一个因果关系的句群。从逻辑学的角度看，"为人民的利益而死，就比泰山还重"和"张思德同志是为人民的利益而死的"都是已知判断，二者组合在一起构成了推理的前提。"他的死是比泰山还要重的"是推出的新判断，是推理的结论。由推理的定义可知，这个因果关系的句群也表达了一个推理。

在语言形式上，有"因为……所以……""由于……因此……""所以""因此""因而""由此可见"等关联词语的复句或句群，往往用于表达推理。由于推理的本质是判断与判断之间的推出与被推出的逻辑关系，即由前者能够推出后者，而不是语言学里用来表达判断的语句之间的关联词语，所以，有些复句或句群中虽然没有表示因果关系的关联词语，但只要各分句所表达的判断之间有推出与被推出的逻辑关系，它们就同样表达了推理。如例⑤，虽然没有表示因果关系的关联词语，但在"为人民的利益而死，就比泰山还重"和"张思德同志是为人民的利益而死的"这两个判断的组合与"他的死是比泰山还要重的"这一个判断之间，存在着推出与被推出的逻辑关系。所以，这个句群仍然表达了一个推理。

不是因果关系的复句或句群，如并列、承接、递进、转折等关系的复句或句群，都不能表达推理。

(二)推理的逻辑构成

由推理的定义不难看出，任何一个推理都包含前提和结论两个不可或缺的部分。但是，光有前提和结论就能推理吗？回答是否定的。

推理是由前提和结论构成的若干个判断的组合，但并不是将几个判断随意拼凑在一起就能构成推理。只有把已知的判断和要推出的新判断之间用一定的逻辑方式联结起来，才能进行推理。这种逻辑方式，就称为推理形式。例如：①②两例用的是"性质判断换位法推理"，③④⑤三例用的是"三段论推理"，这两种推理都是具体的推理形式。推理就是凭借推理形式将前提和结论两个部分联结而成的思维形式。可见，推理形式也是构成推理不可或缺的组成部分。

综上可知，推理是由前提、结论和推理形式三个要素构成的。

所谓前提，是指由其出发进行推理的已知判断，是整个推理的出发点；所谓结论，是指推理所推出的新判断，是推理的目的和结果；所谓推理形式，是指前提和结论之间的逻辑联结方式。

推理形式及其各不相同的具体规则是从大量正确的具体推理中概括出来的，属于意识范畴，但归根结底是客观世界中事物情况之间的一定联系的反映。正因为如此，人们运用正确的推理形式，才能由已知的真实前提得出新的真实的结论，即由已有的知识推出未知的知识。

二、推理的可靠性条件

人们在推理过程中，有时得出的结论真实可靠，对认识和实践活动起到指导作用。有时得出的结论则是虚假的、不可靠的，对认识和实践活动造成误导。之所以得出不同的结论在于决定推理可靠性的两个条件的情况：一是推理前提的真实性情况，二是推理形式的有效性情况。

推理的前提有真、假之别。推理是由判断构成的，而判断存在真假问题，因此，推理的前提就存在或真或假两种情况。前提是符合客观实际的真实判断，就是真实前提；前提是不符合客观实际的虚假判断，就是虚假前提。毋庸赘言，前提的真实性是保证结论真实可靠的必要条件：只有前提真实，才能保证结论真实可靠；如果前提虚假，就不能保证结论真实可靠。

需要指出的是，逻辑学没有责任也无法解决推理"前提真实性"的问题，"前提真实性"的问题是由相关的具体科学来解决的，归根结底是由实践来解决的。

推理的形式有有效、无效之分。遵守有关逻辑规则的推理形式，就是有效的推理形式，也称为对的、正确的、成立的或合乎逻辑的推理形式。由有效推理形式得出的结论在逻辑上是真实可靠的。例如：例①符合性质判断换位法的推理规则，例③和例⑤都符合三段论的推理规则，因此，它们的结论在逻辑上都是真实可靠的。违反有关逻辑规则的推理形式，就是无效的推理形式，或不合乎逻辑的推理形式。由无效推理形式推出的结论在逻辑上是不可靠的。例如：例②违反了性质判断换位法推理关于"前提中不周延的项在结论中也不得周延"的规则；例④中有四个项，违反了三段论关于"有且只能有三个项"的规则。因此，这两个推理的形式都是无效的，其结论的真实可靠性在逻辑上都是无法保证的。

推理形式是逻辑学所要研究和解决的重点问题和主要内容。为了保证推理形式正确，逻辑学着重探讨了作为前提的判断形式与作为结论的判断形式之间联系的规律性，并总结出各种推理的有效形式，制定出严格的规则，以保证人们可以从既定的前提出发，合乎逻辑地推出相应的结论。逻辑学还进一步研究了哪些推理形式是符合逻辑规则的，因而形式是正确的；哪些推理形式是不符合逻辑规则的，因而形式是不正确的。因此，在本章推理知识的学习中，我们要把推理形式作为学习的重点和练习的重点，提高用各种推理形式进行有效推理的能力，为做好法律执行的具体工作打下正确推理的坚实基础。

综上可知，推理的可靠性必须同时符合两个条件：一是前提真实，二是形式有效。前提虚假或者形式无效，都不能保证结论的真实可靠。

三、推理的逻辑类别

与概念、判断的分类一样，可根据不同的标准将推理分为不同的类别。

(一)演绎推理、归纳推理和类比推理

根据推理由前提到结论的思维方向的不同，推理可以分为演绎推理、归纳推理和类比推理三种。演绎推理是由一般性前提推出特殊性结论的推理，如三段论。归纳推理是由若干个特殊性的前提推出一个一般性结论的推理，如不完全归纳推理。类比推理是由特殊性前提推出特殊性结论或者由一般性前提推出一般性结论的推理。

(二)直接推理和间接推理

根据推理前提数量的不同，推理可以分为直接推理和间接推理两种。直接推理是由一个前提推出结论的推理，如性质判断变形法推理。间接推理是由两个或两个以上的前提推出结论的推理，如假言推理。

(三)必然性推理和或然性推理

根据推理的前提与结论之间是否具有蕴涵关系，可以把推理分为必然性推理和或然性

推理(可简称必然推理、或然推理)两种。必然推理是前提蕴涵结论的推理,即在推理形式有效的情况下,由真前提必然推出真结论的推理,如三段论。或然推理是前提不一定蕴涵结论的推理,即推理的前提真实,推理的形式符合逻辑要求,但推出的结论不能保证一定真实可靠的推理。基于这个特点,也可以将或然性推理称为或然推断,如科学归纳推断、类比推断。

(四)简单判断推理和复合判断推理

根据推理的前提是简单判断还是复合判断,推理可分为简单判断推理和复合判断推理两种。简单判断推理是指前提是简单判断的推理,如三段论。复合判断推理是指前提至少包含一个复合判断的推理,如选言推理。

(五)模态判断推理和非模态判断推理

根据前提中有无模态判断,推理可分为模态判断推理和非模态判断推理。模态判断推理是前提中有模态判断的推理;非模态判断推理是前提中没有模态判断的推理,如性质判断变形法推理。

以上分类,只是对推理这个普遍概念依据一定标准所进行的最高层次的划分。依据一定的标准,还可对每个子项依次进行逐级多次划分。如根据前提中复合判断的不同种类,可将复合判断推理分为联言判断推理、选言判断推理、假言判断推理、二难推理等。

以上五种分类方法各有所长。本书采取第三种方法,即以前提与结论间是否具有蕴涵关系为依据,将推理分为必然推理和或然推理两大类。必然推理和或然推理可根据一定的标准,进行多次划分,从而得出其所包含的不同层次的具体的推理形式,这些具体的推理形式就是我们要学习的内容。

第二节 简单判断推理的法律应用

由简单判断构成的推理就是简单判断推理。直言直接推理和三段论推理的前提一般是性质判断,而关系推理的前提至少有一个是关系判断。我们首先要弄清楚简单判断推理的有效形式,打好基础;然后再去全面掌握其他的法律推理,实现全面、正确执法。

一、学会应用直接推理

直言直接推理是以一个已知的直言判断(即性质判断)为前提推出一个以新的直言判断为结论的推理。下面介绍两种主要的直接推理。

(一)对当关系推理

对当关系推理就是根据逻辑方阵所表示的判断间的关系进行的推理。根据对当关系,A、E、I、O 四种判断能进行必然性推理的,有以下几种:

1. 根据反对关系进行推理

由于具有反对关系的两个判断不能同真。因此,可以由真推假,有下面两个正确的推理形式("→"表示推出,"¬"读作"并非"):

$$SAP \rightarrow \neg (SEP)$$

如：所有法律都是有阶级性的，所以，并非所有法律都不是有阶级性的。

SEP→¬（SAP）

如：所有事物不是一成不变的，所以，并非所有事物是一成不变的。

2. 根据下反对关系进行的推理

由于下反对关系的两个判断不能同假，因此，可以由假推真，有下面两个正确的推理形式：

¬（SIP）→SOP

如：并非有的毒药是苦的，所以，有的毒药不是苦的。

¬（SOP）→SIP

如：并非有的野生动物不携带病菌，所以，有的野生动物是携带病菌的。

3. 根据差等关系进行的推理

由于具有差等关系的两个判断的真假关系是全称真特称真，全称假特称假，因此，可以由全称真推特称真，由特称假推全称假，有以下四个正确的推理形式：

SAP→SIP

如：所有犯罪行为都要受到惩罚，所以有的犯罪行为要受到惩罚。

SEP→SOP

如：所有执法过程不是无风险的，所以，有的执法过程不是无风险的。

¬（SIP）→¬（SAP）

如：并非有些案情是简单的，所以，并非所有案情是简单的。

¬（SOP）→¬（SEP）

如：并非有的受害者不是权利受损的，所以，并非所有受害者不是权利受损的。

4. 根据矛盾关系进行推理

由于矛盾关系的两个判断不能同真不能同假，因此，可以由真推假、由假推真。正确的推理形式是：

SAP→¬（SOP）

如：所有犯罪行为都是违法行为，所以，并非有的犯罪行为不是违法行为，

SEP→¬（SIP）

如：所有快递物品不是违禁品，所以，并非有的快递物品是违禁品。

SIP→¬（SEP）

如：有些法律条文是模糊的，所以，并非所有法律条文都不是模糊的。

SOP→¬（SAP）

如：有的罪犯不是杀人犯，所以，并非所有的罪犯都是杀人犯。

　　¬（SAP）→SOP

如：并非所有被告都有罪，所以，有的被告没有罪。

　　¬（SEP）→SIP

如：并非所有的人都不是罪犯，所以，有的人是罪犯。

　　¬（SIP）→SEP

如：并非有逃犯逃到了这里，所以，所有逃犯并没有逃到这里。

　　¬（SOP）→SAP

如：并非有文物贩子没有赚钱，所以，所有文物贩子都是赚了钱的。

　　需要注意的是，虽然我们在对直言判断分类时，把单称肯定判断与单称否定判断分别当成全称肯定判断和全称否定判断来看待，但是它们之间是矛盾关系而不是反对关系，所以，"这个 S 是 P"与"这个 S 不是 P"之间，既可以由真推假，也可以由假推真。例如：

①霍姆斯是法学家，所以，并非霍姆斯不是法学家。
②并非这把刀是凶器，所以，这把刀不是凶器。
③张三不是罪犯，所以，并非张三是罪犯。
④并非甲不是警察，所以，甲是警察。

(二)判断变形推理

判断变形推理是通过改变直言判断的形式从而得出新判断的推理。

改变直言判断的形式，就是改变直言判断的质(肯定变否定，后否定变肯定)，或改变直言判断主项、谓项的位置，或既改变直言判断的质又改变主项、谓项的位置。这样，判断变形推理就有以下几种推理形式。

1. 换质推理

换质推理就是通过改变前提判断的质，即由肯定变否定，后否定变肯定，从而获得一个新判断的直接推理。

换质推理有两条规则：

第一，改变前提判断的质，变结论的谓项是前提判断谓项的矛盾概念。

第二，不改变判断的量(若前提是全称，则结论也是全称；若前提是特称，则结论也是肯定的)，主项和谓项位置不变。

直言判断 A、E、I、O 都可以换质，其正确推理形式如下：

①所有的被告人都是有辩护权的，所以，所有的被告人都不是没有辩护权的。

推理形式为：SAP→$SE\overline{P}$

②所有的正当防卫都不是犯罪行为，所以，所有的正当防卫都是非犯罪行为。

推理形式为：SEP→SA$\overline{\text{P}}$

③有的被告是有罪的，所以，有的被告不是无罪的。

推理形式为：SIP→SO$\overline{\text{P}}$

④有的杀人罪不是故意罪，所以，有的杀人罪是过失罪(非故意罪)。

推理形式为：SOP→SI$\overline{\text{P}}$

2. 换位推理

换位推理就是改变前提判断主项和谓项的位置从而获得一个新判断的直接推理。

换位法推理的规则：

第一，换位，即前提与结论中的主项和谓项位置交换。

第二，不换质，即前提与结论的质(肯定或否定)保持一致。

第三，前提中不周延的项，结论中不得周延。

换位法的有效式如下：

①SAP→PIS。例如：所有的人民检察院都是执法机关，所以，有的执法机关是人民检察院。

A判断只能运用限制换位，即换位后结论要变为特称判断。因为A判断的谓项(P)是不周延的项，若结论仍为全称判断，则换位后的主项P变为周延的项。前提中断定一个概念的部分(不周延)，结论中却断定了这个概念的全部(周延)，这样的推理是无效的。

②SEP→PES。例如：贪污罪都不是过失罪，所以，过失罪都不是贪污罪。

③SIP→PIS。例如：有的抢劫罪是共同罪，所以，有的共同罪是抢劫罪。

SOP不能换位。因为O判断简单换位后，前提中不周延的项(S)在结论中变得周延了，从而违反了"前提中不周延的项，结论中不得周延"这条规则。故而，O判断不能换位。如从"有学生不是团员"，不能推出"有团员不是学生"。

3. 换质推理和换位推理的综合运用

以换质推理与换位推理作为基础。如果将换质推理与换位推理结合起来交替运用，就是换质位推理或换位质推理。在步骤上可以先换质后换位，这就是换质位推理；也可以先换位后换质，这就是换位质推理。

换质位推理就是先后交替运用换质和换位的变形推理。

先看一下换质位推理。下边是其中的一个有效式：

$$SAP \rightarrow S\overline{E}P \rightarrow \overline{P}E\overline{S} \rightarrow \overline{P}A\overline{S} \rightarrow \overline{S}I\overline{P} \rightarrow \overline{S}O\overline{P}$$

例如：所有的民间贷款都是有利息的→所有的民间贷款都不是无利息的→所有的无利息的都不是民间贷款→所有的无利息的贷款都是非民间贷款→有的非民间贷款是无利息的→有的非民间贷款不是有利息的

再看一下换位质推理。下边是其中一个有效式：

$$SAP \rightarrow PIS \rightarrow PO\overline{S}$$

例如：故意伤害罪是故意伤害他人身体的行为→有的故意伤害他人身体的行为是故意罪→有的故意伤害他人身体的行为不是过失罪

其余有效式不再列举。

运用换质位法和换位质法进行推理时，不得违反换质推理和换位推理的规则，换质时遵守换质推理的规则，换位时遵守换位推理的规则。

二、学会应用三段论推理

(一)直言三段论的概述

通常将直言三段论简称为三段论，它是以包含着一个共同概念的两个直言判断为前提，根据一定的逻辑规则，推出一个新的直言判断为结论的推理。例如：

①初次犯罪都心慌，
他们是初次犯罪，
所以，他们心慌。
②凡作案人都有作案时间，
张三没有作案时间，
所以，张三不是作案人。

以上两个推理就是直言三段论。所有的直言三段论都是由三个直言判断组成，其中两个是前提，一个是结论。如上两例中"所以"前面的两个判断就是前提，它们是推出新判断的依据，"所以"后面的那个判断就是结论，它是从前提推出的新判断。

每一个三段论都必须有而且只能有三个不同的概念(即项)，每一个概念在三个判断中重复出现一次。如在上例中①中，两个前提中有一个共同的概念"初次犯罪"；在例②中，两个前提中也有一个共同概念"作案时间"。这一个共同概念只在前提中出现，未在结论中出现，它的作用是把前提中另外两个不同的概念联结起来，建立一定的逻辑关系，从而得出结论。这个相同的概念被称为"中项"，通常用"M"表示；另外，在结论中作主项的概念称之为小项，用 S 表示，如例①中的"他们"，例②中的"张三"，它们各自在前提中出现了一次；在结论中作谓项的概念称之为大项，用 P 表示，如例①中的"心慌"，例②中的"作案人"，它们也各自在前提中出现了一次。在一个三段论中，包含小项的前提被称为小前提，包含大项的前提被称为大前提。这样，上面两个三段论可以分别用逻辑形式表示为：

　　　　①所有的 M 都是 P
　　　　　所有的 S 都是 M
　　　　所以，所有的 S 都是 P

可符号化为：

　　　　　　　MAP
　　　　　　　SAM
　　　　∴ SAP
　　　　②所有的 P 都是 M
　　　　　所有的 S 不是 M
　　　　所以，所有的 S 不是 P

可符号化为：

　　　　　　　PAM
　　　　　　　SEM
　　　　∴ SEP

从上面两例我们可以看出三段论的排列顺序一般是：前提在前，结论在后；大前提在前，小前提在后。但是这并不是一成不变的。在实际运用中，表述具有灵活性，大小前提的次序可以颠倒，结论也可以放在前提的前面。区分它们的标准是：已知的判断为前提，推出的新判断为结论。包含大项的前提是大前提，包含小项的前提是小前提。

（二）三段论公理

三段论推理是以三段论公理为依据的。所谓公理就是无须证明已经被公众广泛承认是正确的原理。三段论公理是有客观依据的，是客观世界中一般和个别的包含或者排斥关系在人类思维中的反映，是不以人的意志为转移的客观规律。

三段论的公理具体表述为：如果对某一类事物的全部对象作出了肯定，那么，对该类事物的部分对象也应作出肯定；如果对某一类事物的全部对象作出了否定，那么，对该类事物的部分对象也应作出否定。

三段论的公理可以用图 4-1、图 4-2 和以下基本形式表示：

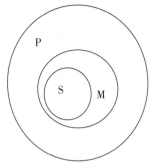

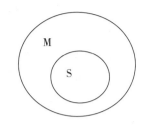

图 4-1　三段论公理图示(一)　　　　　图 4-2　三段论公理图示(二)

公式(一)

　　所有的 M 是 P

　　所有的 S 是 M

　　所以，所有的 S 都是 P

公式(二)

　　所有的 M 不是 P

　　所有的 S 是 M

　　所以，所有的 S 不是 P

在图 4-1 中，M 类包含在 P 类中(所有的 M 都是 P)，则 M 类中的一部分 S，也包含在 P 类中(所有的 S 都是 P)。其结论是肯定的。例如：

　　所有的中国公民都应该遵守中国法律；

　　詹姆斯是入籍中国的公民；

　　所以，詹姆斯应该遵守中国法律。

在这个三段论中，大前提肯定了所有的"中国公民"(M)都具有"遵守中国法律"(P)的属性，小前提又肯定了"詹姆斯"(S)是"中国公民"(M)，根据三段论公理，如果对某一类事物的全部对象作出了肯定，那么，对该类事物的部分对象也应作出肯定的原理，可以得出"詹姆斯(S)应该遵守中国法律(P)"这一结论。

在图 4-2 中，M 类和 P 类互相排斥(所有的 M 不是 P)，则 M 类中的一部分(S)也和 P 类互相排斥(所有的 S 不是 P)。其结论是否定的。例如：

　　人民警察不应执法犯法；

　　交警是人民警察；

　　所以，交警不应执法犯法。

在这个三段论中，大前提指出了所有的"人民警察"(M)都不具有"应执法犯法"(P)

的属性，小前提又指出了"交警"（S）是"人民警察"（M），根据三段论公理，如果对某一类事物的全部对象作出了否定，那么，对该类事物的部分对象也应作出否定的原理，可以推出"交警（S）不应执法犯法（P）"这一结论。

三段论公理的两个基本形式都是表示客观事物类与类之间的关系的，三段论的其他形式也都可以从三段论公理中推导出来，由此可见，三段论的其他形式也是表示客观事物类与类之间的关系的。

（三）三段论的一般规则

三段论的一般规则是从三段论的公理中引申出来的、确保三段论正确性的必须遵守的条件要求，它是三段论公理的具体化，也是检验一个三段论有效性的标准，它对三段论推理起规范作用。三段论的一般规则有七条，其中前五条是基本规则（也称正则），后两条是由前五条推导出来的导出规则（又称附则）。下面分别讲述这些规则：

1. 必须而且只能有三个不同的概念（即项）

三段论推理的最基本的特点，就是通过中项的媒介作用把大项和小项联结起来，使之发生逻辑联系，从而推出新的判断即结论。这就决定了它必须有并且只能有三个不同的项。假如一个三段论不是三个不同的项而是两个不同的项，那么，只能构成判断或构成一个直言直接推理，不能进行三段论推理。假如不是三个而是四个不同的项，那么就会出现大项与一个项发生联系，小项与另一个项发生联系的情况，大项与小项便失去了联系，这样，大项与小项之间的关系就无法确定，则无法推出必然的联系。因此，在一个三段论里，必须有而且只能有三个不同的项。

这条规则的实质是，在前提中，中项必须是同一个概念。违反这条规则的逻辑错误被称为"四概念错误"（或叫"四项错误""四名词错误"）。在思维实践中，"四概念错误"从表面上看是三个项，实质上是用同一个语词表达不同的概念，是四个项。例如：

> 元朝的青花瓷不是一天能了解清楚的；
> 这个古玩店的瓷瓶是元朝的青花瓷；
> 所以，这个古玩店的瓷瓶不是一天能了解清楚的。

在这个三段论推理中，"元朝的青花瓷"这个语词在两个前提中所表示的概念是不同的。在大前提中，"元朝的青花瓷"这个概念是在集合意义上使用的，它反映由所有元朝时期的青花瓷所组成的一个整体，是一个集合概念。而在小前提中，"元朝的青花瓷"这个概念是在普遍意义上使用的，是一个非集合概念。因此，大、小前提中的"元朝的青花瓷"不是同一意义的概念，相当于两个概念，这个三段论推理就犯了"四概念错误"。由于中项不是同一个概念，失去了媒介作用，所以，就无法保证推出的结论的正确性。

2. 中项在前提中至少要周延一次

这条规则确保了中项起到联结大项、小项的媒介作用。如果中项在两个前提中一次也不周延，那么可能出现：大项与中项的某一部分发生关系，而小项与中项的另一部分发生关系。这样，小项与大项之间的关系就不能确定，也就是说，不能从前提必然推出结论。违反这条规则所犯的错误，称为"中项不周延"。例如：

　　凡实体法是法；

　　凡程序法是法；

　　所以，程序法是实体法。

　　在这个三段论推理中，中项"法"在大、小前提中都处于肯定判断的谓项的位置，一次也不周延，"实体法"和"程序法"之间的关系便不能确定，也就不能够必然得出结论。所以，这是个无效三段论，犯了"中项不周延"的错误。

3. 前提中不周延的项，在结论中不得周延

　　这条规则是针对大、小项的，它要求：如果大、小项在前提中不周延，那么在结论中不得周延。三段论推理是演绎推理，这就要求某一概念在结论中所表述的对象范围不能超出它在前提中所表述的范围。如果某一概念在前提中不周延而在结论中周延，那么，它在结论中表述的对象范围就超出了在前提中所表述的范围。这样，即使前提为真，结论也不必然为真。违反这条规则的情况有两种：

　　一是大项在前提中不周延，而在结论周延了，这种错误被称为"大项扩大"。例如：

　　依法缴纳所得税是公民的义务；

　　依法服兵役不是依法缴纳所得税；

　　所以，依法服兵役不是公民的义务。

　　该三段论的大项在前提中都处于肯定判断的谓项的位置，是不周延的，而在结论中，大项处于否定判断的谓项的位置，是周延的。所以，这是一个无效三段论。

　　二是小项在前提中不周延，而在结论中周延了，这种错误被称为"小项扩大"。例如：

　　他们是诈骗分子；

　　他们是来自山村的；

　　所以，来自山村的是诈骗分子。

　　该三段论的小项在前提中都处于肯定判断的谓项的位置，是不周延的，而在结论中，小项处于全称判断的主项的位置，是周延的。所以，这是一个无效三段论。

　　从形式上看，该规则要求：若大项（或小项）在前提中周延（即处于全称判断的主项或否定判断的谓项的位置），在结论中，无论其是否周延，都不违反规则；若大项（或小项）在前提中不周延（即处于特称判断的主项或肯定判断的谓项的位置），在结论中，它必须不周延（即也处于特称判断的主项或肯定判断的谓项的位置）。这样才能保证"前提中不周延的项，在结论中不得周延"。

4. 两个否定前提推不出必然结论

　　如果两个前提都是否定判断，那么大项的全部或部分外延与中项外延相排斥，小项的全部或部分外延与中项外延相排斥；这样，就不能通过中项在小项和大项之间建立确定的关系。例如：以"小偷小摸行为不是高尚的行为"和"赵海的行为不是小偷小摸的行为"为三段论推理的大小前提，由于前提都是否定判断，就不能确定赵海的行为是否高尚。

从形式上看，该规则要求：两个前提不能都是 E 或 O。

5. 前提中有一否定判断，则结论必为否定判断；若结论为否定判断，则前提中必有一否定判断

如果前提有一否定判断，根据规则 4，则另一个前提必须是肯定判断；而由于前提中的否定判断所反映的是中项与大项或小项相排斥的关系，另一肯定判断反映的是中项与大项或中项相容的关系，因而，小项与大项之间的关系只能是排斥的，即结论只能是否定的。如果结论否定，根据规则 3、规则 4，两前提不可能同为肯定判断或否定判断。

从形式上看，该规则要求：若两个前提中有一个 E 或 O，则结论必是 E 或 O；若结论是 E 或 O，则两个前提中必有一个 E 或 O。

此规则也可引申为"若两个前提都为肯定判断，则结论必为肯定判断；如果结论是肯定判断，则两前提均为肯定判断"。

如果两前提都是肯定的判断，那么在前提的中项与大项、小项之间的关系都是相容的。这样，在结论中小项与大项间的关系就不可能是相排斥的，即结论为肯定判断。同理可得：如果结论是肯定判断，则两前提均为肯定判断。

从形式上看，该规则要求：若两个前提是 A 或 I，则结论必是 A 或 I；若结论是 A 或 I，则两个前提必是 A 或 I。

6. 两个特称的前提推不出结论

这条规则可以用前面的规则证明。大小前提均为特称的组合情况不外乎以下四种：II、OO、IO、OI。

如果是 II（"II"即大前提是 I，小前提也是 I，余类推），大、小前提的四个主项、谓项都不周延，违反"中项至少要周延一次"的规则，犯了"中项不周延"的错误。

如果是 OO，由于是两个否定前提，违反"两个否定前提推不出结论"的规则，所以，不能得出结论。

如果是 IO 或 OI，由于两个前提中只有一个周延项（O 判断的谓项），根据第 1 条规则，这个周延项必须给中项，否则会犯"中项不周延"的错误。这样，大项在前提中就不周延，又由于前提有一否定判断，则结论必是否定的，因而结论中的大项是周延的。这就导致前提不周延的大项到结论中成为周延项，犯了"大项扩大"的错误；同样，如果前提中周延的项是大项，则会犯"中项不周延"的错误。因而，这两种情况都推不出必然的结论。

综上可知：两个特称前提推不出结论。

7. 前提中有一个特称判断，结论只能是特称判断

同样，这条规则也可以由前面的规则得到证明。大、小前提中有一特称判断的组合情况不外乎以下八种：AI 或 IA、AO 或 OA、EI 或 IE、EO 或 OE。

若是 EO 或 OE，则由于是两个否定的前提，根据规则 4，不能推出结论。

若是 IE，由于大前提为特称肯定判断，大项在前提中不周延，又由于小前提是否定判断，根据规则 5，结论必是否定的，而结论是否定的，大项在结论中周延，根据规则 2

就不能得出结论。

若是 AI 或 IA，由于两个前提中只有一个项是周延的，根据第 1 条规则，这个周延的项只能给中项，而小项在前提中不周延；这样再根据第 2 条规则，小项在结论中不得周延，所以只能得出特称结论。

若是 AO、OA 或 EI，由于前提中有一否定判断，根据第 5 条规则结论必为否定，如果得出全称结论，则大、小项在结论中均周延，又根据第 1 条规则，中项在两前提中至少周延一次，这就要求大项、小项和中项在前提中都周延，而这三种组合的前提中周延位置只有两个，无法满足大项、小项和中项在前提中都周延的情况，因此，不能得出全称结论而只能得出特称结论。

综上可得：前提有一个特称判断，结论则必为特称判断。

遵守三段论的一般规则，是一个三段论有效的充分必要条件，即一个三段论当且仅当遵守了上述每一条规则，才是有效的三段论。反之，若违反了其中任何一条规则，就是无效的三段论。

(四)三段论的格与式

1. 三段论的格

三段论的格就是三段论推理的基本形式。它是由三段论的中项在大、小前提中所处的位置不同(即中项可以处于主项的位置，也可以处于谓项的位置)来决定的，故而形成了不同的三段论形式，这就是三段论的格。

三段论共有四个格：

第一格：中项处于大前提的主项和小前提的谓项。

$$
\begin{array}{c}
M \!\!-\!\!\!-\!\! P \\
S \!\!-\!\!\!-\!\! M \\
\hline
\therefore S \!\!-\!\!\!-\!\! P
\end{array}
$$

第二格：中项处于大前提和小前提的谓项。

$$
\begin{array}{c}
P \!\!-\!\!\!-\!\! M \\
S \!\!-\!\!\!-\!\! M \\
\hline
\therefore S \!\!-\!\!\!-\!\! P
\end{array}
$$

第三格：中项处于大前提和小前提的主项。

$$
\begin{array}{c}
M \!\!-\!\!\!-\!\! P \\
M \!\!-\!\!\!-\!\! S \\
\hline
\therefore S \!\!-\!\!\!-\!\! P
\end{array}
$$

第四格：中项处于大前提的谓项和小前提的主项。

$$
\begin{array}{c}
P \!\!-\!\!\!-\!\! M \\
M \!\!-\!\!\!-\!\! S \\
\hline
\therefore S \!\!-\!\!\!-\!\! P
\end{array}
$$

2. 三段论各格的特殊规则

三段论的格的规则，是根据三段论的一般规则，并结合各个格的不同形式，推导出的相应规则。

格的规则是三段论有效的必要条件，而不是充分条件，也就是说，符合格的规则，不一定有效，而违反格的规则，一定无效。

第一格的特殊规则：(1)小前提必须为肯定判断；(2)大前提必须为全称判断。

第二格的特殊规则：(1)前提中必须有一个否定判断；(2)大前提必须为全称判断。

第三格的特殊规则：(1)小前提必须为肯定判断；(2)结论必须为特称判断。

第四格的特殊规则：(1)如果前提中有一个否定判断，则大前提必须是全称判断；(2)如果大前提是肯定判断，则小前提必须是全称判断；(3)如果小前提是肯定判断，则结论只能是特称判断；(4)任何一个前提都不能是特称否定判断；(5)结论不能是全称肯定判断。

三段论各格的特殊规则都可以从一般规则中得到证明。比如第 1 格的第一条规则"小前提必须为肯定判断"就可以这样证明：若小前提是否定判断，根据一般规则 4，大前提必须是肯定判断，若小前提是否定判断，根据一般规则 5，结论为否定判断，大项在结论中周延，根据三段论推理规则 3，大项在前提中必须周延；而大项在第一格的大前提中处在谓项的位置，要使其周延，则大前提必须为否定判断。这样，若小前提为否定判断，则大前提既要有肯定判断又要有否定判断，从而陷入矛盾，因此小前提不能为否定判断，只能为肯定判断。其他规则，如有兴趣可自证。

另外，只要违反了格的规则，就一定违反了三段论的一般规则。例如：

MAP

SEM

∴ SEP

这个三段论违反了第一格"小前提必须为肯定判断"的规则，但同时，从一般规则看，这个三段论则犯了"大项扩大"的错误。

但是，不违反格的规则，不一定是有效三段论。例如：

MAP

SAM

∴ SEP

上述三段论不违反第一格的规则，但是违反了"若两个前提都为肯定判断，则结论必为肯定判断"的基本规则，故而它是无效的。

三段论中各个格还有着特殊的作用。第一格是三段论中运用得最广泛最自然的形式，并由于它可得出 A、E、I、O 中任一判断为结论，所以被称为完善格和典型格。由于第二格的两前提必有一个否定判断，因而结论都是否定的，这样，由第二格得出的结论可以揭示不同事物之间的区别，因此第二格通常被称为"区别格"。由于第三格的结论都是特称判断，所以当以某一例外情况去反驳全称判断时常常运用第三格，故第三格通常被称为"反驳格"。第四格由于与常用的、完善的第一格相反，实践中用处不大。

3. 三段论的式

三段论的式是指 A、E、I、O 四种直言判断在前提和结论中不同组合而构成的三段论推理形式。例如，若大前提、小前提和结论都是 A 判断，则这个三段论就是 AAA 式；大前提是 A 判断，小前提是 E 判断，结论是 E 判断，就是 AEE 式。例如：

①所有的犯罪行为都应受到刑罚处罚；

　　贩毒行为是犯罪行为；

　　所以，贩毒行为应受到刑罚处罚。

②凡网络犯罪人都熟悉网络操作，

　　张三不熟悉网络操作，

　　所以，张三不是网络犯罪人。

例①是 AAA 式，例②是 AEE 式。

三段论中的大、小前提或结论均可分别取 A、E、I、O 中的任一种判断形式，因此三段论可以有 4×4×4＝64 个不同的式；再将它们分配到四个格中，共有 64×4＝256 个式。不过，其中绝大多数是违反规则的，是无效的。我们可以这样来筛选有效式：

首先，列出三段论大小前提的所有可能的组合形式，即 AA、AE、AI、AO、EA、EE、EI、EO、IA、IE、II、IO、OA、OE、OI、OO（第一个符号为大前提的常项，第二个符号为小前提的常项）。

其次根据三段论规则，删掉那些违反规则的前提组合：

(1)按照规则 4(两个否定前提推不出结论)，删掉 EE、EO、OE 和 OO 的组合；

(2)按照规则 5(若前提中有一个否定判断，则结论必为否定判断)和规则二(前提中不周延的项，在结论中不得周延)，删掉 IE、IO 和 OI 的组合。

(3)按照规则 1(中项至少要周延一次)，删掉 II 的组合。

这样剩下的组合就是：AA，AE，AI，AO，EA，EI，IA，OA。

再次，根据三段论基本规则便可确定下列十一式是有效的：AAA，AAI，AEE，AEO，EAE，EAO，AII，IAI，EIO，AOO，OAO。

最后，将上述十一个有效式分配到四个格中，结合基本规则进行筛选，可得出下列二十四个有效式，详见表4-1：

表4-1　　　　　　　　　　　　　　三段论各格的有效式

第一格	第二格	第三格	第四格
AAA	AEE	AAI	AAI
EAE	EAE	EAO	EAO
AII	AOO	AII	AEE
EIO	EIO	EIO	EIO
(AAI)	(AEO)	IAI	IAO
(EAO)	(EAO)	OAO	(AEO)

表中加括号的为弱式，弱式是相对于强式而言的。所谓弱式是指本来可以有效地推出全称判断为结论的三段论的式，而只推出了特称判断为结论的三段论的式。例如：在第一格中，以 AA 为前提的三段论，结论是 A 的是强式，而结论是 I 的则是弱式。

在证明力方面，相对于强式而言，弱式的证明力比较弱。

(五)三段论的省略式

三段论的省略式又称省略三段论，是指省略了大前提或小前提或结论的三段论语言表达形式。三段论是由三个性质判断组成，这三个性质判断分别是大前提、小前提和结论。就形式结构而言，这三个性质判断缺一不可，但在语言表达上常常可以省略其中的某一个。例如："你是领导干部，所以，你应带头守法。"这就是一个省略大前提的三段论。若把被省略部分补上，这一个完整的三段论就是：

> 凡领导干部都应带头守法，
> 你是领导干部，
> 所以，你应带头守法。

又例如："凡肯定判断的谓项都是不周延的，所以，这个判断的谓项是不周延的。"这是一个省略小前提的三段论。若把被省略部分补上，这一个完整的三段论就是：

> 凡肯定判断的谓项都是不周延的，
> 这一个判断的谓项是肯定判断的谓项，
> 所以，这一个判断的谓项是不周延的。

再例如："凡犯罪都是危害社会的，而渎职罪是犯罪。"这是一个省略结论的三段论。若把被省略部分补上，这一个完整的三段论就是：

> 凡犯罪都是危害社会的，
> 渎职罪是犯罪，
> 所以，渎职罪是危害社会的。

省略三段论的好处在于表达更简单明了，故应用极广。但由于省略，也易于掩盖错误。错误主要有两种：一是推理形式无效，二是省略的前提虚假。

为了检查一个省略三段论是否正确，就先得把被省略的部分补出来，这就是省略三段论恢复，然后用基本规则去检验。

恢复和检验省略三段论的步骤如下：

第一步，要确定省略的是前提还是结论。

一般来说，如果两个性质判断中存在三个不同概念，就有可能是一个省略三段论。如果这两个性质判断是具有推出关系的因果复句，那就可以确定它是省略前提的三段论；如果这两个性质判断是一个具有并列关系复句，那就可以确定是省略结论的三段论。

　　对于省略前提的三段论，首先判明它省略了哪一个前提：检查结论中的主项（小项）是否在前提中出现。如果出现，那就可以判明它省略了大前提；如果没有出现，那就可以判明它省略了小前提。

　　第二步，恢复省略部分，并检查推理是否正确。

　　如果省略的是大前提，可以把前提中的中项和结论中的大项联结成一个性质判断，这就是大前提。

　　如果省略的是小前提，可以把结论中的小项和前提中的中项联结成一个性质判断，这就是小前提。

　　如果省略的是结论，可以把两个直言判断中的共同概念作为中项，而把其他两个概念（即小项和大项）联结成一个性质判断，这就是结论。

　　在恢复过程中，应充分考虑到三段论的各项规则，尽可能构建一个有效的形式，以及尽可能补出真实的前提或结论。

　　如果是一个正确的省略三段论，那么一定可以恢复出一个推理形式有效、前提和结论都真实的三段论。

　　如果是一个错误的省略三段论，那么恢复后的三段论或者推理形式无效，或者前提和结论中有虚假判断。

　　例如，对"任何公民都要遵守法律，所以，领导干部要遵守法律"这个省略三段论进行恢复和检验：

　　首先，要确定该推理是性质判断直接推理（对当关系推理或判断变形推理），还是省略三段论，尽管它们在形式上很相似。判定的方法是检查前提与结论中共有几个概念，如果共有两个概念（正概念与负概念被视为一个概念），那么这是直接推理；如果共有三个概念，那么这是省略三段论。

　　其次，要确定省略了哪一部分。上述省略三段论中有"所以"，因此，省略的是前提。未省略的前提中有大项，可确定省略的是小前提。

　　再次，把小项"领导干部"和中项"公民"连接成一个性质判断。根据基本规则，结论是肯定的判断，小前提必须也是肯定判断。小项在结论中周延，在前提中必须周延，所以，补出的小前提是"领导干部是公民"。

　　最后，还原成完整三段论后，可确定是第一格 AAA 式，推理形式有效并且前提中没有虚假判断，是一个正确的省略三段论。

　　再例如，对"张某是被告，所以张某有罪"这个省略三段论进行恢复和检验：

　　首先，该推理中共有三个概念，是省略三段论。

　　其次，省略三段论中有"所以"，因此，省略的是前提。未省略的前提中有小项，可确定省略的是大前提。

　　再次，把大项"有罪"和中项"被告"连接成一个性质判断。根据基本规则，结论是肯定的判断，大前提必须也是肯定判断。中项在小前提中不周延，在大前提中必须周延，所以，补出的大前提是"被告都有罪"。该省略三段论恢复后，可确定是第一格 AAA 式，推理形式有效，但大前提是虚假判断；为了补出真实的前提，可以把大前提改为"有些被告有罪"或"有些有罪的是被告"，但无论如何改动，都要犯"中项不周延"

的错误。

最后，确定这是一个错误的省略三段论。错误的原因是要么推理形式无效，要么前提中有虚假判断。

三、学会应用关系推理

关系推理就是前提中至少有一个关系判断，并且根据前提中关系的逻辑性质，推出以关系判断为结论的推理。关系推理可分为两类：纯关系推理和混合关系推理。

(一)纯关系推理

纯关系推理就是前提和结论都是关系判断的推理，根据作为前提的判断数量的多少，纯关系推理又分为纯直接关系推理和纯间接关系推理。

1. 纯直接关系推理

纯直接关系推理就是以一个关系判断为前提，推出另一个关系判断为结论的关系推理，包括对称关系推理和反对称关系推理。

(1)对称关系推理。对称关系推理是根据对称关系判断的逻辑性质进行推演的关系推理。例如："甲和乙是狱友；所以，乙和甲是狱友。"它是根据"狱友"这一关系的对称性而推演的。其形式结构为：

$$\frac{aRb}{\therefore bRa}$$

或者：$aRb \rightarrow bRa$。

(2)反对称关系推理。反对称关系推理是根据反对称关系判断的逻辑性质进行推演的关系推理。例如："A 高于 B；所以，B 不高于 A。"它是根据"高于"这一关系的反对称性而推演的。其形式结构为：

$$\frac{aRb}{\therefore b\bar{R}a}$$

或者：$aRb \rightarrow b\bar{R}a$。

运用直接关系推理时，应注意不要把非对称性关系当作关系推理依据。因为，若根据非对称性关系进行推演，其结论未必可靠，这就违反了必然性推理的逻辑特性。如"甲爱着乙，所以，乙爱着甲"这一推理的结论就不具有必然性，因为，"爱"是非对称性关系。

2. 纯间接关系推理

纯间接关系推理是以两个或两个以上的关系判断为前提所进行的关系推理，包括传递关系推理和反传递关系推理。

(1)传递关系推理。传递关系推理是根据传递关系的逻辑性质进行推演的关系推理。例如："A 重于 B，B 重于 C；所以，A 重于 C。"它是根据"重于"这一关系的传递性而推演的，因此，逻辑上称之为传递关系推理。其形式结构为：

$$aRb$$
$$\underline{bRc}$$
$$\therefore aRc$$

或者：$aRb \wedge bRc \rightarrow aRc$。

（2）反传递关系推理。反传递关系推理是根据反传递关系的逻辑性质进行推演的关系推理。例如："甲比乙大两岁，乙比丙大两岁；所以，甲比丙不止大两岁。"它是根据"……比……大两岁"这一关系的反传递性而推演的。因此，逻辑上称之为反传递性关系推理。其形式结构为：

$$aRb$$
$$\underline{bRc}$$
$$\therefore a\overline{R}c$$

或者：$aRb \wedge bRc \rightarrow a\overline{R}c$。

运用间接推理时，应注意不要把非传递关系当作关系推理的依据。因为，若根据非传递关系进行推演，其结论未必可靠，例如："甲信任乙，乙信任丙，所以，甲信任丙。"这种推理就不能成立，其原因是"信任"为非传递性关系。

（二）混合关系推理

混合关系推理是以一个关系判断和一个直言判断为前提，并根据前提判断逻辑特性而必然推出另一关系判断为结论的推理。例如：

①所有的黑帮头目收入都大于其麾下的黑帮马仔，
　　张某是黑帮头目，
　　所以，张某收入大于其麾下的黑帮马仔。
②有的选民赞成有的候选人，
　　所有的候选人是青年，
　　所以，有的选民赞成有的青年。

混合关系推理的特点在于：它是以两个前提中的一个共同概念为媒介，用直言判断的主项（或谓项）去替换关系判断中的一个关系主项（或谓项），从而形成新的关系判断为结论。

混合关系推理的规则：

（1）媒介概念至少要在前提中周延一次。前提中关系判断的任一关系若与直言判断的主项（或谓项）为同一概念，该概念就是媒介概念，但它必须周延一次才能发挥媒介作用。

（2）前提不周延的项在结论中不得周延。

（3）直言前提必须是肯定的。

（4）如果前提中的关系判断是肯定的，那么结论中的关系判断也必须是肯定的；如果前提中的关系判断是否定的，那么结论中的关系判断也必须是否定的。

（5）如果关系的性质不是对称的，那么在前提中作为关系者前项（或后项）的那个概念，在结论中也必须相应地作为关系者前项（或后项）。

只要符合上述四条规则的混合关系推理都是正确的推理。以上两例都是符合上述四条规定的，所以都是正确的。而违反上述规则中的任何一条，都是不正确的混合关系推理。例如：

> 有的选民赞成所有的候选人，
> 赵六是选民，
> 所以，赵六赞成所有的候选人。

这一推理不正确，因为它违反了推理规则1，即"选民"这一媒介概念在两个前提中一次也没有周延。

第三节 复合判断推理的法律应用

由复合判断构成的推理就是复合判断推理。复合判断有联言判断、选言判断、假言判断和负判断四种，相应的，复合判断推理（可简称为复合推理）就有联言推理、选言推理、假言推理和负判断等值推理。

法律条文的规定越来越详备，这就意味着有很多法律条文是用复合判断来表达的。因而，在法律执行中很多时候要使用到复合推理。

一、学会应用联言推理

联言推理就是前提或结论是联言判断，并根据联言判断的逻辑特性而由前提必然推出结论的推理。

（一）联言推理的有效式

联言推理有两个有效式：分解式和合成式。

1. 分解式

首先，在推理结构上，分解式的前提是联言判断。

其次，在推理依据上，分解式之所以有效，因为它依据了联言判断的逻辑特性。

其推理形式如下：

> p 并且 q
> 所以，p（q）

也可用符号表示为：p∧q→p（q）

例如:

①他不但聪明能干，而且手段残忍；所以，他是聪明能干的。
②他不但聪明能干，而且手段残忍；所以，他下手残忍。

分解式推理有效的依据：若前提中联言判断为真，则其肢判断必然都为真。

2. 合成式

首先，在结构上，合成式的结论是联言判断。

其次，在推理依据上，合成式之所以有效，因为它依据了联言判断的逻辑特性。

其推理形式如下:

$$p$$
$$\underline{\qquad q}$$
所以，p 并且 q

用符号表示为：$(p, q) \rightarrow (p \land q)$

例如:

③一切法律不得与宪法相抵触，一切法令不得与宪法相抵触，所以，一切法律和法令都不得与宪法相抵触。

合成式推理有效的依据：若肢判断全真，则联言判断为真。故前提断定肢判断"p"和"q"为真，必然可推出"∧"为真。

(二)联言推理的无效式

根据联言判断的逻辑特性，下列推理是无效的:

④山中有枪声，所以，山中有枪响就有枪战。
⑤张三是贩毒者，所以，张三是来自金三角的贩毒者。

其推理形式如下:

$$p \rightarrow (p \land q)$$
$$q \rightarrow (p \land q)$$

例④和例⑤之所以无效，是因为结论中出现了前提中未肯定的肢判断，其真假未知，故结论中的"∧"也真假不定。

(三)联言推理的规则

联言推理的规则：若前提中肯定了若干个判断，则可肯定推出由它们组合而成的联言判断；若前提中肯定了一个联言判断，则可肯定推出任一肢判断。

二、学会应用选言推理

根据逻辑特性的不同，选言判断可分为相容选言判断和不相容选言判断，选言推理也可分为相容选言推理和不相容选言推理。

（一）相容选言推理

相容选言推理就是前提中有一个相容选言判断，并根据相容选言判断的逻辑特性而由前提必然推出结论的推理。

首先，在结构上，相容选言推理的前提中有一个析取判断。

其次，在推理依据上，相容的选言推理之所以有效，是因为它依据了相容的选言判断的逻辑特性。

相容选言推理的有效式是否定肯定式（否肯式）。

其推理形式如下：

> p 或者 q
> ___非 p___
> 所以，q

用符号表示为：$(p \lor q) \land \neg p \to q$

例如：

> 杨警官来这里了，或者是王警官来这里了。哦，当时杨警官病了不能来，所以，一定是王警官来这里了。

其推理依据：相容的选言判断为真，肢判断必有一真。

故前提既断定"$\lor$"为真，又断定其中一部分肢判断（"p"或"q"）为假，必然可推出另一部分肢判断"p"或"q"为真。

相容的选言推理只有否定肯定式，而没有肯定否定式。下列推理形式是无效的：

> p 或者 q
> ___p___
> 所以，非 q

用符号表示为：$(p \lor q) \land p \to \neg q$

例如：

> 嫌疑人逃跑了，或是因其有人接应，或是因为我们部署不周密。确实发现嫌疑人逃跑时有人接应，所以不是我们部署不周密。

因为相容的选言判断的肢判断可以同真，肯定其中的一部分肢判断为真，不能必然推出另一部分肢判断为假(或为真)。

相容选言推理的规则是：否定一部分选言肢，就要肯定另一部分选言肢；肯定一部分选言肢，不能否定(或肯定)另一部分选言肢。

(二)不相容选言推理

不相容选言推理就是前提中有一个不相容选言判断，并根据不相容选言判断的逻辑特性而由前提必然推出结论的推理。

首先，在结构上，不相容选言推理的前提中有一个不相容的选言判断。

其次，在推理依据上，不相容选言推理之所以有效，因为它依据了不相容的选言判断的逻辑特性。

不相容选言推理的有效式有两个：否定肯定式和肯定否定式。

1. 否定肯定式

其推理形式如下：

要么 p 要么 q
<u>　　非 p</u>
所以，q

用符号表示为：$(p \veebar q) \wedge \neg p \rightarrow q$

例如：

目标车辆要么是红色的，要么是黑色的。现查证它不是红色的，所以，它是黑色的。

其推理依据：不相容的选言判断为真，肢判断必有一真。故前提既断定"$\veebar$"为真，又断定其中一部分肢判断("p"或"q")为假，必然可推出另一部分肢判断"p"或"q"为真。

2. 肯定否定式

其推理形式如下：

要么 p 要么 q
<u>　　p</u>
所以，非 q

用符号表示为：$(p \veebar q) \wedge p \rightarrow \neg q$

例如：

嫌疑人要么上了东塔，要么上了西塔。东塔监控发现了嫌疑人，所以，嫌疑人未上西塔。

其推理依据：不相容的选言判断为真，肢判断只有一真。

故前提既断定"∨"为真，又断定其中一部分肢判断（"p"或"q"）为真，必然可推出另一部分肢判断"p"或"q"为假。

不相容选言推理的规则：否定一部分选言肢，就要肯定另一部分选言肢；肯定一部分选言肢，就要否定另一部分选言肢。

（三）选言推理的逻辑要求

除推理规则外，我们还要对选言推理提出一个逻辑要求：要穷尽肢判断，不要遗漏可能存在的选言肢。

达不到这个逻辑要求，选言推理推出的结论也不是必然可靠的。比如在上述相容选言推理的例子中，如果遗漏了李警官也有来这里的可能性，那就不能由杨警官没来而推出是王警官来了；在上述不相容选言推理的例子中，目标车辆还有白色的可能性存在，那也不能由查证不是红色的而断定它是黑色的。

三、学会应用假言推理

根据条件的性质，假言判断分为充分条件假言判断、必要条件假言判断和充分必要条件假言判断。假言推理也可分为充分条件假言推理、必要条件假言推理和充分必要条件假言推理。

（一）充分条件假言推理

充分条件假言推理就是前提中有一个充分条件假言判断，并根据充分条件假言判断的逻辑特性，而由前提必然推出结论的推理。

首先，在推理结构上，前提中有一个蕴涵判断。

其次，在推理依据上，充分条件假言推理之所以有效，是因为它依据了充分条件假言判断的逻辑特性。

充分条件假言推理有两个有效式：肯定前件式和否定后件式。

1. 肯定前件式

如果 p 则 q

_____p

所以，q

用符号表示为：$(p \rightarrow q) \wedge p \rightarrow q$

其推理依据是：若前件为真则后件必为真。故前提既断定"→"为真，又断定其前件（p）为真，必然可推断出后件（q）为真。例如：

如果张三是故意犯罪，那么他有作案动机。张三是故意犯罪，所以，他有作案动机。

2. 否定后件式

> 如果 p 则 q
>
> <u>非 q</u>
>
> 所以，非 p

用符号表示为：$(p \rightarrow q) \wedge \neg q \rightarrow \neg p$

其推理依据：若后件为假则前件必为假。故前提既断定"→"为真，又断定其后件(q)为假，必然可推出前件(p)为假。例如：

> 如果张三是凶手，那么张三有作案时间。据查张三没有作案时间，所以，张三不是凶手。

而下列的两个推理式是无效的，因为它们不符合蕴涵的逻辑特性。

否定前件式：

> 如果 p 则 q
>
> <u>非 p</u>
>
> 所以，非 q

用符号表示为：$(p \rightarrow q) \wedge \neg p \rightarrow \neg q$

这个推理式无效，因为前件不存在(p 为假)，后件不必然不存在(q 或为真或为假)。

肯定后件式：

> 如果 p 则 q
>
> <u>　　　q</u>
>
> 所以，p

用符号表示为：$(p \rightarrow q) \wedge q \rightarrow p$

这个推理式无效，因为后件存在(q 为真)，前件不必然存在(p 或为真或为假)。

充分条件假言推理的规则：肯定前件就要肯定后件，否定后件就要否定前件；否定前件不能否定(或肯定)后件，肯定后件不能肯定(或否定)前件。

(二)必要条件假言推理

必要条件假言推理就是前提中有一个必要条件假言判断，并根据必要条件假言判断的逻辑特性，而由前提必然推出结论的推理。

必要条件假言推理有两个有效式：否定前件式和肯定后件式。

1. 否定前件式

只有 p 才 q

＿＿＿非 p

所以，非 q

用符号表示为：$(p \leftarrow q) \wedge \neg p \rightarrow \neg q$

其推理依据：若前件为假则后件必为假。

故前提既断定"←"为真，又断定其前件(p)为假，必然可推出后件(q)为假。例如：

只有是违法行为，才是犯罪行为。他的行为不是违法行为，所以，他的行为不是犯罪行为。

2. 肯定后件式

只有 p 才 q

＿＿＿q

所以，p

用符号表示为：$(p \leftarrow q) \wedge q \rightarrow p$

其推理依据：若后件为真则前件必为真。故前提既断定"←"为真，又断定其后件(q)为真，必然可推断出前件(p)为真。例如：

只有获取密码，他才能进入这个系统。他进入了这个系统，所以，他必定获取了密码。

而下列的两个推理式是无效的，因为它们不符合逆蕴涵的逻辑特性。

肯定前件式：

只有 p 才 q

＿＿＿p

所以，q

用符号表示为：$(p \leftarrow q) \wedge p \rightarrow q$

这个推理式无效，因为前件存在(p 为真)，后件不必然存在(q 或为真或为假)。

否定后件式：

只有 p 才 q

　　　　非 q

所以，非 P

用符号表示为：$(p \leftarrow q) \land \neg q \rightarrow \neg p$

这个推理式无效，因为后件不存在(q 为假)，前件不必然不存在(p 或为真或为假)。

必要条件假言推理规则：否定前件就要否定后件，肯定后件就要肯定前件；肯定前件不能肯定(或否定)后件，否定后件不能否定(或肯定)前件。

(三)充分必要假言推理

充分必要条件假言推理就是前提中有一个充分必要条件假言判断，并根据充分必要条件假言判断的逻辑特性，而由前提必然推出结论的推理。

充要条件假言推理有四个有效式。

1. 肯定前件式

当且仅当 p 才 q

p

所以，q

用符号表示为：$(p \leftrightarrow q) \land p \rightarrow q$

其推理依据：若前件为真则后件必为真。故前提既断定"↔"为真，又断定其前件("p")为真，必然可推断出后件("q")为真。即"肯定前件就要肯定后件"。例如：

一个人能执法，当且仅当法律授予了他执法权，这个便衣能执法，所以，这个便衣已经被法律授予了执法权。

2. 否定后件式

当且仅当 p 才 q

　　　　非 q

所以，非 p

用符号表示为：$(p \leftrightarrow q) \land \neg q \rightarrow \neg p$

其推理依据：若后件为假则前件必为假。故前提既断定"↔"为真，又断定其后件("q")为假，必然可推出前件("p")为假，即"否定后件就要否定前件"。例如：

一个人能执法，当且仅当法律授予了他执法权，这个便衣没有法律授予的执法权，所以，这个便衣不能执法。

3. 否定前件式

> 当且仅当 p 才 q
> ___非 p___
> 所以，非 q

用符号表示为：(p↔q)∧￢p→￢q

其推理依据是：若前件假则后件必假。故前提既断定"↔"为真，又断定其前件("p")为假，必然可推出后件("q")为假。即"否定前件就要否定后件"。例如：

> 一个人能执法，当且仅当法律授予了他执法权，这个便衣不能执法，所以，这个便衣没有被法律授予执法权。

4. 肯定后件式

> 当且仅当 p 才 q
> ___q___
> 所以，p

用符号表示为：(p↔q)∧q→p

其推理依据：若后件为真则前件必为真。故前提既断定"↔"为真，又断定其后件("q")为真，必然可推出前件("p")为真。即"肯定后件就要肯定前件"。例如：

> 一个人能执法，当且仅当法律授予了他执法权，这个便衣获得了法律授予的执法权，所以，这个便衣能执法。

充分必要条件假言推理的规则：肯定前件就要肯定后件，否定后件就要否定前件；否定前件就要否定后件，肯定后件就要肯定前件。

四、学会应用二难推理

(一)什么是二难推理

二难推理又叫假言选言推理，它是前提中有两个充分条件假言判断和一个相容选言判断，并根据充分条件假言判断和相容选言判断的逻辑特性，而由前提必然推出结论的推理。

二难推理中的选言判断有两种可能情况，由这两种情况分别推出的结论，都能使对方处于进退维谷、左右为难的境地，故而称之为二难推理。它是思维和辩论中经常采用的一种有力的工具和武器。

在结构上，二难推理的前提中有两个充分条件假言判断和一个相容的选言判断。

在推理依据上，二难推理之所以有效，是因为它依据了充分条件假言判断和相容的选言判断的逻辑特性。

(二)二难推理的形式

二难推理的有效式包括简单构成式、简单破坏式、复杂构成式、复杂破坏式四种推理形式。

1. 简单构成式

简单构成式就是结论为前提中两个假言判断的共同后件的二难推理。例如："如果某甲是故意开车撞人，那么他触犯了法律；如果某甲是醉驾撞人，那么他也触犯了法律；某甲或者是故意撞人或者是醉驾撞人，总之，他是触犯了法律的。"

其推理形式如下：

如果 p 则 q
如果 r 则 q
p 或者 r
所以，q

用符号表示为：$(p \rightarrow q) \wedge (r \rightarrow q) \wedge (p \vee r) \rightarrow q$

简单构成式有效的根据或理由是充分条件假言判断和相容选言判断的逻辑特性：前提中选言判断的 p 和 r 分别是两个假言判断的前件。相容选言判断为真，p 和 r 中至少有一个为真。无论 p 为真或 r 为真，通过充分条件假言推理的肯定前件式，后件 q 必然为真。

2. 简单破坏式

简单破坏式就是结论为前提中两个充分条件假言判断的共同前件的否定判断的二难推理。例如："如果张三是杀人犯，那么他有作案时间；如果张三是杀人犯，那么他有作案动机；张三或者没有作案时间，或者没有作案动机，所以他不是杀人犯。"

其推理形式如下：

如果 p 则 q
如果 p 则 r
非 q 或者非 r
所以，非 p

用符号表示为：$(p \rightarrow q) \wedge (p \rightarrow r) \wedge (\neg q \vee \neg r) \rightarrow \neg p$

简单破坏式有效的根据或理由是充分条件假言判断和相容选言判断的逻辑特性：相容选言判断为真，非 q 和非 r 中至少有一个为真(或者说 q 和 r 中至少有一个为假)，无论是非 q 为真(即 q 为假)或非 r 为真(既 r 为假)，通过充分条件假言推理的否定后件式，前件非 p 必然为真(或者说 p 必然为假)。

3. 复杂构成式

复杂构成式就是结论为选言判断，而选言肢分别是前提中两个充分条件假言判断的后件的二难推理。例如："如果你打人的行为触犯了法律，那么你要受到法律的制裁；如果你打人的行为没有触犯法律，那么要受到社会舆论的谴责；你打人的行为或者触犯了法律，或者没有触犯法律，所以，你或者要受到法律的制裁，或者要受到社会舆论的谴责。"

其推理形式如下：

> 如果 p 则 q
> 如果 r 则 s
> p 或者 r
> 所以，q 或者 s

用符号表示为：$(p \to q) \wedge (r \to s) \wedge (p \vee r) \to (q \vee s)$

复杂构成式有效的根据或理由是充分条件假言判断和相容选言判断的逻辑特性：相容选言判断为真，p 和 r 中至少有一个为真。无论 p 真或 r 真，通过充分条件假言推理的肯定前件式，后件 q 或 s 中必然至少有一真。

4. 复杂破坏式

复杂破坏式就是结论为相容选言判断，而选言支分别是前提中两个充分条件假言判断前件的否定判断的两难推理。例如："如果他们建立攻守同盟，那么他们的交代就是一致的；如果他们亲如兄弟，那么他们就不会互相攻击。或者他们的交代并不一致，或者他们在互相攻击，所以他们并未建立攻守同盟，或者他们并非亲如兄弟。"

其推理形式如下：

> 如果 p 则 q
> 如果 r 则 s
> 非 q 或者非 s
> 所以，非 p 或者非 r

用符号表示为：$(p \to q) \wedge (r \to s) \wedge (\neg q \vee \neg s) \to (\neg p \vee \neg r)$

复杂破坏式有效的根据或理由是充分条件假言判断和相容选言判断的逻辑特性：相容选言判断为真，非 q 和非 s 中至少有一个为真(或者说 q 和 s 中至少有一个为假)，无论非 q 为真(即 q 为假)或非 s 为真(即 s 为假)，通过充分条件假言推理的否定后件式，前件非 p 和非 r 中至少有一个为真(或者说 p 和 r 中至少有一个为假)。

(三)破斥错误二难推理的方法

凡是正确的二难推理，必须具备两个条件：首先，形式必须正确，即遵守假言推理和选言推理的规则；其次，前提必须真实，即假言前件必须是后件的充分条件，选言前提的选言肢必须穷尽一切可能。错误的二难推理，则不具备上述的两个条件。因此，破斥错误的二难推理，实质上就是揭露前提的虚假或揭露推理形式的无效。

破斥错误二难推理的方法主要有三种：

第一，如果一个二难推理的形式不正确，那么可以根据假言推理的规则，指出其逻辑错误。例如：

> 如果他是刑警，那么他会射击；
> 如果他是射击运动员，那么他会射击；
> 某甲或者不是刑警，或者不是射击运动员；
> 所以，某甲不会射击。

这个二难推理违反了充分条件假言推理"否定前件不能否定后件"的规则，因而是错误的。

第二，如果一个二难推理的前提不真实，（即假言前提中的前件不是后件的充分条件，或者选言前提中的选言肢没有穷尽），那么，可以根据事实直接指出其前提是虚假的。例如，有人为自己不参加政治学习和法律咨询活动找借口说：

> 如果参加政治学习，则会影响我的素质训练；
> 如果参加法律咨询活动，也会影响我的素质训练；
> 无论是参加政治学习，或者是参加法律咨询活动；
> 总之，都会影响我的素质训练。

要破斥这个错误的二难推理，只要指出其假言前提中的前件不是后件的充分条件，参加政治学习和法律咨询活动不会影响素质训练，反而会提高政治、法律素质，不能由前件必然地推出后件，其前件是虚假的，这个二难推理也就不能成立了。再例如：

> 如果从左右两翼攻击这个团伙，则因两翼防守坚固而不能取胜；
> 如果从正面攻击这个团伙，则因团伙主力在此也不能取胜；
> 或者从左右两翼攻击，或者从正面攻击这个团伙；
> 总之，不能取胜。

要破斥这个错误的二难推理，可以指出其选言前提的选言肢没有穷尽，遗漏了从背后或空中攻击的其他的可能性。

第三，通过构造一个与对方的错误二难推理相反的二难推理，从中推出相反的结论，来达到破斥的目的。

逻辑史上有这样一个著名的以"二难"反"二难"的例子：

> 古希腊著名的诡辩者普罗塔歌拉收了一名学生叫爱瓦特尔，教他学习法律。学习前，师生订立了合同，规定学费分两次付清，先付一半，另一半在爱瓦特尔学成以后打赢第一场官司时给付。但是爱瓦特尔毕业后很长时间都没有打官司，也没有支付另一半学费。普罗塔歌拉等得不耐烦了，于是向法庭起诉，索要另一半学费。他认为不

管官司胜负，爱瓦特尔都必须付给自己另一半学费：

　　如果官司打胜了，那么按照法庭的判决，爱瓦特尔必须付另一半学费；

　　如果官司打败了，那么按照合同规定，爱瓦特尔也必须付另一半学费；

　　无论官司打胜，还是打败；

　　总之，(爱瓦特尔)都必须付另一半学费。

　　爱瓦特尔应诉，提出反驳，认为不管胜败如何，他都不应支付另一半学费。
因为：

　　如果官司打胜了，那么按照法庭的判决不必付另一半学费；

　　如果官司打败了，那么按照合同规定也不必付另一半学费；

　　这次官司或者打胜，或者打败；

　　总之，我(爱瓦特尔)都不必付另一半学费。

　　在上面这个以"二难"反"二难"的例子中，学生针对老师提出的二难推理，提出了一个与其相反的二难推理予以反驳。但这两个二难推理的前提都是错误的，因为二者在前提中都采用了不同的标准：在一个前提中以法庭的判决为标准，另一个前提中却以合同的规定为标准，因此，都无法保证结论的正确性。这种以"二难"反"二难"，是"以其人之道还治其人之身"，只能暂时化解对方的"二难"，解脱自己的困窘，并不能使对方陷入困境，没有论证的力量。

　　正确的以"二难"反"二难"是构造一个与对方的错误二难推理相反的正确二难推理，从中推出相反的结论，来驳倒对方。例如：有一位病人，拒绝医生给自己的伤口消毒，用了这样一个二难推理：

　　如果伤口已经感染，那么消毒是不需要的(已经晚了)；

　　如果伤口没有感染，那么消毒也是不需要的(多此一举)；

　　伤口或者已经感染，或者没有感染；

　　总之，消毒是不需要的。

　　针对这个假言前提虚假的错误二难推理，医生构造了一个和它相反的正确的二难推理来破斥它：

　　如果伤口已经感染，那么消毒是需要的(可以防止创面扩大)；

　　如果伤口没有感染，那么消毒也是需要的(可以防止感染)；

　　伤口或者已经感染，或者没有感染；

　　总之，消毒是需要的。

五、学会应用负判断等值推理

这里说的等值推理，就是利用负判断与原判断的否定等值的原理所进行的推理，亦可称为负判断推理。负判断推理就是前提或结论是负判断，并根据负判断的逻辑特性而由前提必然推出结论的推理。

根据负判断所否定的原判断的不同，可把负判断区分为负简单判断和负复合判断两大类，负判断的等值推理是以这两类负判断为前提，推出另一个与其形式不同而逻辑值相同的判断的直接推理。

(一)负简单判断的等值推理

这里我们主要介绍 A、E、I、O 四种直言判断的负判断的等值推理。直言判断的负判断是对直言判断的否定，它们之间是矛盾关系。因此，根据直言判断的逻辑方阵，每种类型的直言判断，其负判断等值于其对应的矛盾关系的直言判断。

1. 负全称肯定判断的等值推理

全称肯定判断"所有 S 都是 P"的负判断为"并非所有 S 都是 P"。因为"所有 S 都是 P"的矛盾判断是"有的 S 不是 P"，所以，"并非所有 S 都是 P"等值于"有的 S 不是 P"。即由"并非所有 S 都是 P"可以推出"有的 S 不是 P"。例如：

> 并非所有的违法行为都是犯罪行为；
> 所以，有的违法行为不是犯罪行为。

用符号表示为：$\neg(SAP) \leftrightarrow SOP$

2. 负全称否定判断的等值推理

全称否定判断"所有 S 都不是 P"的负判断为"并非所有 S 都不是 P"。因为"所有 S 都不是 P"的矛盾判断是"有的 S 是 P"，所以，"并非所有 S 都不是 P"等值于"有的 S 是 P"。即由"并非所有 S 都不是 P"可以推出"有的 S 是 P"。例如：

> 并非所有的罪犯都不是高级知识分子；
> 所以，有的罪犯是高级知识分子。

用符号表示为：$\neg(SEP) \leftrightarrow SIP$

3. 负特称肯定判断的等值推理

特称肯定判断"有 S 是 P"的负判断为"并非有 S 是 P"。因为"有 S 是 P"的矛盾判断是"所有的 S 不是 P"，所以，"并非有 S 是 P"等值于"所有的 S 不是 P"。即由"并非有 S 是 P"可以推出"所有的 S 不是 P"。例如：

> 并非有些证据是听说的；
> 所以，所有的证据都不是听说的。

用符号表示为：$\neg(SIP) \leftrightarrow SEP$

4. 负特称否定判断的等值推理

特称否定判断"有 S 不是 P"的负判断为"并非有 S 不是 P"。因为"有 S 不是 P"的矛盾判断是"所有的 S 都是 P"，所以，"并非有 S 不是 P"等值于"所有的 S 都是 P"。即由"并非有 S 不是 P"可以推出"所有的 S 都是 P"。例如：

> 并非有些法律不是必要的；
> 所以，所有法律都是必要的。

用符号表示为：¬（SOP）↔SAP

（二）负复合判断的等值推理

负复合判断是指原判断为复合判断的负判断。复合判断包括联言判断、选言判断、假言判断和负判断，因此，负复合判断也包括负联言判断、负选言判断、负假言判断和负负判断。我们根据各种复合判断的真值情况，可以建立各种负复合判断的等值式，形成负复合判断的等值推理。

1. 负联言判断的等值推理

联言判断"p 并且 q"的负判断为"并非(p 并且 q)"，即¬（p∧q）。

否定一个联言判断，相当于肯定其联言肢中至少有一个为假。负联言判断就与至少有一个联言肢是假的正判断相等值。以一个负联言判断为前提，可以推出一个与之等值的选言判断或假言判断。例如：

> 并非张三既是商人又是医生；
> 所以，张三或者不是商人或者不是医生。

用符号表示为：¬（p∧q）↔（¬p∨¬q）

> 并非张三既是商人又是医生；
> 所以，如果张三是商人，那么他就不是医生。

用符号表示为：¬（p∧q）↔（p→¬q）

2. 负相容选言判断的等值推理

相容选言判断"p 或者 q"的负判断为"并非(p 或者 q)"，即¬（p∨q）。

否定一个相容选言判断，相当于肯定其选言肢全部为假。所以，负相容选言判断就与一个选言肢全部为假的判断相等值。以一个负相容选言判断为前提，可以推出一个与之等值的联言判断或负假言判断。例如：

> ①并非他或者是教师，或者是律师；
> 所以，他既不是教师也不是律师。

用符号表示为：¬（p∨q）↔（¬p∧¬q）

②并非他或者是教师，或者是律师；

所以，并非如果他不是教师，那么就是律师。

用符号表示为：¬（p∨q）↔¬（¬p→q）

3. 负不相容选言判断的等值推理

不相容选言判断"要么p要么q"的负判断为"并非（要么p要么q）"，即¬（p∨q）。

否定一个不相容选言判断，相当于肯定其选言肢全部为假或全部为真。所以，负相容选言判断就与一个选言肢全部为假或全部为真的判断相等值。以一个负不相容选言判断为前提，可以推出一个与之等值的选言判断或联言判断。例如：

①并非这次行动要么我参加，要么他参加；

所以，这次行动或者我和他都参加，或者我和他都不参加。

用符号表示为：¬（p∨q）↔（p∧q）∨（¬p∧¬q）

②并非这次行动要么我参加，要么他参加；

所以，如果这次行动我参加，那么他也参加；

并且如果这次行动我不参加，那么他也不参加。

用符号表示为：¬（p∨q）↔（p→q）∧¬（¬p→¬q）

4. 负充分条件假言判断的等值推理

充分条件假言判断"如果p那么q"的负判断为"并非如果p那么q"，即¬（p→q）。

否定一个充分条件假言判断，相当于肯定其前件的同时否定其后件，这样，就形成了一个由其后件的负判断与前件共同构成的联言判断，或一个由其前件的负判断与后件共同构成的负选言判断。所以，以一个负充分条件假言判断为前提，可以推出一个与之等值的联言判断或负选言判断为结论。例如：

①并非如果甲出现，那么乙就出现；

所以，甲出现，乙并没有出现。

用符号表示为：¬（p→q）↔（p∧¬q）

②并非如果甲出现，那么乙就出现；

所以，并非或者甲不出现或者乙出现。

用符号表示为：¬（p→q）↔¬（¬p∨q）

5. 负必要条件假言判断的等值推理

必要条件假言判断"只有p才q"的负判断为"并非只有p才q"，即¬（p←q）。

否定一个必要条件假言判断，相当于否定其前件的同时肯定其后件，这样，就形成了一个由其前件的负判断与后件共同构成的联言判断，或一个由其后件的负判断与前件共同构成的负选言判断。所以，以一个负必要条件假言判断为前提，可以推出一个与之等值的联言判断或负选言判断为结论。例如：

①并非只有到过现场才能作案；

　　所以，没有到过现场也能作案。

用符号表示为：¬（p←q）↔（¬p∧q）

②并非只有到过现场才能作案；

　　所以，并非或者到过现场或者没作案。

用符号表示为：¬（p←q）↔¬（p∨¬q）

6. 负充分必要条件假言判断的等值推理

充分必要条件假言判断"当且仅当 p，才 q"的负判断为"并非当且仅当 p，才 q"，即¬（p↔q）。

否定一个充分必要条件假言判断，相当于肯定其前后件不同为真或不同为假。以一个负充分必要条件假言判断为前提，可以推出一个与之等值的联言判断或选言判断为结论。例如：

①并非当且仅当抢劫金铺才能发财；

　　所以，或者抢了金铺但没发财，或者没抢金铺但却发了财。

用符号表示为：¬（p↔q）↔（p∧¬q）∨（¬p∧q）

②并非当且仅当抢劫金铺才能发财；

　　所以，或者抢了金铺或者发财了，并且并非抢了金铺且又发了财。

用符号表示为：¬（p↔q）↔（p∨q）∧¬（p∧q）

7. 负判断的负判断的等值推理

负判断"并非 p"的负判断为"并非（并非 p）"，即¬（¬p）。否定一个负判断，就等于肯定其原判断。以一个负判断的负判断为前提，可以推出它的原判断为结论。例如：

并非（并非某甲是罪犯）

　　所以，某甲是罪犯。

用符号表示为：¬（¬p）↔p

第四节 完全归纳推理的法律应用

归纳推理是以个别性的知识为前提，推出一般性的知识为结构的推理。它的前提是关于某一类事物中的许多个别性认识；结论则是从中概括出的该类事物的共同特征。根据前提所考察的对象的范围，传统归纳推理分为完全归纳推理和不完全归纳推理两大类。

一、完全归纳推理的逻辑形式

完全归纳推理是根据一类事物所包含的各个对象都具有(或不具有)某种属性，从而推出该类事物的全部对象都具有(或不具有)某种属性的归纳推理。例如：

> 某个黑社会组织共有6名成员，通过调查这个组织的每一个人，发现每一个人都学过拳脚，于是得出结论：这个黑社会组织的所有人都学过拳脚。

这就是一个完全归纳推理。

若用 S 表示一类事物，用 S_1、S_2……S_N 表示该类事物中的每一个个别对象，用 P 表示某种属性，则完全归纳推理的逻辑形式可以用公式表示为：

S_1 是(或不是)P，
S_2 是(或不是)P，
……
S_N 是(或不是)P，
S_1、S_2……S_N 是 S 类的全部个别对象；
所以，所有 S 都是(或不是)P。

由于完全归纳推理的前提考察的是一类事物的全部个别对象，确知 P 属性为全部对象所有。其结论所断定的范围没有超出前提所断定的范围，其前提与结论之间的联系是必然的，只要前提都真，其结论就必真，它的前提蕴含结论。根据前提与结论的联系具有必然性的性质，也有的逻辑学家将完全归纳推理归属于演绎推理一类。

二、完全归纳推理的逻辑要求

我们在应用完全归纳推理的时候，要遵守如下两条逻辑要求：
第一，每一个前提都必须是真实可靠的，若前提中有一个为虚假，则不能得到真实可靠的结论。
第二，前提必须是对一类事物中的每一个对象都毫无遗漏地进行考察。
根据完全归纳推理的特征和规则，它要求考察的每一个前提都必须是真实可靠的，并对一类对象中的每一个对象都必须毫无遗漏地考察，这样就给运用完全归纳推理带来一定的局限。当需要考察一类事物所包含的对象在数量上是无穷的，这就限制了对完全归纳推理的运用。比如，要弄清"进城人"这一类人的行为共性，我们就无法按照完全归纳推理的要求，去对每一个进城人进行逐一考察，并全部考察完毕。因为，这一类人、这一类对象在数量上是以亿计的。在这种情况下要运用完全归纳推理得出结论，显然是不可能的。当需要考察一类事物所包含的对象在数量上是特别庞大甚至是无穷尽的，就不能应用完全归纳推理了。这个时候，不完全归纳推理便应运而出。

◎ **练习一：必然法律推理训练**

一、填空题

1. 推理是根据_____推出_____的思维形式。

2. 任何推理都由_____、_____和_____三个要素构成。

3. 推理可靠性的条件有_____和_____两个。

4. 根据推理由前提到结论的思维方向的不同，推理可以分为_____、_____和_____三种。

5. 根据推理的前提是简单判断还是复合判断，推理可分为_____和_____两种。

6. 假定"死者口袋里的药丸都是黑色的"为真，根据性质判断间的对当关系进行推理，则结论"死者口袋里的药丸都不是黑色的"为_____，"死者口袋里有的药丸是黑色的"为_____，"死者口袋里有的药丸不是黑色的"为_____。

7. 将"装在茶杯夹层里的都不是毒品"先进行换位推理，再进行换质推理，得出的结论是_____。

8. 一个有效三段论的第三格，若其大前提为MIP，则其小前提应为_____，结论应为_____。

9. 已知第二格三段论的大前提为PEM，结论为SOP，那么，小前提应为_____或_____。

10. 若p为任意值（真或假），要使p→q真，则q应取值为_____；要使p←q真，则q应取值为_____。

二、单选题

1. 如一个有效三段论的小前提是否定判断，则其大前提只能是（　　）。

　　A. PAM　　　　　　B. MOP　　　　　　C. PEM　　　　　　D. MAP

2. "所有拾金不昧的人都是有法律底线的人，老张是有法律底线的人，所以老张是拾金不昧的人。"这个三段论犯了（　　）的逻辑错误。

　　A. 大项不当周延　　　　　　　　　B. 小项不当周延

　　C. 两否定得结论　　　　　　　　　D. 中项不周延

3. 根据同一素材性质判断之间的对当关系中的下反对关系，可以进行推演的是（　　）。

　　A. 由真推假　　　B. 由假推真　　　C. 由真推真　　　D. 由假推假

4. "大麻是毒品，所以，大麻是伤害身体的。"这个推理是（　　）。

A. 换质法   B. 省略大前提的三段论

C. 省略小前提的三段论   D. 换位法

5. 从"凡是正确的法律推理都是合乎逻辑的推理"，可推出（   ）。

A. 合乎逻辑的推理都是正确的法律推理

B. 不合乎逻辑的推理都不是正确的法律推理

C. 合乎逻辑的推理都不是正确的法律推理

D. 不正确的法律推理都是不合乎逻辑的推理

6. 下列三段论形式，犯"小项扩大"逻辑错误的是（   ）。

A. MAP∧SAM→SIM   B. PEM∧SAM→SOP

C. POM∧MOS→SEP   D. MEP∧MAS→SEP

7. 在"[p(   )q]∧¬q→p"的括号内填入联结词（   ），可使这一推理式成为有效的推理式。

A. →   B. ←   C. ←→   D. ∨

8. "如果某人未犯法，那么某人未犯罪；某人犯罪；所以，某人犯法。"这个推理属于充分条件假言推理的（   ）。

A. 肯定前件式   B. 肯定后件式

C. 否定前件式   D. 否定后件式

三、多选题

1. 依据差等关系可以进行的正确对当关系推理是（   ）。

A. 这三个证人的话都是假的，所以这三个证人的话一定有的是假的

B. 这三个证人的话有的是假的，所以这三个证人的话都是假的

C. 这三个证人的话都不是假的，所以这三个证人的话有的不是假的

D. 这三个证人的话有的不是假的，所以这三个证人的话都不是假的

2. 根据对当关系中的反对关系而进行的有效推理是（   ）。

A. 团伙成员都去了黄格酒店，所以并非团伙成员都没去黄格酒店

B. 并非团伙成员都去了黄格酒店，所以团伙成员都没去黄格酒店

C. 团伙成员都没去黄格酒店，所以并非团伙成员都去了黄格酒店

D. 并非团伙成员都没去黄格酒店，所以团伙成员都去了黄格酒店

3. 当判断（   ）取值为真时，判断"司法所人员都是党员"取值为假。

A. 并非司法所人员都不是党员   B. 司法所有的人员不是党员

C. 司法所人员并不都是党员   D. 司法所人员都不是党员

4. 下列推理形式中，犯"中项不周延"错误的有（   ）。

A. MIP∧MES→SOP   B. MIP∧SAM→SOP

C. PAM∧SIM→SIP   D. POM∧MAS→SOP

5. 以"并非有的贪污罪不是故意犯罪"为前提进行推理，必然得出结论（   ）。

A. 所有非故意犯罪是贪污罪   B. 有的贪污罪是故意犯罪

C. 所有非故意犯罪不是贪污罪   D. 所有的贪污罪是故意犯罪

6. "某甲既是杀人犯，又是抢劫犯，可见，凡抢劫犯都是杀人犯。"这个三段论（   ）。

　　A. 犯了"中项不周延"的错误　　　　B. 犯了"小项扩大"的错误

　　C. 犯了"四概念"错误　　　　　　　D. 犯了"大项扩大"的错误

　　E. 违反了"结论只能为特称"的规则

7. 若"李某是军人"这个判断为真，"李某是医生"这个判断也为真，则下述判断为真的有（　　）。

　　A. 李某不但是军人，而且是医生

　　B. 李某是军人，或者是医生

　　C. 如果李某不是军人，那么李某是医生

　　D. 要么李某是军人，要么李某是医生

　　E. 如果李某是军人，李某就不是医生

8. 以"如果某人是杀人犯，那么他就有作案时间"为一前提进行正确推理：（　　）。

　　A. 若加上另一前提"某人有作案时间"，则能必然推出"某人是杀人犯"的结论

　　B. 若加上另一前提"某人没有作案时间"则能必然推出"某人不是杀人犯的结论"

　　C. 若加上另一前提"某人是杀人犯"，则能必然推出"某人有作案时间"的结论

　　D. 若加上另一前提"某人不是杀人犯"，则能必然推出"某人没有作案时间"的结论

　　E. 若加上另一前提"某人有作案时间"，则不能必然推出"某人是杀人犯"的结论

9. 以"如果张三见了李四，那么他就不会去见王五"为前提，可必然推出（　　）。

　　A. 张三不会既见李四，又见王五

　　B. 如果他见了王五，那么他没见李四

　　C. 如果张三没见王五，那么他见了李四

　　D. 张三或者没见李四，或者没见王五

　　E. 张三只有见李四，才会去见王五

10. 由前提"p←q"再加上下列前提中的_____，可必然推出结论（　　）。

　　A. p　　　　　B. q　　　　　C. ¬ p　　　　　D. ¬ q

四、分析题

1. 一个三段论，如果小前提为SOM，试分析这一个正确三段论是哪一格的哪一式？

2. 以下列各组判断为前提，能否得出结论；若不能，说明理由；若能，写出结论。

（1）MAP，SEM　　　　　　　（2）MAP，MIS

（3）PAM，SIM　　　　　　　（4）MOP，MAS

3. 为什么结论为否定的正确三段论，其大前提不能是 I 判断？

4. 以"甲信任乙"能否推出"乙信任甲"？

5. 分析下列推理是否正确？为什么？

（1）你肯定会打枪，因为不少抢劫犯都是会打枪的。

（2）这个盗墓团伙有的人是懂古汉语的；所以，这个盗墓团伙有的人是不懂古汉语的。

（3）诈骗行为是不道德的行为，诈骗行为是犯罪行为，所以，不道德的行为是犯罪行为。

（4）凡抢劫罪都是故意犯罪，这个行为是故意犯罪，所以，这个行为是抢劫罪。

（5）搞司法工作的人是懂法的人，所以，懂法的人是搞司法工作的人。

（6）凡是有选举权的人都是年满18岁的人，审判员都是18岁以上的人，怎么会没有选举权吗？

（7）犯罪以后自首的，可以从轻处罚，而本案被告李某不是犯罪以后自首的，因而不属于从轻处罚的范围。

（8）并非有的外籍罪犯不是懂汉语的，而外籍罪犯都是外国人；所以，外国人都是外籍罪犯。

6. 运用对当关系或判断变形直接推理，从"有的小说是黄色作品"能否推出以下结论？为什么？

A. 有的黄色作品是小说。

B. 并非所有的小说不是黄色作品。

C. 有的非小说不是黄色作品。

五、阅读以下案例，回答有关问题

1. 某年苏州一男子陆某坠桥死亡。从表面证据来看陆某很可能是自杀，但其究竟是自杀还是他杀，警方还有待进一步的证据证明。之后，法医发现了陆某尸体腕部的瘀痕和衣服袖口处的裂痕。从这一线索出发推测，如果真能证明陆某坠桥的时候，另有一个人拉过他的手腕，问题就很复杂了。假设陆某是自杀，那么可能一个偶然路过的人拉了他一把，但没有成功。但是，在这种情况下，这个路人应该立即报警，否则反而会给自己惹来麻烦，可是警方至今没有接到任何此类报案，可以暂时排除这种可能性。最后排除死者自杀的可能性。

警方是如何得出"排除死者自杀的可能性"的结论的？请简述推论过程。

2. 某市市郊大水泡子冰面上发现了一具无名女尸。通过现场勘验和法医鉴定，公安人员断定这是一起凶杀案。现场有尸体及其受伤情况，有车轮痕迹和少量血迹。从死者头部有两处挫裂创口深达颅骨、两眼被抠等严重的伤痕判断，死者生前和凶手有搏斗挣扎的过程，并且大量出血。然而现场没有挣扎搏斗的痕迹，也没有血迹。

你将运用什么逻辑推理形式，推断出较为明确的结论？

六、综合题

1. 某刑侦大队接到一项重要任务，要他在代号为A、B、C、D、E的五名侦查员中挑选两人前去贩毒团伙中卧底，人选的配备须注意如下几点：

（1）如果B不去，则A也不能去

（2）只有当C去时，B才跟着去

（3）若D去，则E也去

（4）A去或D去

因某种原因，C不能去执行这项任务。

试问：应挑选哪两个人去卧底？并写出推导过程。

2. 已知下列情况为真：

（1）若A和B都是杀人犯，则C是无罪的；

（2）C有罪并且D的证词正确；

（3）只有 D 的证词不正确，B 才不是杀人犯；

请问：谁是杀人犯？谁不是杀人犯？请写出推导过程。

◎ 练习二：行政职业能力测验必然推理题训练

1. 在毕业考试结束后，班长想从老师那里打听成绩。班长说："老师，这次考试不太难，估计我们班同学的成绩都在 70 分以上吧。"老师说："你的前半句话不错，后半句话不对。"根据老师的意思，下列哪项必为事实？（　　　）

　　A. 少数同学的成绩在 70 分以上，多数同学的成绩在 70 分以下。

　　B. 多数同学的成绩在 70 分以上，少数同学的成绩在 70 分以下。

　　C. 有的同学的成绩在 70 分以上，有的同学的成绩在 70 分以下。

　　D. 如果以 70 分为及格，肯定有的同学的成绩不及格。

（提示：根据老师的话，运用对当关系直接推理）

2. 改革开放之后，中国经济大发展。现在不是只有中国人跑到外国打工，而是许多外国人来中国打工。由"某公司有的职员是外籍人"可确定（　　　）。

　　A. 有的外籍人不在该公司工作

　　B. 外国人不会到这家小公司工作的

　　C. 偏偏就有外籍人成为这家公司的职员

　　D. 不可能所有该公司职员都是外籍人

（提示：运用判断变形直接推理）

3. 甲、乙和丙三人中，一位是山东人，一位是河南人，一位是湖北人。现在只知道：丙比湖北人年龄大，甲和河南人不同岁，河南人比乙年龄小。由此可以推知（　　　）。

　　A. 甲不是湖北人　　　　　　B. 河南人比甲年龄小

　　C. 河南人比山东人年龄大　　D. 湖北人年龄最小

（提示：先确定河南人，再用关系判断的性质断定）

4. 某科研机构的员工情况是：并非所有工程师都不是研究生，所有的工程师都是男性。

根据以上陈述，可以得出以下哪项结论？（　　　）

　　A. 有的男性不是工程师。　　　B. 有的男研究生不是工程师。

　　C. 有的研究生是男性。　　　　D. 有的研究生是女性。

（提示：运用对当关系推理与三段论推理）

5. 人类中的智力缺陷者，无论经过怎样的培训和教育，也无法达到智力正常者所能达到的智力水平；同时，新生婴儿如果没有受外界的刺激，尤其是人类社会的环境刺激，也同样达不到人类的正常智力水平，甚至还会退化为智力缺陷者。

以下哪项作为上面这段叙述的结论最为恰当？（　　　）

　　A. 在环境刺激接近的条件下，人的素质直接取决于遗传的质量。

　　B. 人的素质主要受环境因素的制约。

　　C. 遗传和环境共同作用决定了人的素质状况的优劣。

D. 社会环境和自然地理环境都会对人的智力产生长远的影响。

（提示：运用联言推理的组合式）

6. 经过努力，甲、乙、丙、丁等 4 位品学兼优的中学生考上了北京大学、清华大学、南京大学、东南大学 4 所名校。9 月初，甲、丙与乙、丁分别奔赴两座不同的城市去上学了。已知：(1)甲没有上北京大学；(2)乙没有上清华大学；(3)丙没有上南京大学；(4)丁没有上东南大学。

根据以上陈述，可以得出以下哪项结论？（　　　）

　　A. 甲没有上清华大学。　　　　　　　B. 乙没有上北京大学。

　　C. 丙没有上东南大学。　　　　　　　D. 丁没有上北京大学。

（提示：反复运用选言推理）

7. 某次会议讨论期间，甲、乙、丙、丁、戊被安排在一张圆桌前进行讨论，圆桌边放着标有 1~5 号的五张座椅(未必按序排列)。实际讨论时，甲、乙、丙、丁、戊 5 人均未按顺序坐在 1~5 号的座椅上，已知：

(1)甲坐在 1 号座椅右边第二张座椅上；

(2)乙坐在 5 号座椅左边第二张座椅上；

(3)丙坐在 3 号座椅左边第一张座椅上；

(4)丁坐在 2 号座椅左边第一张座椅上。

如果丙坐在 1 号座椅上，则可知甲坐的是哪个座椅？（　　　）

　　A. 2 号　　　　　B. 3 号　　　　　C. 4 号　　　　　D. 5 号

（提示：先将能确定的确定下来，再用充分条件假言推理思考）

8. 只有遇到下雨天，客车才不会准时到达。现在，客车没有准时到达，所以（　　　）遇到下雨天。

　　A. 没有　　　　　B. 可能　　　　　C. 一定　　　　　D. 不可能

（提示：运用必要条件假言推理断定）

9. 第 12 届国际逻辑学、方法论和科学哲学大会在西班牙举行，哈克教授、马斯教授和雷格教授中至少有一人参加了这次大会。已知：(1)报名参加大会的人必须提交一篇英文学术论文，经专家审查通过后才会发出邀请函。(2)如果哈克教授参加这次大会，那么马斯教授一定参加。(3)雷格教授向大会提交了一篇德文的学术论文。根据以上情况，以下哪项一定为真？（　　　）

　　A. 哈克教授参加了这次大会。

　　B. 马斯教授参加了这次大会。

　　C. 雷格教授参加了这次大会。

　　D. 哈克教授和马斯教授都参加了这次大会。

（提示：综合运用选言推理和充分条件假言推理）

10. 经公安机关讯问，已知：(1)若甲和乙都是杀人犯，则丙无罪；(2)丙有罪，并且丁陈述正确；(3)只有丁陈述不正确，乙才不是杀人犯。下列正确的选项是（　　　）。

　　A. 甲、丙是杀人犯　　　　　　　　B. 丙、丁是杀人犯

　　C. 甲不是杀人犯，乙是杀人犯　　　D. 甲是杀人犯，乙不是杀人犯

第五章　或然性法律推断的正确进行

人类总是处于不断探索之中，而探索就会遇到许多不确定的因素，因此我们在实际中应用的或然性推理要比必然性推理多得多。与必然性推理对应，我们有时将或然性推理称作或然性推断。在法律领域，法律案件中的不确定因素很多，有时团团迷雾，各执一词，因此，我们常常会更频繁地使用或然性推理，去推断法律事件的各个方面。这种推断虽然不能像必然性推理那样，遵守了逻辑规则就能得出绝对可靠的结论，但也要对它有一些逻辑要求，保证推理的正确性，提高结论的可靠性。

第一节　不完全归纳推断的法律应用

世界上的案件层出不穷，千奇百怪，应用完全归纳推理的时候不多，多数情况下我们必须进行不完全的归纳，然后就从中总结规律，对事物进行推断。

一、不完全归纳推断概述

不完全归纳推断就是根据某类事物中部分对象具有（或不具有）某种属性，从而推出这类事物的全部对象也都具有（或不具有）这种属性的一种或然推理形式。例如：

> 纵火罪具有作案动机；
> 盗窃罪具有作案动机；
> 故意杀人罪具有作案动机；
> ……
> （纵火罪、盗窃罪、故意杀人罪都是故意犯罪，但只是故意犯罪中的一部分）
> 所以，所有故意犯罪都具有作案动机。

这就是一个不完全归纳推断，其前提只对"故意犯罪"这一类事物中的放火罪、盗窃罪、故意杀人罪几个有限的对象进行考察，结论却涉及所有的"故意犯罪"。

显然，不完全归纳推断结论断定的范围超出了前提，这为人们认识新事物、探索未知世界、获取新知识提供了依据。但是，这种依据却是不充分的，因为不完全归纳推断结论断定的范围超出了前提，前提与结论之间的联系只能是或然性的而非必然性的，因此不完全归纳推断的结论只能是或然性的，即使前提是真实的，也不能保证结论的必然真实可靠。

不完全归纳推断的应用形式较多，有简单枚举、统计归纳、概率归纳、科学归纳等。

这里，我们根据在前提中是否考察到对象与属性之间的因果联系，来讲解简单枚举归纳推断和科学归纳推断在执法过程中的应用。

二、简单枚举归纳推断

(一)简单枚举归纳推断的逻辑形式

简单枚举归纳推断又称为枚举推理、枚举法，是根据某类事物中的部分对象具有(或不具有)某种属性，并且在考察中没有遇到相反的情况，从而推出这类事物的全部对象也都具有(或不具有)这种属性的一种不完全归纳推理形式。例如：

> 法医接触过许多被溺死的人，发现其尸体都有"颜面青紫、眼睑结膜有出血斑点或水肿"的现象，而且在接触过的这类尸体中，从来没有发现反例，于是得出结论："凡被水溺死的人都有颜面青紫、眼睑结膜有出血斑点或水肿的现象。"

这个简单枚举归纳推断的过程整理如下：

> 第一个被溺死的人有颜面青紫、眼睑结膜有出血斑点或水肿的现象；
> 第二个被溺死的人有颜面青紫、眼睑结膜有出血斑点或水肿的现象；
> 第三个被溺死的人有颜面青紫、眼睑结膜有出血斑点或水肿的现象；
> ……
> (法医接触的被溺死的人总是有限的，但考察中没有遇到反例)
> 所以，所有被溺死的人都有颜面青紫、眼睑结膜有出血斑点或水肿的现象。

将上述整理公式化就可得到简单枚举归纳推断的逻辑形式：

> S_1 是(或不是)P；
> S_2 是(或不是)P；
> S_3 是(或不是)P；
> ……
> Sn 是(或不是)P；
> (S_1，S_2，S_3，……，Sn 是 S 类的部分对象，并且考察中未遇反例)
> 所以，所有 S 都是(或不是)P。

由于简单枚举归纳推断仅仅是根据同类事物中许多对象具有(或不具有)相同属性的现象一而再、再而三地重复出现，并不考察对象与该属性之间是否存在因果联系而直接得出结论，只是一种对经验事实的简单归纳，因此，这种运用推理形式所得出的结论不是很可靠的，没有遇到反例并不能说明不存在反例，现在没有反例也不能说明以后不会出现反例，正如卡尔·波普尔所说的：有限不能说明无限，现在不能证明将来。由于归纳得到的结论是全称判断，因此，一个反例的出现，就会动摇归纳推断所得出的结论，而对于简单枚举归纳推断来说，由于前提与结论之间的联系是不充分的，结论的必然真实性得不到有效的保证，这种情况就更为常见。例如：

> 1879 年在巴黎警察厅抄写卡片的贝蒂荣厌烦了自己的工作，他萌发了人体测量的念头。他开始测量登记在案的囚犯的头部、手指、胳膊等部位，并记录下相关资料。积累到一定的数量后，贝蒂荣按照自己的分类法对资料进行归类。1883 年 2 月，贝蒂荣运用自己的人体测定法则成功地识别了一名囚犯的前科身份。这成为人体测定法成功的开始。1884 年，一年之内他鉴别了 300 名有前科的罪犯，没有遇到两个人人体测量资料完全相同的情况。法国人认为以测量人体某些不变部位的骨骼为基础的贝蒂荣法则是 19 世纪警备中最伟大的发明，这个发明将不仅使法国而且使全世界的辨真工作不再出错。

在这里，法国人认为的贝蒂荣法则"将不仅使法国而且使全世界的辨真工作不再出错"这个结论就是运用简单枚举归纳推断得出来的。其根据是：贝蒂荣法则在一年之内鉴别了 300 名有前科的罪犯，没有遇到两个人人体测量资料完全相同的情况，便认为所有人的人体资料都是不相同的，即贝蒂荣法则对于所有人都有效。然而，建立在简单枚举归纳推断基础上的这个结论却是不可靠的。事实上，尽管贝蒂荣法则在历史上曾经风靡一时，但是贝蒂荣却在一次鉴别中发现了两名人体测量数据完全一样的囚犯，贝蒂荣法则失效了。

在日常生活中，简单枚举归纳推断对于人们总结经验、认识自然和社会起到了很大的作用，但也有一些运用简单枚举归纳推断得出的结论最后又被事实证明为假的情况。例如，随着南美洲发现"肺鱼"这一事实，就推翻了"鱼都是用鳃呼吸的"这种认识；非洲出现了"鸵鸟"，推翻了"鸟都是会飞的"这种认识；日本出现了全身白色的"乌鸦"动摇了"天下乌鸦一般黑"这种传统的说法……

(二)简单枚举归纳推断的逻辑要求

既然简单枚举归纳推断的结论是或然性的，为提高其结论的可靠程度，就要注意以下两点：

第一，考察对象的数量要尽可能多。一般而言，考察对象的数量越多，结论的可靠程度也就越高。

第二，考察对象的范围要尽可能广。要注意在不同的时间、地点和条件下去考察同类思维对象，尤其要注意可能会出现反例的场合。

如果在运用简单枚举归纳推断时不注意以上两点，仅仅是根据几个重复出现的事例就轻率得出一个一般性的结论，就会犯"轻率概括"或者"以偏概全"的逻辑错误。例如，有人看到某街道中有几个刑满释放的人重新犯罪，就得出结论："所有刑满释放的人都会重新犯罪。"这就是犯了"轻率概括"的逻辑错误。法律应用工作与人们的人身权利息息相关，因此更加要注意思维的科学性，不要在日常工作中犯这种"轻率概括"的逻辑错误，影响自己对事物的正确判断。

三、科学归纳推断

(一)科学归纳推断的逻辑形式

科学归纳推断又叫科学归纳法，这是一种根据一类事物中部分对象具有(或不具有)某种属性，并且分析出该属性与对象之间存在着因果联系，从而推出该类事物的全部对象都具有(或不具有)这种属性的一种不完全归纳推理形式。例如：

> 法医在其工作中发现：许多溺水而亡的人，其肺、肝、肾等内脏都会有硅藻。进一步研究发现：硅藻是一种不易被酸碱破坏的水中浮游生物，在世界上分布很广，在海水里和淡水里都有。人在水中被溺死时，硅藻随着被吸入人体的水经肺循环进入心脏，然后进入全身各器官。因此，在心、肝、肾、脾等器官内能找到硅藻，其中以肺、肝、肾为最多。据此，人们得出结论：凡是溺水而亡的人，其肺、肝、肾等内脏都会有硅藻。

这个推理过程就是一个科学归纳推断的应用过程，其思维过程整理如下：

> 第一个溺水而亡的人，其肺、肝、肾等内脏有硅藻；
> 第二个溺水而亡的人，其肺、肝、肾等内脏有硅藻；
> 第三个溺水而亡的人，其肺、肝、肾等内脏有硅藻；
> ……
> (法医接触的溺水而亡的人总是有限的，但溺水而亡与死者的肺、肝、肾等内脏有硅藻有因果联系)
> 所以，所有溺水而亡的人，其肺、肝、肾等内脏都会有硅藻。

对此过程进行公式化，就可得到科学归纳推断的逻辑形式：

> S_1 是(或不是)P；
> S_2 是(或不是)P；
> S_3 是(或不是)P；
> ……
> Sn 是(或不是)P；
> (S_1，S_2，S_3，……Sn 是 S 类的部分对象，并且 S 与 P 有因果联系)
> 所以，所有 S 都是(或不是)P。

(二)简单枚举归纳推断与科学归纳推断的区别

简单枚举归纳推断与科学归纳推断都是不完全归纳推断，但是两者有明显的区别：

第一，推理前提与结论关系不同。两者之间最大的区别在于推断过程中前提与结论之间是否存在着因果联系，简单枚举归纳推断的前提与结论是不必然的，没有反例即可，可以不存在因果联系；科学归纳推断的前提和结论是必然的，存在因果联系；所以，科学归纳推理结论的可靠程度比起单纯对日常生活工作经验事实进行概括的简单枚举归纳推理来说，要高得多。

第二，前提研究对象数量的意义不同。前提研究对象数量多少对简单枚举归纳推断结论的可靠程度具有重要意义，数量越多，结论越可靠；而对科学归纳推断来说，前提研究对象数量不具有决定性意义，科学归纳推断得出结论的依据不在于前提列举了多少研究对象，而在于能分析出该属性与对象之间存在着因果联系，因此，虽然作为不完全归纳推断的一种，其结论还是或然性的，但它毕竟研究了对象与结论间的某种必然联系，即使考察个别事例或典型事例这样数量不多的研究对象，结论也是更为可靠的。

第二节 类比推断的法律应用

古今中外的法律事件没有哪两个事件是完全相同的，但也总有一些法律事件是相似的。有了相似性就可以进行类比，但相似不是相同，类比必须在合乎逻辑要求的情况下进行，不能简单、机械地进行类比。

一、类比推断的定义与逻辑形式

(一)类比推断的定义

类比推断又称类比法或类推法，是指根据两个(或两类)对象在某些属性上相同或相似，从而推出它们在另一属性上也相同或相似的特殊推理形式。

案例①:

2025 年 1 月以来，某镇街区范围内发生数起街头扒窃案件:

2025 年 1 月 4 日 13 时许，在某镇街区市场附近，一名 20 岁左右青年男子，利用镊子扒窃一名彩票销售员口袋内的现金后，立即逃离。

2025 年 1 月 4 日 17 时许，在扒窃案高发的某路旁有一个犯罪团伙中的三名 20 岁左右青年男子，手段各异，在人群聚集处多次实施扒窃，分散逃离。

该类案件频繁发生，使群众产生恐慌心理，给群众的财产安全造成了严重损害，给社会治安带来了较大的负面影响。

当时办案侦查人员发现该路旁和该街区市场旁两起案件具有很多共同点，便对案情做了以下的逻辑分析:

作案时间相似，都集中在中午休息、下午下班时人们困乏、戒备意识差的时段。
作案地点相似，都是闹市、人员密集地段。
侵害目标相似，均无防备、注意力不集中。
作案手段相似，均从背后下手，有类似镊子的作案工具。

根据以上共同点，推测这两起案件可能是同一犯罪团伙所为，可以并案侦查。侦查人员推断出"近一段时间发生的这些盗窃案件是同一伙人所为"，就是运用了类比推断，根据这些案件在作案地点、作案工具、作案手法上的相似，类推出它们在"作案人"这一性质上也相似。其思维过程是：

> 案件一在 a 时间作案，用 b 工具，c 手法，d 目标，可能是 e 作案；
> 案件二也在 a 时间作案，用 b 工具，c 手法，d 目标；
> 所以，案件二也可能是 e 作案。

案例②：

2025 年 1 月 9 日 14 时许，四名嫌疑人在某市某宾馆前趁受害人刘某不备将财物扒窃走后逃离现场。被盗钱包内装有美元约 11000 元钱。侦查人员接到该案情后，立刻调取案发地周边监控探头进行分析追踪，锁定了四名嫌疑人，随即通知周边巡控警力进行巡控。

2025 年 1 月 10 日，侦查人员在对××商贸城、××广场等重点区域进行视频巡控期间，发现有一名可疑人员 A 混迹于人群中，多次预备作案，根据此案情对该可疑人员进行视频追踪并通知街面巡控警力赶往现场附近。

2025 年 1 月 10 日，有群众报案在××工行前刚取出的 1300 元现金被扒窃，侦查人员立即调取周边的监控录像。

2025 年 1 月 10 日，侦查人员在视频追踪时，在锁定上述嫌疑人 A 时，发现嫌疑人 A 伺机作案时与一名年龄相仿的青年接触，而嫌疑人 B 衣着特征与当天另一起群众的 1300 元现金被扒窃案的嫌疑人衣着相符合。

本案中，侦查人员根据案件的发生地区、作案工具、作案手法相同、相似，从而更加断定这些案件是同一团伙所为。

侦查人员通过案件比较得出的结论虽然不能保证必然为真，但通过这样的分析，有助于发现不同案件之间的内在联系进行串并案，将所有案件的零碎信息整合，从而明确侦查方向。尤其是 1 月 9 日案件的嫌疑人被"锁定"是一个突破口，抓住他们就可能将整个犯罪团伙一网打尽。

最初，不确定性因素较多，因为多起案件虽有相同属性，而推出它们之间可能存在共同属性，但一直没有确切证据，仅靠类比推测。但多起扒窃串并案视频截取的图片足以证明这些案件的犯罪嫌疑人确实相互认识并且共同作案，这才真正敲定至少这两起案件是同一团伙所为，但还不能确定四起案件都是同一团伙所为。

侦查人员指引街面巡控警力将嫌疑人 A 抓获，后又当场抓获 B 并搜出作案工具镊子一把，经审讯，嫌疑人对扒窃 1300 元现金的行为供认不讳。趁热打铁，警方将案件引入深挖阶段。根据对嫌疑人 A 与嫌疑人 B 审讯，将犯罪嫌疑人 C 和该犯罪团伙全部成员抓获。2025 年 2 月的扒窃案发数量比 1 月大幅度降低。至此四起案件全部告破，破案效率快而准，主要依靠侦查人员利用类比推断、网络信息化侦查手段与街面派出所民警的合作，从而大大提升了民警的破案能力。

（二）类比推断的逻辑形式

下面我们再从一个实际案例出发，整理出类比推断的逻辑形式：

> 某市 A 区最近发生一起骑摩托车抢夺案。由于罪犯很快逃走，失主没有提防，对罪犯印象不深，故案件久置不破。在本案的侦破过程中，据该区群众反映，这段时间以来该地区连续发生近十起类似案件。它们的共同之处有以下几点：（1）同一地区；（2）同一工具：都是骑摩托车抢夺；（3）同一手法：两人共同作案，一人负责驾驶摩托车，另一人坐在后座，趁人不备，把受害人放在车筐里或身上背的包抢走。侦查人员根据上述共同点推断：近一段时间发生的这些案件是同一伙人所为。

上例中，侦查人员推断出"近一段时间发生的这些案件是同一伙人所为"，就是运用了类比推断，根据这些案件在作案地点、作案工具、作案手法上的相似，类推出它们在"作案人"这一性质上也相似。其思维过程整理如下：

> 案件一在 a 区作案，用 b 工具，c 手法，可能是 d 作案；
> 案件二也在 a 区作案，用 b 工具，c 手法；
> 所以，案件二也可能是 d 作案。

如果用 A、B 表示相比较的两个（或两类）对象，a、b、c 等表示 A、B 的相同或相似属性，d 表示类推出来的属性，类比推断的一般逻辑形式可以表示为：

> A 具有 a、b、c、d 属性，
> B 具有 a、b、c 属性，
> 所以，B 具有 d 属性。

二、类比推断的逻辑要求

类比推断是一种常用的推理形式。人们在日常生活中常说的"举一反三""触类旁通"等，其实就是类比推断在起作用。由于事物与事物之间会存在多种相同（似）性质，使得人们可能通过比较来获得关于新事物、新现象的知识。但是，事物之间除了相同（似）性之外，还不可避免地存在着种种差异，这就导致了类比推断的推理依据是不充分的，即使两个进行比较的事物对象有众多的相同（似）性质，也不能保证类推出来的性质也正好是两者的相同（似）性质。因此，类比推断的结论只能是或然性的，即使进行比较的前提都是正确的，也不能保证结论的必然正确性。

为了提高类比推断结论的可靠程度，就应该提出一些逻辑要求。

第一，类比时应增加相同（似）属性的数量。类比推断是通过对两个（或两类）事物的相同（似）属性进行比较推出结论的，如果两个进行比较的事物的相同（似）属性越多，它们越有可能属于同一种类，则它们在另一属性上也相同(似)的可能性也越大，结论也就越可靠。例如，在医学上做药物试验时，常用猴子、老鼠等哺乳动物来做类比物，就是因为这些哺乳动物与人类较为接近，相同属性多，结论的可靠程度也较大。有人用乌龟因少动而长寿类推人类也应少动而获得长寿，这在逻辑上就行不通，因为人与乌龟的相同属性太少，不同属性却不少。

第二，进行类比的相同(似)属性与推出属性之间应该是相关的，有本质联系的。相同(似)属性与推出属性的联系越密切，结论的可靠程度就越大。如果确知相同(似)属性与推出属性之间存在的是一种必然性的联系，即"如果有 a、b、c，就有 d"，那么，由 a、b、c 推出 d，其结论就不仅是可靠的，而且是必然的了。但是，如果相同(似)属性与推出属性之间并没有什么本质联系，只是根据两个事物在表面上存在某些相同，便机械地推出它们在另一属性上也相同，就会犯"机械类比"的逻辑错误。例如：有人根据两起故意杀人犯罪案中有一系列相同的情况，如有杀人动机、有杀人行为、行为人都是男性且来自同一个地方，而其中一起犯罪具有"放火"这一情节，便认为另一起犯罪也会具有"放火"这一情节，这便是犯了"机械类比"的逻辑错误。

第三，要注意分析类比对象是否存在与推出属性相矛盾的属性。在进行类比推断时，其实是先预设了推出属性是两个进行比较的对象的相同属性，但这种预设是没有充分的根据的，也有可能推出属性恰好是两者的差异点，这就导致了类比推断结论的不可靠性。因此，在进行类比推断时，应注意分析比较物 B 是否存在着与推出属性相排斥的属性，如果没有就说明这个类比推断可以成立；否则，无论两者有多少相同属性都不能推出"B 具有 d 属性"这样的结论。例如：某单位保险柜在下班时间被盗，经侦破为该单位工作人员李某所为。在此案发生前，该单位另一科室的保险柜也曾在下班时间被盗，该案一直悬而未决。有人认为：两案发生在同一单位，作案时间相似，作案内容相同，可能出自一人之手。对此，不能应用这一类比推断的结论贸然就认定李某是前一案件的作案人，而应该认真查证李某是否存在作案的条件。如果经查证明在前一案件发生时，李某正好没有作案时间，则"此案也是李某所为"的结论就会被推翻。

违背这些逻辑要求而进行的类比推断所犯的逻辑错误，就叫做"机械类比"。

第三节　假言推断的法律应用

假言推理有遵守推理规则的有效式，有未遵守规则的无效式。然而，必须说明的是无效式不是无用式，"因为它们仍然是有逻辑根据的，在实际思维中大有用场，因而可以将它们理解为具有或然性的有效式"[①]。尽管违背了推理规则，不能得到真实可靠的结论，但它的前提毕竟建立了真实的条件关系，因而得出的结论还是有很大可能性的，其可靠程度有时还是相当高的。尤其在法律应用过程中，我们面对太多的无法确定的问题，需要根据条件关系去进行预测、推断。因而，这里我们将假言推理中的无效式统统称为假言推断，然后讨论它们在法律实践中的有用性。

---

① 王仁法：《拨开迷雾的思维工具："悬逻辑"》，中国书籍出版社 2016 年版，第 127 页。

一、溯因推断的应用

溯因推断也称溯源推理、回溯推理，是指根据已有的某个事件的结果，借助于能与此结果建立因果联系的假言判断，而推断出事件发生原因的或然推理形式。

溯因推断的逻辑形式是：

> q；
> 如果 p，那么 q；
> 所以，p

用人工符号可以将这个逻辑形式这样表达：

$$（p{\rightarrow}q）\wedge q \searrow p$$

这个形式中的"q"表示已知的结果，"如果 p，那么 q"体现了其中的因果联系（这个判断在语言表达中通常是隐含或省略的），"p"是表示推测的原因，不是推理推出的，因而我们将表示推出的正向箭头改为用一个斜向箭头。

这个形式实质上应用的是充分条件假言推理的肯定后件式：（p→q）∧q→p。只不过这里将小前提 q 提到了大前提（p→q）的前面。但我们知道，充分条件假言推理的有效式是肯定前件式，肯定后件式是一个无效式。因此，从结论的性质来说，溯因推断只能是一种或然性推理。但是溯因推断是有客观依据的，因为原因和结果之间、条件与被制约的现象之间存在着一定的联系，一个现象的发生必然存在着一定的原因和条件，因此我们可以根据已知的因果联系或者条件联系的一般知识进行推测。例如：

> 1959 年澳大利亚发生一件命案。在一个夜晚，一位富商的遗孀在河边散步时，突然不知所终。调查人员认为这位夫人可能已经遇害，而与那位夫人比邻而居的某男子嫌疑最大。检察官依据多项证据，将该男子逮捕并且以谋杀罪名指控，但是由于没有找到尸体，所以案件始终无法侦破。检察官将所有的证物都检查过了仍然没有发现任何证据。后来，检察官将嫌疑人鞋上的泥土采集下来交给专家分析，希望能够发现线索。泥土中的花粉被分析出来了，其中含有柳木、赤杨以及两亿年前的胡桃树花粉化石。而这种特殊的花粉组合只有被害人失踪的那一小片土地的泥土中含有。检察官进行了分析：如果嫌疑人在那片土地上杀了人，那么他脚上泥土中所含的花粉组合一定与那片土地上的泥土中所含的花粉组合相同；现在他脚上泥土中所含的花粉组合与那片土地上的泥土中所含的花粉组合相同。检察官认为嫌疑人就是在那片土地上杀了那位夫人。于是检察官在那片土地上搜索，果然找到了死者的尸体。在证据面前，嫌疑人全部认罪。

在这个案件的侦破中，检察官运用的就是溯因推断，其过程如下：已经查明嫌疑人脚上泥土中所含的花粉组合与那位夫人失踪的土地上的泥土中所含的花粉组合相同；如果嫌疑人在那片土地上杀了那位夫人的话，那么他脚上的泥土中所含的花粉组合一定与那片土地上的泥土中所含的花粉组合相同；所以，嫌疑人在那片土地上杀了那位夫人。

从因果联系本身来看，现实中的因果联系在时间上是具有"先因后果"的特点的。而溯因推断的思维过程与因果联系的这一特性恰好相反，它是根据已经发生的结果及已经掌握的关于事物之间的因果联系或条件关系的一般性知识来追寻导致这种结果产生的原因的。在侦查工作中，已经发生的案件就是我们接触到的"果"，是什么原因导致了该案的产生，或者说是什么人的什么行为导致了这一案件结果的产生，这是侦查人员要努力追寻的"因"。从这个角度来看，侦查工作这种由果寻因的工作方式，恰好就是溯因推断的实际运用，即侦查人员根据已知的现象和结果，运用一般的知识，对原因和条件进行推测，从而确定侦查的大致范围，为进一步的验证和试错打下基础。因此，在刑事侦查活动中，溯因推理的应用极为广泛。

为提高溯因推断结论的可靠性，在运用时应注意以下问题：

一是"如果 p，那么 q"中的 p 和 q 之间必须具有因果联系。有了因果联系，从 p 推出 q 就顺理成章，也就有了从 q 追溯 p 的基础。例如：某人民法院根据"某甲和某乙两人的基因相同"这一结果，断定"某甲和某乙是亲父子关系"，就是基于"如果两个人是亲父子关系，那么他们的基因相同"这一公认的因果联系，所以上述结论的可靠性是非常高的。

二是尽量排除引起"q"的其他可能原因。事物之间的因果联系错综复杂，一果多因的情况也比较普遍。因此，要使结论"p"更加可靠，就应该尽可能地排除引起"q"的其他并列原因 p_1、p_2……例如，某一物体发热，是什么原因导致的呢？我们可以推测是摩擦导致了该物体发热，但烤火、通电也可以是导致该物体发热的原因。所以，要想确定"某一物体发热是由于摩擦引起的"，那么就应尽可能排除烤火和通电导致该物体发热的可能性。

辩证看待回溯推断，在法律实践中就可以发挥它的正反两面作用。

正面作用就是帮助司法人员追溯案件发生的原因，引导侦查方向，促使尽快破案，同时也有助于审案人员对案犯进行定罪量刑。

反面作用就是认清其推测性质，防止将或然当作必然，以减少冤假错案的发生，对涉案人员的狡辩进行有效反驳。例如，一个男子死后两年，其家人突然提出男子是被原妻用砒霜毒死的(砷中毒)，并坚持要求司法人员挖坟验尸。后来，司法人员从坟墓的尸泥中果然检测出超量的砷。于是，司法人员逮捕了死者的原妻，并对其判罪量刑。然而，后来证实这是一起冤案，实际上尸泥中的砷来自埋葬地的土壤之中。从逻辑上分析，造成这起冤案的原因是当时的司法人员进行了这样一个推测：

> 如果是砷中毒死亡，尸泥中就会残留超量的砷；
> 尸泥中的确残留超量的砷，
> 所以，死者是砷中毒死亡。

这实际上是将回溯原因的或然性结论当成必然性的，案子就办错了。又如，一位失主报案称某人窃取了他的高级相机，但那人坚称相机是自己的。接案的民警对那人说："你能将这个相机快速打开吗?"那人接着说:"那我要是能快速打开,那就证明相机是我的了?"民警头脑清醒地答复他:"如果你能快速打开,并不能证明相机是你的;如果你不能快速打开,那就证明相机一定不是你的。"这个有力的回答,实际上粉碎了那人将或然变为必然的企图,因为那人隐含以下的推论:

> 如果相机是我的,那么我就能快速打开;
> 我能快速打开这台相机;
> 所以,这台相机是我的。

二、其他假言推断的应用

溯因推断应用的是充分条件假言推理肯定后件式这个无效式,充分条件假言推理的否定前件式,以及必要条件假言推理的肯定前件式、否定后件式,也都是无效式,但它们同样在司法实践中有着一定的用处。

(一)质疑结果推断式的应用

这是充分条件假言推理"从否定前件到否定后件"的推断形式。很多情况下,这样的推测也是很有道理的,比如我们可以构造这样一个推断形式:

> 如果张三是一个守信用的人,那么他就会如期归还借款;
> 但张三并非守信之人,
> 因而可推测:张三借款有借无还。

粗看这一过程,甚至会感觉到它的逻辑性较强。当然,这里也真的有一定的逻辑联系基础,因为大前提的因果关系是客观存在的,所以否定了原因就存在否定由这一原因引起的结果的可能性。由于这一推断形式是从否定原因出发,走向否定结果、质疑结果的,故而将充分条件假言推理否定前件式称作"质疑结果推断式"。

质疑结果推断式的逻辑形式:

> ¬ p;
> 如果 p,那么 q
> 所以推测,¬ q

符号表达式:

> $(p \rightarrow q) \land \neg p \searrow \neg q$

这个形式中的"¬ p"表示已知的否定性原因,"如果 p,那么 q"仍然体现其中的因果联系,"¬ q"则是推测出的结果。

辩证看待质疑结果推断式，在法律实践中同样可以发挥它的正反两面作用。

正面作用就是帮助司法人员进行合理怀疑。例如：一位老人去世后，老人的一位朋友拿着老人的遗嘱要与老人的儿子平分家产，因为遗嘱上写着老人的家产要分给他一半。这是很奇怪的事情，没有血缘关系，老人家庭也比较和睦，老人怎么会立下这样的遗嘱呢？后来，律师了解到，老人去世前长期患病，时常会处于头脑不清醒的状态。于是，律师在法庭上作出了如下的陈述：

> 如果老人头脑处于清醒状态，则老人不会签署此遗嘱；
> 经查，这份遗嘱签署期间老人处于发病期，头脑不清醒；
> 所以推测，老人在这期间签下此遗嘱。

法律规定，当事人在头脑不清醒状态下签署的遗嘱是无效的。最终，法庭判决此遗嘱无效。

反面作用就是认清或然性推测的性质，防止随意否定可能正确的结果，造成不该有的失误。比如，一名间谍每次出门时，都会在门口洒一层粉，这样他不在时有人进他的门就会留下脚印。所以，这名间谍每次回来都要检查门口粉末上是否留有脚印。但如果他这样推论，就可能造成失误：

> 如果粉末上留有脚印，那么说明有人进过他的房间；
> 粉末上没有留下脚印，
> 所以推论，没人进过他的房间。

这个推论只是一种推测，结论不是必然的。假如有一名间谍高手，完全可以不从房门进入他的房间（而是从窗户、天花板等处进入房间），甚至从门口进入也不留下脚印。

为提高这种推测结论的可靠性，在运用时应注意以下问题：

一是"如果 p，那么 q"中的 p 和 q 之间必须具有因果联系。

二是尽量分析引起这种结果的多种原因，确保否定掉这个原因就能否定掉相应的结果，不要出现偏差。

(二)预测后果推断式的应用

必要条件假言推理的"否定前件式"是有效式，它要求从否定前件出发，到得出否定后件的结论。然而，若是采用肯定前件式，则从肯定前件出发，最终得出肯定后件的结论，其结论当然就是不必然正确的。但毕竟前后件之间存在着因果联系或蕴涵关系，若恰当使用，还是能够得出较为可靠的结论的。例如，王某参与盗窃，会不会获刑呢？我们可以这样推测：

> 只有行为构成犯罪的，才能追究其刑事责任；
> 王某的盗窃行为已构成犯罪，
> 所以推测，会追究王某的刑事责任。

在这个推测中，依据了法律基本关系，预测了法律后果，因而我们将这种必要条件形式的、从肯定前件到肯定后件的推断式称为"预测后果推断式"。当然，它的结论不是必然的，因为法律还规定有免除刑事责任的情形（如未达到法定年龄等），所以实际上构成犯罪的不一定追究其刑事责任。

预测后果推断式的逻辑符号表达式：

$$(p \leftarrow q) \wedge p \searrow q$$

辩证看待预测后果推断式，在法律实践中同样可以发挥它的正反两面作用。

正面作用就是可以通过推断法律后果，进行法律预警，警醒、说服游走在法律边缘的人，尽快改弦更张，遵守法律。例如，总是有人为了维护自身利益采取跳楼、跳桥的极端方式，以期引起人们的关注，使自己遇到的难题得到尽快解决。但同时，这样做又会造成交通拥堵，引发其他违法犯罪的行为。为避免事态升级，劝解人员可作出如下的陈述：

> 只有立刻停止极端行为，才能减轻或免除刑事责任且使问题得到解决；
> <u>有例为证，你也应立刻停止极端行为；</u>
> 所以推测，你也能减轻或免除刑事责任且使问题得到解决。

为提高这种推测结论的可靠性，在运用时应注意以下问题：

一是尽量多举充分条件联系的事例。这里的大前提是必要条件表达，但这个推断式是从肯定前件到肯定后件，刚好符合充分条件的表达，因此在实际应用中多举这方面的正面例子，结论的可靠性就可得到令人信服的提高。比如，列举张三曾爬到路边广告牌上要往过往的车辆上跳，及时被劝下来后没有处罚他；甚至李四劫持人质，经劝告释放人质，投降警方，后来也被宽大处理等事例。

二是尽量降低其他结果出现的可能性。这里之所以结论不是必然可靠的，就是因为肯定前件后，后件实际上会出现多个与期望结果并列的其他结果甚至相反结果。比如，"只有刻苦学习，才能取得好成绩"，但"刻苦学习"后还可能出现成绩不太好、一般等情况（由方法不当、环境不好等造成），甚至太刻苦了导致身体累垮了，成绩更糟。因此，减少其他结果的出现，推测就会更为可靠。

（三）回否前因推断式的应用

必要条件假言推理的"肯定后件式"是有效式，它要求从否定后件出发，到得出否定前件的结论。然而，若是采用否定后件式，则从否定后件出发，最终得出否定前件的结论，其结论当然就是不必然正确的。但毕竟前后件之间存在着因果联系或反蕴涵关系，若恰当使用，还是能够得出较为可靠的结论的。例如，王某参与盗窃，盗窃的数额多不多呢？会不会构成犯罪呢？我们可以这样推测：

> 只有行为构成犯罪的，才能追究其刑事责任；

王某没有被追究刑事责任，

所以推测，王某的行为不构成犯罪。

在这个推测中，依据了法律基本关系，对一个构成犯罪行为的法律原因进行了否定，因而我们将这种必要条件形式的、从否定后件到否定前件的推断式称为"回否前因推断式"。当然，它的结论不是必然的，因为法律还对行为构成犯罪但有特殊情况的人员网开一面，不追究其刑事责任(如孕妇、外交官、未达到法定年龄等)，所以实际上不追究其刑事责任，不一定是不构成犯罪。

回否前因推断式的逻辑符号表达式：

$$(p \leftarrow q) \wedge \neg q \searrow \neg p$$

辩证看待回否前因推断式，在法律实践中也有着正反两面作用。

正面作用就是可以通过推测将一些原因暂时否定掉，以便寻找其他的原因，以利于查明原因，弄清真相。例如：

只有熟悉文物的价值，才会盗走并不起眼的那个石雕；

这个盗匪并未盗走那个石雕；

所以推测，这个盗匪并不熟悉文物的价值。

这里经过推测，否定了盗匪熟悉文物价值的情况，侦办案件的人员就可转向其他方向寻找犯罪嫌疑人。

反面作用就是认清推测性质，不轻易将或然性当成必然性，发生误判，出现漏洞，造成工作失误。比如，对某贩毒团伙进行跟踪侦查，发现一条规律：只有毒品运到，负责销售的头目"黑虎"才会出现。于是，构成了如下推测：

只有毒品运到，"黑虎"才会出现；

这次没有发现"黑虎"出现，

所以推测，这次的毒品可能还未运到。

据此，公安人员是否应采取抓捕行动呢？应当再核实其他信息，因为也许他们换了销售人员，如不行动，可能会错失良机，造成抓捕失误。

为提高这种推测结论的可靠性，在运用时应注意以下问题：

一是尽量寻找否定后件还有没有其他的原因，其他的原因越少，否定前因的可靠性就越大。比如，虽然这个石雕价值连城，但它的体积较大或重量较重，携带不方便，盗匪也可能放弃石雕，否定前因就不一定对。但假如这个石雕小巧玲珑，与其他文物一样容易携带，回否前因就极有可能是对的，可大胆排除懂行人作案的可能。

二是尽量严密查找前后件联系的情况，确保没有反例的出现。比如，每次都是毒品运到，"黑虎"就出现了，未出现毒品运到"黑虎"却未出现的情况。假如曾经出现过毒品运输到，"黑虎"没来，换成了其他人接头，再如此推测，当然就不可靠了。

第四节　因果联系推断的法律应用

区分简单枚举归纳推理和科学归纳推理的主要依据是在前提中是否能考察到对象与属性之间的因果联系。在占有大量经验事实的基础上，就要运用探求因果联系的各种逻辑方法，去寻找事物现象之间是否存在因果联系，以提高不完全归纳推理结论的可靠程度。

因果联系是客观事物现象之间的一种普遍的、必然的联系。引起另一事物现象产生的事物现象称为原因，而被原因事物现象的作用而被引致发生的事物现象就称为结果。例如：甲、乙口角引发斗殴，甲用菜刀将乙砍成重伤，甲用菜刀砍乙是乙受重伤的原因，而乙受重伤是甲用菜刀砍乙的结果。

因果联系是普遍的，但也是复杂的，其基本特征是时间上的先后相继性（先因后果）、联系上的多样性（一因多果、一果多因、多因多果等）和联系上的相对性（随着条件的不同而变化）。例如：甲违章驾驶撞死了路人乙，乙的亲属在悲伤之下将甲殴打成重伤。在这里，甲违章驾驶是致乙死亡的原因，乙的死亡是结果；但接着，乙的死亡又成了乙的亲属殴打甲的原因，而乙的亲属殴打甲成为甲受重伤的原因……因果联系就这样环环相扣，形成了一个复杂的因果联系的网络。

由于因果联系的复杂性，使得探索因果联系成了一个比较复杂的问题，它涉及观察、实验、统计等一系列科学的方法，其中离不开一定的逻辑思维方法。英国逻辑学家穆勒在总结前人研究成果的基础上，提出了寻求因果联系的五种逻辑方法。

一、学会运用求同法

求同法又称契合法，它是对被研究现象出现的若干个场合中的相关因素进行研究，如果其中只有一个因素是相同的，而其他因素都各不相同，那么这个唯一相同的因素就是被研究现象的原因（或结果）。例如：

> 某村曾发生一起集体中毒案件。该村的大部分住户几乎在同一天都出现了呕吐、昏迷现象。对这些中毒者进行调查时发现，尽管中毒者中毒的具体时间点不同、身体健康状况不同、年龄性别不同、当天所吃的具体食物也不同，但有一个情况是相同的，就是中毒者当天所饮用的是同一口井里的水。警方因此得出结论：井水是引起中毒的原因。

在这里，警方就是运用了求同法来寻找中毒者中毒的原因，确定"井水"与"中毒"之间的因果联系的。

求同法的逻辑形式可以用以下公式表示为：

场合	相关情况	被研究现象
（1）	A B C	a
（2）	A D E	a
（3）	A F G	a
…	…	…

所以，A 与 a 有因果联系。

由于求同法是通过排除被研究现象出现的不同场合中的不同因素，从而寻找出唯一相同的因素来确定因果联系的，因此，其逻辑特点是"异中求同"。

但是，求同法只是探求因果联系的最初步的方法。由于因果联系的复杂性，有时会出现多因一果或者多因多果等情况，或者在被研究现象出现的场合中会有一些相同的因素隐藏起来不易被发现，因此，为尽量提高求同法所得结论的可靠程度，需要注意以下两点：

第一，尽可能在更多场合对被研究现象出现的相关因素进行比较。比较的场合越多，越能排除偶然因素的干扰，所得结论的可靠程度也就越大。

第二，要注意各种场合中的相同因素是否只有一个，尤其要注意是否存在着隐含的相同因素，如果有的话，就需要进一步研究才能得出结论。人们运用求同法时，往往在发现了一个相同因素后，就会马上把它当作被研究现象出现的原因，而没有进一步研究是否忽略了隐藏着的其他相同情况，从而得出了错误的结论。例如，人们最早寻找疟疾病的致病原因时曾认为：住在低洼潮湿的环境是患病的原因。但经过长期的探索，人们才最终发现，疟原虫才是疟疾病产生的真正原因，蚊子是疟原虫的传播者，而低洼潮湿的环境只是滋生蚊子的主要场所而已，并非疟疾病的致病原因。

二、学会运用求异法

求异法又称差异法，它是指在被研究现象出现和不出现的两个场合中，如果只有一个情况不同，其他情况完全相同，而这个唯一不同的情况在被研究现象出现的场合中存在，在被研究现象不出现的场合中不存在，那么这个唯一不同的情况就是被研究现象的原因（或结果）。例如，中央电视台《今日说法》栏目曾播出过这么一个案例：

2000 年 7 月 21 日清晨，江苏淮安某村的陈某军突然发现他家鱼塘的鱼大量死亡，水面上白花花一片全是死鱼。经过调查，陈某军发现当天鱼塘的其他情况与往常相同，唯一不同的是当地垃圾处理厂的污水曾于凌晨时分排入鱼塘。由此，陈某军认定：他家鱼塘的鱼的死亡与垃圾处理厂排放的污水有关。后来经过检测，果然发现垃圾处理厂排放的污水含有超标的有害物质，直接导致了鱼的大量死亡。

在这里，陈某军认定垃圾处理厂排放的污水与他家鱼塘的鱼的大量死亡之间存在因果联系，使用的就是求异法。

求异法的逻辑形式可以用以下公式表示为：

场合 相关情况 被研究现象

（1） A B C   a

（2） – B C   –

所以，A 与 a 有因果联系。

与求同法不同，求异法是通过把被研究现象出现和不出现的正反两个场合中的相关因素进行比较，排除相同因素，寻找出唯一的不同因素来确定因果联系的，因此，其逻辑特点是"同中求异"。

求异法常用于实验，在医学研究及刑事科学技术实验中有着广泛的用途。在实验过程中，用人工控制先行情况，有意识地安排两组实验对象仅有一个不同情况，而其他情况尽量相同。通过观察实验对象的变化情况来确定这个唯一不同的情况与被研究现象之间是否存在因果联系。尽管与求同法相比，求异法在运用过程中要对正反两个场合加以对比，更能排除不确定因素的干扰，结论的可靠程度更高些，但运用求异法所得出的因果联系的结论仍然是或然性的。因此，为了提高使用求异法所得结论的可靠程度，应注意以下两点：

第一，对相关情况的考察要尽可能穷尽，尤其要注意分析被研究现象不出现的两个场合中的差异因素是否只有一个。如果存在两个或两个以上的差异因素，则使用求异法得出的结论便不可靠。

第二，要注意分析这个"唯一的差异情况"与被研究现象之间存在的究竟是全部的因果联系或者只是部分的因果联系，慎防出现多因一果或一因多果的情况时忽略了其他原因（或结果）的存在。

三、学会运用求同求异并用法

求同求异并用法又称契合差异并用法，它是分别考察被研究现象出现和不出现的若干个场合（被研究现象出现的若干个场合被称为正事例组，被研究现象不出现的若干个场合被称为负事例组），如果在正事例组中其他情况各不相同，但有唯一的相同情况，而这个唯一相同的情况在负事例组中都不存在，那么就可以确定这个情况与被研究现象之间存在因果联系。例如：

> 警方在调查一起利用为同性恋者服务的计算机公告板诈骗男性少年的案件时，由一名警探伪装成同性恋者进入了这个公告板系统。该警探在以后的一段时间里坚持每天都与该公告板联系。接着他根据公告板上提供的地址，查到了该地址是一个加利福尼亚的三口之家的。警探通知当地警方在该户人家的周围布置了监视哨。监视哨的报告表明：每次警探和嫌疑犯进行计算机联系的时候，该户人家中的次子马可都正好在家；而一旦他不在家的时候，无论警探和公告板怎么联系，都没有回音。警方由此得出结论：马可就是作案者。

在此案中，警方用以确定马可就是作案者的方法就是求同求异并用法。它的逻辑形式可用以下公式表示：

```
场合        相关情况        被研究现象
(1)        A B C D         a
(2)        A E F G         a
(3)        A H I J         a
 …          …              …
(1)        – B C D         –
(2)        – E F G         –
(3)        – H I J         –
 …          …              …
```

　　所以，A 与 a 有因果联系。

　　求同求异并用法是求同法和求异法的有机结合，但不能想当然地认为是在正事例组求同，而在负事例组求异。事实上，求同求异并用法是先在正事例组求同，得出"有 A 即有 a"的结论，然后在负事例组也求同，得出"无 A 即无 a"的结论，再把两次求同所得的结论进行求异，判定出 A 与 a 之间存在着因果联系。因此，求同求异并用法的特点是既求同，又辨异。

　　求同求异并用法比单独使用求同法或者单独使用求异法所得的结论可靠得多，但仍然是或然性的。为提高其结论的可靠程度，应注意以下两点：

　　第一，所考察的正反两组场合的数量应尽可能多一点。考察的场合越多，越能排除偶然因素的干扰，结论的可靠程度就越高。

　　第二，对于负事例组的各个场合，应选择尽可能与正事例组较为相似的场合来进行比较。即正反两组场合中的各个相关因素，除了有"A"和无"A"的差异之外，其他的因素应尽可能相似。两组场合的相似程度越高，结论的可靠程度也越高。

四、学会运用共变法

　　共变法是考察被研究现象出现的各个场合，如果其他情况都保持不变，只有一个情况发生着程度不同的量的变化，而同时被研究现象也在发生着程度不同的量的变化，那么这个发生着变化的情况与被研究现象之间就存在着因果联系。例如：

　　某地医生余某为病人张某开的 4 张处方中的其他药物均无问题，唯有生乌头的使用量不当。第一张处方，生乌头使用八钱（按规定，生乌头的药用量是每剂一至三钱），病人服药后约半小时就有恶心、出冷汗、腹泻等现象出现。第二张处方，生乌头增为一两六钱，病人服药后不久，即觉心里闷得很，并伴有出冷汗、腹泻等现象。第三张处方，生乌头突然增为五两，病人服药后不到半小时就腹泻不止，继而呕吐、出冷汗，脉搏微弱，呈半昏迷状态。第四张处方，生乌并没有又增为六两，病人服药后约十分钟即大泻发烧，吐泻交加，冷汗不止，随即呈昏迷状态，精力衰竭而死亡。据此，法医鉴定后认为：病人张某是服用生乌头过量中毒致死。

　　法医认定张某是服用生乌头过量中毒致死使用的就是共变法。在病人症状发生变化的几个场合中，其他药物并无变化，唯有生乌头的用量发生变化，而随着生乌头用量的增多，病人的症状不断加重，最后导致其死亡。

共变法的逻辑形式可以用以下公式表示：

场合	相关情况	被研究现象
（1）	A_1 B C	a_1
（2）	A_2 B C	a_2
（3）	A_3 B C	a_3
……	……	……

　　所以，A 与 a 有因果联系。

　　共变法是从量变的角度来寻求因果联系的。公式中，A_1、A_2、A_3……表示情况 A 在量上的递增或递减，而 a_1、a_2、a_3……表示现象 a 也是在量上的递增或递减。原因在变，结果也在变，因此，共变法的特点可以说是：由变因求变果，或者是由变果求变因。

　　共变法与求异法极为相似，不同之处在于：共变法是侧重从量变的角度来寻求因果联系，A_1、A_2、A_3……和 a_1、a_2、a_3……发生的都是量变，而求异法是侧重从有"A"与无"A"、有"a"与无"a"的质变的角度来寻求因果联系。

　　在使用共变法时，应该注意以下三点：

　　第一，所考察的场合必须至少要有 3 个，这样才能确定原因与现象之间是否存在着有规律的递增或递减的变化。

　　第二，要确定与被研究现象发生共变的情况是否唯一的。如果存在着多个共变情况，就无法确定到底是哪一个情况与被研究现象之间存在着因果联系。

　　第三，要注意共变的方向。原因在变，结果也在变，但变化的方向却不尽相同。一般来说，情况 A 与现象 a 发生共变的方向包括以下三种：一是同向共变，即结果的量随着原因的量的变化成正比例变化关系，如查理定律：当体积不变时，一定质量的气体所增加的压强跟温度的升高成正比。二是异向共变，即结果的量随着原因的量的变化成反比例变化关系，如波义耳·马略特定律：当温度不变时，一定质量的气体的压强跟体积成反比，即压力越小，气体的体积越大，压力越大，气体的体积越小。三是即同向又异向的共变，即结果的量随着原因的量的递增而递增到一定程度时出现转折，变成递减的情形，例如在一定范围内，适当增加用药的剂量可以增强药物的疗效，但超过规定的限度增加用药剂量，药物就会产生副作用，不但不能增强疗效，还会危及人的生命。

五、学会运用剩余法

　　剩余法又称残余法，它是根据已知的某个复合情况与被研究的某个复合现象之间存在因果联系，并且减去其中已经确定的因果联系部分，进而确定剩余的情况与剩余的现象之间也存在因果联系。例如：

　　在一起伤害致死案件中，经鉴定，被害人左臂上有片状锐器砍伤，头部和肩部有棒状钝器击伤，左腿外侧有两个匕首刺伤，其致命伤是左肋部的三角刮刀刺伤。公安机关很快将本案的4名犯罪嫌疑人陈某、丁某、吴某和张某逮捕归案，并认为这4名作案人合伙行凶与本案被害人多次受伤并导致死亡之间有因果联系。经查证，丁某持菜刀砍伤了被害人的左臂，吴某用铁管击伤了被害人的头部和肩部，张某用匕首刺伤被害人的左腿。同时，公安人员还了解到，在这次犯罪中，陈某持有三角刮刀，其他作案人未使用三角刮刀。据此，公安人员认定：本案被害人左肋部所受的致命伤是由陈某使用三角刮刀造成的。

　　在此案中，公安人员认定"本案被害人左肋部所受的致命伤是由陈某使用三角刮刀造成的"，其方法就是剩余法。它的逻辑形式可用以下公式表示：

　　复合情况 ABCD 与复合现象 abcd 之间存在因果联系，
　　已知，B 与 b 有因果联系，
　　　　　C 与 c 有因果联系，
　　　　　D 与 d 有因果联系，
　　所以，A 与 a 有因果联系。

　　剩余法是一种探求复杂现象之间因果联系的逻辑方法，它的特点可以概括为：由余因求余果，或者由余果求余因。

　　剩余法主要应用于科学研究。在科学史上，铷、铯、氦、氩、镭等元素的发现以及天王星的发现都得益于剩余法的运用。但是，由于客观事物之间的因果联系十分复杂，除了一因一果的对应关系之外，还存在着一因多果、一果多因、多因多果等复杂关系。因此，使用剩余法时，必须事先确定被研究现象的剩余部分不能与其他任何情况有因果联系，否则就不能得出比较可靠的结论。

　　以上介绍的五种探求因果联系的逻辑方法是探求事物之间因果联系的初步方法，也是进行科学归纳推理时必须运用的方法。但这些方法不是孤立、静止的，而是互相联系、互相补充的。在分析具体问题时，有时可能只需要运用其中一种方法，但有时也可能会综合运用多种方法，这样才能提高结论的可靠程度。

◎ 练习一：或然性法律推断训练

一、填空题

1. 简单枚举归纳推断和科学归纳推断都属于＿＿＿＿＿＿归纳推理，其结论是＿＿然的。两者的区别重要的不在于前提数量谁多谁少，而在于分析出属性与对象之间存在着＿＿＿＿＿＿联系。

2. 类比推断是指根据两个（或两类）对象在某些属性上相同或相似，从而推出它们在另一属性上也相同或相似的特殊推理。其思维进程表现为从特殊到＿＿＿＿＿＿＿，其前提如果真实，也＿＿＿＿保证结论的必然正确。

3. 溯因推断实质上应用的是充分条件假言推理的＿＿＿＿＿＿＿＿＿＿＿＿＿＿＿式，质疑结果推断实质上应用的是充分条件假言推理的＿＿＿＿＿＿＿＿＿＿＿＿＿＿式，预测后果推断实质上应用的是必要条件假言推理的＿＿＿＿＿＿＿＿＿＿＿＿＿＿＿式，回否前因推断实质上应用的是必要条件假言推理的＿＿＿＿＿＿＿＿＿＿＿＿＿＿式。

4. 寻求事物之间因果联系的穆勒五法，包括求同法、＿＿＿＿＿＿法、＿＿＿＿＿＿并用法、共变法和＿＿＿＿＿＿＿＿＿＿＿＿＿＿＿法。

5. 对归纳推断或归纳方法而言，为了提高其结论的可靠性，我们应建立逻辑＿＿＿＿＿＿＿＿＿。

二、阅读下列材料，指出其中运用的是哪种探求因果联系的逻辑方法，并进行简要的分析

1. 某地曾发生一起强奸杀人案件，在现场勘查中，侦查人员仅发现拖到地上的被子角上有几粒豆豉形的痕迹，经技术鉴定是拖鞋的印迹。另在被践踏过的蚊帐上却发现了罪犯的一个赤脚的脚跟印。既然是穿拖鞋的怎么会有赤脚的脚跟印呢？最初，这个疑问一直未能解决。后来，侦查人员经过反复实验，发现不管穿什么样的拖鞋，也不管在布上还是在纸上，只要是大脚穿小号拖鞋就会留下脚跟印。于是断定：产生上述现象的原因是罪犯作案时穿了比他脚小的拖鞋。

2. 某市公安局在总结专案侦查工作经验时，选择两个专案侦破组，一个组是破案率高的，一个组是破案率低的。两个专案侦破组的成员在数量、年龄、学历和接受的任务量上都差不多。破案率高的专案组的成员都认真学习专业知识，积极开展调查研究工作；而破案率低的专案组的成员都不注重学习专业知识，不积极开展调查研究工作。由此得出结论：专案侦破组成员是否认真学习专业知识，积极开展调查研究工作，是能否提高业务水平、提高破案率的原因。

3. 苏联《星火》杂志曾报道一则有关丹麦渔民的新闻。渔民们乘坐两艘渔船捕捞鳗鱼。一只船捕捞鳗鱼的量大，另一只船捕捞鳗鱼的量小。两只船捕捞的工具如鱼竿、鱼饵、鱼钩及其他捕捞条件完全一样，为什么两只船捕捞的鱼量相差3/4呢？分析结果是，捕鱼量少的那条船，渔民们爱吸烟；而捕鱼量多的那条船，渔民们不吸烟。之后，抽烟的渔民们在作业时用肥皂把手洗干净，去掉手上的烟味，鳗鱼也就上钩了。

4. 某村曾发生一起集体中毒案件。该村的大部分住户在同一天都出现了呕吐、昏迷现象。对这些中毒者进行调查时发现，尽管中毒者中毒的具体时间不同、身体健康状况不同、年龄性别不同、当天所吃的具体食物也不同，但有一个情况是相同的，就是中毒者当天所饮用的是同一口井里的水。警方因此得出结论：井水是引起中毒的原因。

三、案例分析

某地有 A 姓两姐妹，为人胆小，晚上从不外出。一天晚上，其兄外出未归，两姐妹却在一个城乡接合部的地形复杂的地方被人强奸后杀害，尸体用铅丝捆在石头上沉于井中。根据上述情况，侦查人员对罪犯具备的条件作了如下的刻画：

(1)根据死者姐妹一向胆小，晚上从不外出的生活习惯，罪犯应与死者极为熟悉；

（2）罪犯作案地点选择在城乡接合、道路交错、沟渠纵横、地形复杂、人烟稠密的河堰和竹林内的深水井附近，说明罪犯十分熟悉现场周围情况；

（3）罪犯选择作案时机正是死者之兄离家去某地未归的时候，一般人是不了解这个情况的，罪犯极大可能居住在死者家的附近；

（4）罪犯在现场遗留有铅丝和糖果，说明作案前有预谋；

（5）罪犯应有作案时间；

（6）从作案手段看，罪犯应是道德败坏、品质恶劣、过去曾有不良行为记录的人。

在调查中，侦查人员都运用了哪些推断才得出以上结论的？

四、开放性逻辑思考题（可综合运用学过的各种逻辑知识思考）

1. 据举报，有一辆运载木材的卡车上藏有至少 5 公斤的毒品。现将该车截获，在没有缉毒犬的情况下，你打算到什么部位去搜查毒品？

2. 一人遭枪击死亡。经勘验，致命的一枪是从背后射穿心脏的。那么，之后的调查方向应放在自杀、谋杀和意外被杀哪个方面？简要说说为什么。

3. 清晨，警方接到报案。某出租屋发生凶杀案，一名年轻貌美的女子被杀。经现场勘察，除了死者外，只发现一个印有某种名酒标记的打火机。据此，下一步应怎样展开调查？你能描绘出作案人大致是一个什么样的人吗？

4. 铁路旁边发现一具尸体，头部重伤，显然因失血过多死亡。请你先确定一下最初的调查方向应当有哪些，再预测一下如果发现了哪种关键证据，即可确立什么调查方向。

5. 法医接触过许多被溺死的人，发现其尸体都有"颜面青紫、眼睑结膜有出血斑点或水肿"现象，而且在接触过的这类尸体中，从来没有发现反例，于是得出结论："凡被水溺死的人都有颜面青紫，眼睑结膜有出血斑点或水肿的现象。"

◎ **练习二：行政职业能力测验可能推断题训练**

1. 部分英国医生宣称，他们开始对苹果 IPAD 用户类似重复性劳损的病症进行治疗，这类被戏称为"i 伤害"的病症，主要表现为用户的手和点击、触摸屏幕的手指出现各种各样的病痛。专家推测：大多数 IPAD 用户左手拿着平板电脑以保持其稳定，右手食指点击屏幕发送邮件或生成文件，这使得他们有患上诸如重复性劳损、腕管综合征以及其他肌腱伤害的风险。

如果以下各项为真，最能支持上述专家推测的是（　　　　）。

A. 使用 IPAD 的用户患上此类病症的概率比较高

B. 使用其他品牌平板电脑的用户出现了类似病症

C. 未普及 IPAD 的地区此类病症出现的比率极少

D. 使用台式机的用户患上此类病症的概率比较低

（提示：根据不完全归纳推断思考）

2. 相关研究发现，每天睡眠不足 7 小时的人普遍比睡眠时间更长的人胖。这是因为睡眠不足影响了新陈代谢功能，使刺激食欲的荷尔蒙增加，同时产生饱胀感的荷尔蒙水平降低。

由此不能推出（　　　）。

A. 胖人的食欲比体重正常的人好　　　　B. 睡眠状况影响新陈代谢

C. 荷尔蒙水平影响食欲　　　　　　　　D. 胖人的荷尔蒙水平可能异于常人

（提示：根据因果联系推断）

3. 绵羊：畜牧：草原（　　　）

A. 鱼虾：海产：湖水　　　　　　　　B. 书本：书桌：学校

C. 小鸟：鸣叫：树林　　　　　　　　D. 白鸭：家禽：河塘

（提示：根据类比推理求相同属性，尽可能多思考）

4. 如果你不会指法，那么你就不会打字，你就不可能使用电脑来写论文，除非你会打字。以下_____最符合上述的推论。

A. 如果你会指法，那么你就能使用电脑来写论文

B. 如果你不能使用电脑来写论文，那么你就不可能会指法

C. 如果你能使用电脑来写论文，那么你至少会指法

D. 如果你能打字，你就有可能使用电脑来写论文

（提示：用假言推理的无效式即假言推断式排除三个选项）

5. 所有与甲流患者接触的人都被隔离了，所有被隔离的人都与小王接触过。

如果以上命题是真的，以下哪个命题也是真的？（　　　）

A. 小王是甲流患者。

B. 小王不是非甲流患者。

C. 可能有人没有接触过甲流患者，但接触过小王。

D. 所有甲流患者都与小王接触过。

（提示：不能断定必然真，则可断定可能真）

6. 请从所给的四个选项中，选择最合适的一个作为题干的下一个图形，使之呈现一定的规律性（　　　）。

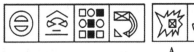 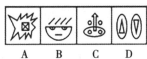

（提示：借用求同法，寻找相同点）

7. 下列选项中，符合所给图形的变化规律的是（　　　）。

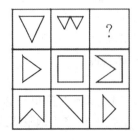 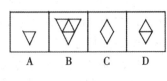

（提示：借用求异法，注意相异处）

8. 把下面的六个图形分为两类，使每一类图形都有各自的共同特征或规律，分类正确的一项是（　　）。

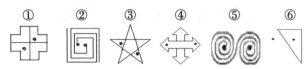

A. ①③⑥，②④⑤　　　B. ①②⑤，③④⑥

C. ①③④，②⑤⑥　　　D. ①④⑤，②③⑥

（提示：借用求同求异并用法，先求同，再求异）

9. 请从所给的四个选项中，选择最合适的一个填入问号处，使之呈现一定的规律性。
（　　）

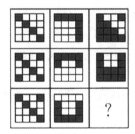 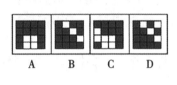

（提示：借用共变法，发现变化规律）

10. 左边给定的是纸盒的外表面，下面哪一项能由它折叠而成（　　）。

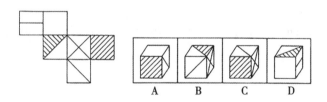

（提示：借用剩余法，排除三个不正确的选项）

第六章 法律思维必须遵守思维的逻辑规律

促进社会公平正义是法治建设的核心价值追求，公平正义是政法工作的生命线，所有法律人都肩负着维护社会公平正义的神圣使命。因此，法律人就必须在法律思维中严格遵守思维的基本规律——逻辑规律。因为逻辑理性是法律理性的基础，依法治国需要逻辑理性精神。"逻辑四律"即同一律、矛盾律、排中律、充足理由律是逻辑思维的根本规律，保证思维的确定性、一致性、无矛盾性、明确性和论证性，是逻辑理性的定义条件和构成条件，也是逻辑理性精神的根本体现。在法律应用活动中运用逻辑规律，帮助人民警官、人民检察官、人民法官、律师等职业群体构建以逻辑思维为核心的法治思维，摆脱泛道德化思维、泛行政化思维、泛经济化思维的积弊，真正树立法治思维、规则思维、理性思维、底线思维，坚定树立法律至上、程序正义、公正执法、人权保障等观念。

第一节 确保法律思维一致性的同一律

法律思维无论处于什么样的环境之中，都应始终保持前后一致，即遵守同一律的基本要求。

一、同一律的内容与逻辑要求

(一)同一律的内容

同一律的基本内容可以这样表述：在同一思维过程中，每一思想都必须与其自身保持同一，前后一致。

同一律的公式表达：

$$A \rightarrow A$$

(二)同一律的逻辑要求及违背要求所犯的逻辑错误

第一，概念必须保持同一，不能任意改变其内涵和外延。即在同一个思维过程中，必须保持概念内涵和外延上的一致性。违反这一要求所犯的逻辑错误就是"混淆概念""偷换概念"。"混淆概念"往往是无意识、不小心所犯的逻辑错误，而"偷换概念"则可能是出于某种目的故意违反这一逻辑要求。

第二，判断必须保持同一，不能任意变换。即在同一个思维过程中，在什么意义上使用一个判断，就必须始终在该意义上使用该判断；或者，从判断的真假角度说，一个判断是真的就是真的，是假的就是假的；或者，从论辩的角度说，在一个论辩过程中，讨论什么论题，就应围绕该论题讨论，不能偏题、离题、跑题。如果无意识地违反同一律在判断和论辩方面的要求，就会犯"转移论题"的逻辑错误；如果有意识地违反同一律在判断和论辩方面的要求，则会犯"偷换论题"的错误。

(三)同一律的作用

同一律的作用在于保证思维的确定性。第一，它是正确认识事物的必要条件。人们在认识事物的过程中，总是离不开概念、判断、推理等思维形式，如果我们不能在确定、同一的意义上使用概念和判断，就无法形成对于事物的正确认识。第二，它有助于人们正确地交流思想。在交流思想的过程中，必须准确地表达思想，这就要求人们遵守同一律，保持所使用的概念和判断的确定、同一。如果在某一思维过程中，我们所使用的概念、判断时而是这种含义，时而是那种含义，那么必然会造成思想上的混乱，无法进行思想交流。第三，它是反驳谬误和揭露诡辩的有力武器。谬误和诡辩最主要的表现是思想模糊、概念混乱，或故意颠倒黑白、混淆是非。掌握、运用同一律就可以从思想的同一性方面反驳谬误，揭穿诡辩。第四，在法律工作中，保持执法思维的同一性，不仅是同一律的基本要求，而且有着更为重要的作用(详见下文)。

我们还应注意同一律起作用的条件。这里说的"同一思维过程"是指反映事物量变阶段的思维，即是对事物相对静止、保持质的稳定性的反映，具体来说就是在同一时间、同一对象、同一关系(包括同一方面)的"三同一"条件下，同一律才起作用。超过了"三同一"，我们就不能用同一律要求对事物的反映保持同一不变。另外，同一律只是思维的规律，仅在思维的领域里起作用，它不是世界观。

二、同一律对法律思维确定性的要求

(一)保持概念的明确，预防混淆概念或偷换概念

我们在询问案情时，要极力引导答话的人描述概念的特征(即增加概念内涵)，以达到限制概念外延的目的。"凶器"的概念肯定是至关重要的，对它的询问可以这样进行："你看到行凶者拿着一个明晃晃的东西吗？是一把刀吗？是一把匕首吗？把子是红色的吗？"这一连串问题如果得到了明确的答案，"凶器"这一抽象的概念就具体明确了。

笔录中使用的概念一定要明确，遇到"俗语""黑话"等，一定要加以注释，使阅卷的人清楚每一概念的确切含义。如被询问人说："那天，我刚好大姨妈来了。"这时，就要注释，"大姨妈"是指月经。否则，许多人是搞不清这句话的确切含义的。

在审判活动中，也应保持法律概念的明确及使用过程中的同一。比如，法条中出现的"以上、以下、以内"概念，是否连本数在内，必须作出同一规定。

(二)保持判断的明确，防止转移论题或偷换论题

笔录中的每一句话对情况所作的断定应该是单一的，即没有歧义的；否则，会严重影响对情况真实性的了解，对案件作出错误的判断，直至造成错案。对此，可采用以下具体的方法：

一是量项区分法，就是要通过询问区分清楚判断的量项。例如，我们可以这样询问："你看到屋里的人了吗？你看到了屋里的所有人还是只有一个人？你到底看清了几个人呢？"。对"桌子内侧有血迹"的描述，可以通过不断地询问将其变为"桌子前右腿内侧有面

积约一公分见方的两处血迹", 这就准确具体多了。

二是联项区分法。简单来说, 这个方法就是要区分清是"是"还是"否"。联项区分法是询问清楚案情的某个情况是存在还是不存在的方法。例如: "你看到了一个破碎的啤酒瓶吗? 好好想想, 看到了, 还是没看到?"

三是模态区分法。这是询问清楚被询问人对案情作出的判断, 是必然性的还是或然性的方法。

三是关系区分法。关系区分法是让询问对象区分清案情有关事务之间是对称、反对称、非对称关系或传递、反传递、非传递关系的方法。

四是合取析取区分法。合取析取区分法是询问清对案情某些情况到底是作出几种情况是同时存在的断定, 还是作出至少一种情况存在的断定。

五是条件区分法。条件区分法是询问清楚案情的某些情况与另一些情况之间是充分条件联系、必要条件联系, 还是充要条件联系的方法。例如: "你认为只有张三来现场, 李四才会来现场吗? 你认为他要是看到那张相片, 就一定会大怒吗?"

在预审和审判中, 因关乎案件定性, 一些犯罪嫌疑人或被告人总是千方百计、避重就轻地回避实质问题。其转移论题的惯用手法主要有: 用记不清了来搪塞; 以默不作声相对抗; 不回答问题的实质; 东拉西扯企图蒙混过关; 答非所问, 转移话题。遇到上述情况, 作为预审员一定要牢记同一律, 识破他们的诡计, 想方设法使双方在论题上保持同一, 也就是要始终抓住问题的要害不放, "一竿子插到底", 使预审工作顺利进行。

在了解案情的司法过程中, 一定要注意讯问、询问所做的记录与被讯问人、被询问人所作的陈述保持同一。为了达到这一要求,《刑事诉讼法》对讯问、询问的程序作了详细、明确的规定。其第 122 条规定: "讯问笔录应当交犯罪嫌疑人核对, 对于没有阅读能力的, 应当向他宣读。如果记载有遗漏或者差错, 犯罪嫌疑人可以提出补充或者改正。犯罪嫌疑人承认笔录没有错误后, 应当签名或者盖章。侦查人员也应当在笔录上签名。"没有这种严格的程序规定, 就难以保证笔录和被讯 (询) 问人陈述的原意相互同一, 就有可能造成误解错判, 出现冤案。

为了保持同一, 还要注意被询问人、被讯问人的个性和语言特点。不同的人由于年龄、性格、文化程度、职业、经历等不同, 他们在证言中的语言表达方式和用语习惯上也有很大差别, 往往带有个性特色。特别是未成年人的语言特点比较明显, 记录时不应按照自己的语言习惯随意变更, 否则会从形式上降低询问、讯问笔录的真实性。

下文分析一下佘祥林案。佘祥林, 被捕前在当地派出所担任治安巡逻员。1994 年 1 月佘祥林的妻子张某玉因患有精神分裂症离家出走, 妻子的突然失踪打乱了佘祥林一家的生活, 让他意想不到的是更大的不幸也随之而来。1994 年 4 月 11 日, 也就是佘祥林的妻子张某玉失踪后的第三个月, 当地村民在附近的一个水塘内发现了一具女尸。尸体被发现时已腐烂得面目全非, 死者是谁至今仍未能确定。但在当时这具尸体被认定为是佘祥林妻子的尸体。在无名女尸出现的当天, 佘祥林失去了自由, 被当地警方监视居住。法医将无名女尸鉴定为佘祥林的妻子的尸体, 主要依据是体貌相似, 并没有进行血型与 DNA 鉴定。凶案现场也没有发现佘祥林作案的相关证据, 在接受讯问时佘祥林的口供成为案件最终定性的关键。"审讯了 10 天 11 夜, 崩溃了, 因为已经处于休眠状态了, 什么事情都答应了,什么都是了，最后你签字就行了，你只管签字就可以了，签了多少字都不清楚，只是不停地签字。"没有杀妻的佘祥林供认了自己就是凶手。在佘祥林的口供材料中，每一页的签字都是"以上笔录我听过"，而不是"我看过"。在接受询问的前四天，佘祥林始终都在否认杀害了妻子张某玉，从第五天开始供认自己就是凶手。警方还获得了一份注明为犯罪嫌疑人亲手绘制的作案线路图。"当时是他们画的，画了几个圈圈，拿了一张纸，他们自己掏的笔，让我画。因为已经好几天了，我基本上是精神崩溃、神情恍惚了，你要我干什么，我就干什么？没有办法了，求死嘛，一心只想求死。后来我根本没想到他们会弄出一个线路图，也根本没想到它会成为我杀人的证据，做梦也没想到。"

在这个案件中，审讯人员的讯问笔录不仅没有做到与佘祥林的陈述相一致，而且伪造了证据证言，这种刑讯逼供是非常恶劣的行为。从哲学角度讲，没有实事求是；从侦查科学角度讲，没有尊重证据；从逻辑角度讲，没有遵循同一律。此案的侦查员对于哲学、科学、逻辑所揭示的规律没有任何的敬畏之心，缺少起码的哲学科学逻辑的修养。

在刑事案件的侦查工作中，首先要勘察现场。勘察现场要遵循"同一认定"的原则，确认作案的"人""物""现场"是一致的、同一的。具体地讲，一方面要求犯罪嫌疑人的指纹、足迹、笔迹等与现场收集的这些痕迹鉴定应当是一致的，确保技术比对的同一性，而不是相似性；另一方面也要求被害人现场的遗留生物特征与通过其他手段采集的被害人的生物特征保持一致。在佘祥林一案中，对水塘里发现的一具女尸的认定，根本没有与佘祥林妻子的血型和 DNA 比对同一，仅仅根据体貌特征的某些相似性就确定了两者的一致性，但实际上却是不一致的。

下面看一个正确运用同一律进行现场确认的案例。某案发现场死者秦某喜的头皮上有一条砍痕，中间有 0.6 厘米的完好皮肤，这说明凶器刃部有缺损，那么缺损的刀刃就有可能留在受害者的头内。后来，侦查人员在白某花家里的柜底下搜出一把菜刀，其刀刃多处有残缺并沾有血迹。这时，法医也从死者头部的伤痕深处发现了刀刃残片，它已经陷进死者的头骨骨质中。在勘验车上，技术人员进行了整体分离痕迹技术鉴定，得出结论：从死者头部取出的铁片，与从白某花家中菜刀刀刃所脱落的残缺形状吻合，即达到了同一。

在刑事侦查工作中，对犯罪分子的判定要做到犯罪动机、作案手段、作案工具、过程、细节等都是一致的，这样才能找出真正的罪犯，不冤枉好人。

再看一个"阴风吹歪嘴巴"的案例。一天早晨，老会计到一个煤矿的储蓄所上班，看到在储蓄所值夜班的曹某敏嘴巴红肿了，便问其原因，她说是一阵阴风吹歪了自己的嘴巴。老会计一边叮嘱她去看医生，一边查点了储蓄所昨晚刚进的一笔巨款并无丢失。阴风吹歪嘴巴的事在小煤矿传开了，派出所的民警听到后觉得不对头：如果嘴巴是阴风吹歪的，应该是痉挛性的，而不可能是红肿性的。给曹某敏看病的医生也说，她的嘴巴不可能是阴风吹的，而且他还发现其身上有掐痕。于是，警方开始调查此事。警方在进一步的调查过程中，发现曹某敏床上有新鲜的血迹，经化验它不是曹某敏的。警方找来曹某敏问话，她说是与自己有婚外情的邮递员肖某留下的血迹，因为当晚为肖某与妻子离婚的事动起手来，不小心伤了他，便留下了血迹。然而，经过血液检验，血迹并不是肖某的。案件变得复杂了，在警方步步紧逼的讯问下，曹某敏说出了实情：当晚有巨款进储蓄所，她要肖某来陪她值班。到半夜时，她发现肖某从她的枕头底下拿到了保险柜的钥匙，旁边还出现了两个帮手。曹某敏要报警，肖某的一位同伴要对曹某敏下毒手，在厮打过程中，曹某敏咬了他的手指头，血迹是他留下的。后来，肖某拦下了同伴，并将他们打发走了。两人恢复了温存，肖某教曹某敏说阴风吹歪了嘴巴及两人吵骂的说辞。警方在对肖某进行讯问时了解到：他并不爱曹某敏，他只是想获得曹某敏的好感，进而熟悉储蓄所的情况，随时准备下手盗抢钱款。为了杀人灭口，还去考察过准备埋曹某敏的废矿井。最后真相大白了，这个案件是有组织的结伙抢劫储蓄所巨款并杀人毁尸未遂的恶性案件。犯罪嫌疑人是肖某和他的同伙，曹某敏被解除嫌疑。在此案中，案情事实变了，侦查人员对犯罪分子和案件性质的判定也要随之发生变化，两者始终要保持同一。

另外，在确定调查方向及展开全面侦查过程中，在破案后的结案过程中，都要严格遵守同一律。

在审判工作中，也要保证适用法律的同一性、罪罚相当的一致性等。

司法文书的制作，当然更要遵循同一律，这可是白纸黑字的"证据"，一点都不能马虎。

第二节　确保法律思维无矛盾性的不矛盾律

一、不矛盾律的内容与逻辑要求

(一)不矛盾律的内容

不矛盾律的基本内容：在同一思维过程中，互相矛盾或者互相反对的判断不能同时是真的，其中必有一假。不矛盾律人们也常常被简称为矛盾律。

不矛盾律的逻辑公式：A 不是非 A，或并非(A 并且非 A)，即

$$\neg\,(A \wedge \neg\,A)$$

这个公式的意思是，A 和非 A 不能同时为真，但可能同假。换言之，如果 A 真，则非 A 假；如果非 A 真，则 A 假。公式中的 A 可以表示任何一个概念和任何一个判断，非 A 则是对任何一个概念或任何一个判断的否定。

(二)不矛盾律的逻辑要求及违反它的逻辑错误

与同一律一样，不矛盾律的逻辑要求是根据其内容提出的。它要求在同一思维过程中不能同时肯定两个具有矛盾关系或反对关系的思想，即在同一思维过程中不能同时对同一对象作出自相矛盾的反映。任何思想如果包含自相矛盾的内容，该思想就不能被承认是真的。

1. 在概念方面的要求及违反它的逻辑错误

不矛盾律要求在同一思维过程中的两个互相矛盾或互相反对的概念，不能同时表示同一个对象。比如，我们不能同时说张三既是"犯罪嫌疑人"，又是"非犯罪嫌疑人"；也不能同时认定某行为既是"犯罪行为"又是"非犯罪行为"。这样，就会出现逻辑矛盾，就会出现"非犯罪嫌疑的犯罪嫌疑人""非罪的罪"等一些违背客观事实的矛盾概念，这些概念都是自相矛盾的，都是没有确定内容的。亚里士多德说过："同一属性在同一情况下不能同时属于又不属于同一主体。"[①]可见，我们不能用两个互相矛盾或互相反对的概念在同一

---

① ［古希腊］亚里士多德：《形而上学》，商务印书馆 1960 年版，第 62 页。

时间、同一条件下表示同一个对象。

自相矛盾的逻辑错误表现在概念方面，就是用两个互相矛盾的概念反映同一个对象。所犯错误名称叫做"概念矛盾"或"概念自毁"。例如：有份公安局的报告中写道："在今年的工作中，我们齐心协力，共同奋斗，破案率基本上达到了百分之百。"这里的"基本上"是模糊的，"百分之百"是精确的，两者是矛盾的，混合同用就是"概念矛盾"。

2. 在判断方面的要求及违反它的逻辑错误

矛盾律要求在同一思维过程中，两个互相矛盾或互相反对的判断，不能同真，即不能同时都加以肯定，其中必有一假。例如：对于同一个人同一案件，既断定"李某有作案时间"为真，又断定"并非李某有作案时间"为真；对于一个案件，既断定"现场所有指纹都是弓形纹"为真，又断定"现场所有指纹都不是弓形纹"为真。前一个例子是两个互为矛盾关系的判断，二者不能同真，必有一假；后一个例子是两个互为反对关系的判断，二者不能同真，至少有一假。需要说明的是，为什么矛盾律适用于两个互为反对关系的判断呢？这是因为上反对关系是受矛盾律制约。上反对关系的判断，是指 SAP 与 SEP 判断的真假关系，在 A、E 两个判断间，如果其中一个为真，那么另一个必然为假；但是，如果其中一个为假，那么另一个则真假不定，即 A、E 两个判断不能同时为真，但是可以同时为假。因此，A 与 E 两个判断之间的真假关系，是受矛盾律制约的，是矛盾律的具体表现。

如果违反了不矛盾律在判断方面的要求，在同一思维过程中，对同一个对象既肯定又否定，就会犯"自相矛盾"的逻辑错误。人们通常说的"前言不搭后语""不能自圆其说""出尔反尔""自己打自己的嘴巴"等，就是指的这种错误。

自相矛盾的逻辑错误表现在判断方面，有两种情况：一种是，如果从一个判断可引出两个自相矛盾的判断，则这个判断本身就是犯了自相矛盾的错误；另一种是，如果对两个互为矛盾关系的判断同时加以肯定，则也犯了自相矛盾的逻辑错误。

例如：预审员在审理一起盗窃案时，问犯罪分子在他家搜出的一架照相机是谁的，犯罪分子狡辩说这是他自己买的，已经使用了 5 年了。预审员让他当场打开这架照相机，犯罪分子半天也没打开。预审员说："你说这架照相机是你的并一直用它拍照，现在你却打不开它，这不是自相矛盾吗？"预审员由此断定这架照相机不是他的，他是在说谎。可见，在审讯罪犯的过程中，运用矛盾律的知识，有助于揭露罪犯的狡辩。

(三)不矛盾律的作用

不矛盾律的作用在于保证思维的无矛盾性。一个科学体系被接受的先决条件之一，就是遵守不矛盾律；相反，如果发现了一个科学体系蕴含着内在矛盾，那就是找到了它的不科学之处，就必须进行修正甚至将其淘汰。法律体系也必须是无矛盾的，一旦发现矛盾，就必须修改法律。当然，在法律领域，及时发现矛盾对探案突破、法庭论辩等还会起到很关键的作用。

不矛盾律揭示了客观规律发展过程中事物的相对稳定性和质的规定性。因此与同一律一样，不矛盾律发挥的作用也有限制，有适用范围。

第一，矛盾律是指在同一思维过程中，也就是说在同一时间、同一条件下，对于具有矛盾关系或反对关系的概念或判断，不应该承认它们都是真的，但是随着时间的推移，如果原来论述的事物发生了变化，那么人们会根据实际情况改变认识，而作出与原来判断相矛盾或相反对的判断是允许的。

假如对同一对象在不同时间作出相反的断定，并不违反矛盾律。例如，昨天审查某嫌疑人可以断定"某甲是此案的嫌疑人"，但经过审查排除了某甲，今天又可断定"某甲不是此案的嫌疑人"。

假如对同一对象在同一时间而对不同方面作出的断定也不违反矛盾律。例如，我们研究盗窃案件犯罪分子实施盗窃的手段并对其作出分类："有的是入室盗窃"，"有的是公共场所盗窃"，等等。这种对事物的多方面情况同时作出断定并不违反矛盾律。但不能对某个犯罪分子的行为同时作出"是盗窃行为"又"不是盗窃行为"的断定，因为这两个判断对同一对象不可能都是真的，所以，这就违反了矛盾律。

第二，矛盾律反对思维中的自相矛盾，并不否认客观事物自身存在的矛盾。矛盾律作为逻辑规律只是在思维领域里起作用的，它要求排除的只是思维中的逻辑矛盾，并不要求排除现实事物客观存在的矛盾。矛盾律只是要保持思维的前后一致性，它不解决也不可能解决辩证思维的矛盾运动问题，它只是一般的思维规律，不是世界观，也不是哲学规律。当然矛盾律的思维不自相矛盾与辩证矛盾并不是对立的，而是互补的。

例如，某侦查人员从犯罪现场查获一把杀人用的刀。如果我们从辩证思维矛盾的角度分析，即从不同的使用属性方面分析，这把刀既是杀人凶器又不是杀人凶器（而是日常生活用具）。在这种情况下，就不能说人们的思维反映了这一事物的矛盾性质是违反矛盾律的逻辑要求的。但如果当我们在刑事诉讼活动中，认定这把刀是有罪证据还是无罪证据时，就不能同时作出这把刀既是有罪证据又是无罪证据的断定，否则是犯了自相矛盾的逻辑错误。

二、不矛盾律对法律思维无矛盾性的要求

（一）查实案件时不矛盾律的运用

在侦查工作中，要注意对与案件中相矛盾的材料的分析，对于不同来源的材料或证言中出现的矛盾，就可断定其中必有一假。

在预审工作中，公安人员要特别注意揭露犯罪分子自相矛盾的口供。例如：在侦破一起特大杀人抢劫银行巨款案时，侦查人员经过现场勘查和对案情的分析后认为，犯罪分子熟悉银行大楼内外布局，很可能是内部人员作案。侦查人员查问银行保安人员王某，问案发时他在什么地方，在做什么，王某回答说在朋友家；当问到他最近有没有发现什么可疑情况时，王某不假思索地说："前天有个小伙子给出纳长送来一台手提电钻……"（作案工具正是手提电钻）听到这里，侦查人员趁着王某还沉浸在自己的言谈中，突然发问："银行被抢，保安人员被杀，这些事你知道不？"王某脱口回答："不知道。"方才还在为破案提供线索，转瞬又说自己不知道银行发生的案件。前面肯定，后面否认，说话前后矛盾，这正好违反不矛盾律。据此，侦查人员认为王某在说谎，嫌疑很大。然后，侦查人员以此为突破口展开调查，破案后证实王某的确是本案的犯罪分子。

在了解案情、查实案件的过程中运用不矛盾律的具体关注点如下：

第一，口供与事实之间的矛盾。如口供与自然条件之间是否有矛盾之处。例如，我们知道某条河的河面宽近百米，但被讯问者却说用肉眼看清了对方的面孔。这样，口供与自

然状态就形成了矛盾，而自然状态是真的，口供就肯定是假的了。再如，口供与历史事实之间有没有存在矛盾。例如，某个单位的元旦晚会是在 12 月 28 日晚上举行的，但在被讯问人的陈述中却说是 12 月 30 日参加了该单位的元旦晚会。由于历史事实是已经被确定为真的，与此相矛盾的口供就必然是假的。

第二，口供与证据之间是否存在矛盾。比如，我们找到的凶器是一把匕首，但对犯罪嫌疑人进行讯问时，他描述的凶器则是一把铁锤（非匕首）。那么，究竟是被讯问人说了假话，还是案件的证据存在差错，就需要进一步侦查确证了。

第三，讯问对象前后陈述之间是否存在矛盾。比如，一个犯罪嫌疑人在之前说他当晚在一个朋友家打了一夜麻将，之后又说当晚他也看到球场外有人闹事。这就出现了矛盾。如果我们能在讯问中及时发现被讯问者答话中存在的逻辑矛盾，就能迅速帮助我们断定被讯问者说话的真假。这是讯问工作的重要内容，也是讯问工作中的一项基础工作。

第四，同案犯之间的不同陈述中是否存在矛盾。比如，在讯问一起银行抢劫案的两个犯罪嫌疑人时，一个说是胡某爆破了柜台的玻璃，一个说是孙某爆破了柜台的玻璃。这样，两个判断就构成了矛盾关系。他们中间至少有一个人在说假话。要按法律规定进行询问，如《刑事诉讼法》第 97 条规定，"询问证人应当个别进行"。这样做既有利于证人独立地提供自己所知道的案件情况，避免互相影响；也有利于将证人证言互相对照，排除矛盾。

第五，口供与科学常识之间有无存在矛盾等。这就需要讯问者具有广博的科学知识。如，一些花在某些季节不可能开放，如果嫌疑人描述得不对，那么他就是在讲假话了。

（二）破案过程中不矛盾律的运用

在刑事案件的侦破过程中，刑侦人员若能发现破绽，抓住矛盾，揭露矛盾，或者引导犯罪分子陷入自相矛盾的困境，对迅速破案大有益处。

我们看以下一个现代版的"李代桃僵"案例。晨练老人黄某卿快走到青年湖公园狮虎山和熊猫馆之间的山口时，蓦然看见一具鲜血淋淋的无头无脚的尸体。他立即喊来其他晨练者保护好现场，自己亲自向市公安局指挥中心报警。不一会，刑警们纷纷赶到现场。现场勘察、尸体检验、群众访问、警犬搜索等各项侦查工作迅速有条不紊地展开。现场尸体为男性，年约 30 岁，中等身材，发育不良；仅存身体躯干和两个上肢，头颅和双脚都缺失，尸体肢解创口整齐，杀人者的解剖刀功显得十分熟练利落。尸体横陈的现场并不隐蔽，就暴露在两旁都是茂密山林中间的游览小道上，远远看去，非常刺目。检查死者衣着，从外衣口袋中找到一串钥匙、几份购买生猪的发票和一本《屠宰证》。《屠宰证》上注明："持证人：方某军；性别：男；年龄：33 岁。"后面写着鄂东某县某乡某付某组。刑侦人员在方圆 5 公里内的山上、水下、洞穴……过筐子似地反复清查，都没有发现犯罪分子丢弃的任何物品。后来，刑警们深入研究现场和尸体后，觉得事情似乎还不那么简单，认为现场有两大疑窦：一是犯罪分子杀人后砍下并带走或藏匿死者的头颅和双脚，是为了阻止人们能够通过头和脚的个体特征很快辨认出死者，可他为什么不简单搜一搜死者身上的物品，而让最能够证明死者身份的《屠宰证》遗留在人们最容易查找的外衣口袋内呢？二是既然犯罪分子担心人们很快辨认出死者，可他为什么不将死者尸体沉入近在咫尺的青年湖底，或是藏在路边两旁植被茂密的狮虎山和熊猫馆山上，而让这具无头无脚的尸体赫然暴露在公园游人必经的道路当中呢？显然，犯罪分子似乎是为了让人们尽快找到并很快辨认出死者！两个为什么，一对矛盾被揭露出来。刑警们立即赶到签发《屠宰证》的鄂东某县，经调查证实，该县确实有个屠夫叫方某军，体形特征与黄石青年湖畔的死者相似。刑警用死者身上的钥匙，打开了方某军家的门锁。村里人说，一周前，方某军与其二弟称"去黄石找工作"，至今未见兄弟俩回来。这一切都在证实：死者就是方某军。然而，敏锐的刑警还是从大量印证"死者就是方某军"的调查材料中，捕捉到了几个可疑的重要情况。情况之一：方某军的右脚有6个指头，很容易进行个体特征识别。而这具尸体的脚被凶手砍走藏匿，是否与死者脚上因有明显个体特征（如6指等）而担心被人识别有关？情况之二：方某军既做屠夫，又做贩夫，本来收入不菲。可近年来却因他吃喝嫖赌无心经营致使生意亏损，债台高筑。最近，一些债主频频上门逼债，有的蛮横债主甚至已经扬言，再不还钱，就让方某军过不了今年"五一"。方某军此次来黄石就有躲债避难之意。情况之三：方某军杀猪多年，解剖刀法精通，杀戮技术娴熟，完全具备干净利落地对现场尸体卸头下脚的肢解水准。情况之四：方某军一向胆大妄为，横行乡里，且又工于心计，为人狡诈，在当地颇负恶名。

刑警们综合这些调查和现场情况分析，认为这具无头无脚的尸体不是方某军本人的可能性急剧上升。为了更进一步印证上述判断，刑警们颇费周折地找到方某军在黄石一个偏僻郊区的暂住屋，从他近期使用过的口杯发现并提取了方某军本人的右手食指指纹。经与现场尸体残存的右手食指指纹比对，结论是：并非同一人指纹！死者不是方某军！后来证明本案是一起罕见的犯罪分子方某军为赖债而杀人诈死的刑事案件。

可以看出，这个案件破案的关键就在于刑警们对于现场勘查所做的逻辑分析，勘查现场发现了犯罪嫌疑人自相矛盾的行为，在初步调查的前提下，对这种自相矛盾的现象进行合理的解释。

（三）在其他法律体系中不矛盾律的运用

1. 法律体系、法律条文以及司法规定不得自相矛盾

1996年我国修正的《刑事诉讼法》取消了免诉制度，就是遵守不矛盾律的要求排除法律体系、法律规定中逻辑矛盾的典范。我国《宪法》有独立司法的规定。其第131条规定："人民法院依照法律规定独立行使审判权，不受行政机关、社会团体和个人的干涉。"第136条规定："人民检察院依照法律规定独立行使检察权，不受行政机关、社会团体和个人的干涉。"根据《宪法》的相关规定，修正后的《刑事诉讼法》确认了由人民法院依法统一定罪。与此相联系，取消免诉制度。修正后的《刑事诉讼法》第12条规定："未经人民法院依法判决，对任何人都不得确定有罪。"这一规定确定了人民法院统一的定罪权，这是世界的通例，也是审判权的应有之义。刑事审判就要通过审理判定被告人是否有罪，解决如何处罚的问题。其中首先是定罪问题。检察机关行使的是起诉权，而非定罪权。免予起诉的后果是定罪（即认定有罪，免予起诉），是对审判权的分割，因此，应当加以取消。在讨论《刑事诉讼法》的修改时，有些同志提出不同的意见。他们既同意增加"未经人民法院依法判决，对任何人都不得确定有罪"的规定，同时又基于司法实践中免诉制度的积极作用而主张保留免诉制度。这些同志的这种主张，从逻辑的角度看，就犯了自相矛盾的逻辑错误。因为免予起诉其实就相当于检察机关有了定罪权，于是这些同志就陷入了既肯定"只有法院才有定罪权"，又肯定"不是法院的机关也有定罪权"的逻辑矛盾之中。考虑到免诉制度有一定的积极作用，如有利于体现宽大政策，有利于轻微犯罪者的改造和提高诉讼效率等，修正后的《刑事诉讼法》把免予起诉的内容纳入不起诉的范围。修正后的《刑事诉讼法》第177条规定："对于犯罪情节轻微，依照刑法规定不需要判处刑罚或者免除刑罚的，人民检察院应当作出不起诉决定。"这种不起诉决定限于轻微犯罪，在法律后果上不能认为免予起诉的人是有罪的人。这样，既避免了免诉的弊端，又与世界各国赋予检察机关对轻微犯罪起诉的自由裁量相一致。

2. 两个相互否定的证据不能同时都是真的

根据不矛盾律的内容，我们可以推出两个相互否定的证据不能同时都是真的。明确这一点，对司法活动中证据的审核和认定有着重要的作用。但我们应注意的是，就像不矛盾律一样，断定两个互相否定的判断不能同时是真的，并不能推出至少有一个是真的，实际上也可能两个都是假的。另外，如果实际上有一个是真的，我们也不能利用不矛盾律来认定哪一个是真的。

3. 不能作出自相矛盾的判决

自相矛盾的判决，在司法实践中虽少有发生，但是也依然存在。如有一案例，被告人周某非法采集血液。某法院经过审理，对周某作出如下判决：被告人周某犯非法采集血液罪，免予刑事处罚，并处罚金1000元。这个判决就违反了不矛盾律的要求，犯了"自相矛盾"的逻辑错误。因为，该法院判决周某"免予刑事处罚，并处罚金1000元"是自相矛盾的。我国《刑法》第37条规定："对于犯罪情节轻微不需要判处刑罚的，可以免予刑事处罚，但是可以根据案件的不同情况，予以训诫或者责令具结悔过、赔礼道歉、赔偿损失，或者由主管部门予以行政处罚或者行政处分。"该规定表明定了罪而又免予刑事处罚的，只可能采取上面所列举的惩罚措施。而"免予刑事处罚"中所说的"刑事处罚"，其外延包括主刑也包括附加刑，既包括自由刑也包括财产刑。罚金是一种附加刑，是刑事处罚中的一种。既判决免予刑事处罚，同时又判决处罚金1000元，就犯了"自相矛盾"的逻辑错误。因此，这个判决是不能成立的。

4. 在法律文书中不能有相互矛盾的内容

勘验笔录，侦查结论，起诉书、辩护词、判决书等法律文书，都不能违反不矛盾律的要求。比如，有份关于离婚的民事判决书上有一部分判决词写道："关于孩子的抚养问题，被告现被拘役，无抚养能力，应由原告抚养，由被告负担一定的抚养费。"既然说被告"无抚养能力"，又让他"负担一定的抚养费"，间接承认了他有抚养能力，岂不是自相矛盾？这样的判决书在执行过程中必定会产生问题。

第三节 确保法律思维明确性的排中律

人们在日常思维中，有时候是可以模糊不清的。然而，法律思维不能模糊不清，必须非常明确。

一、排中律的内容与逻辑要求

(一)排中律的内容

排中律的基本内容可以表述为：在同一思维过程中，两个相互否定的思想(即具有矛盾关系或下反对关系的两个判断或两个矛盾概念)不能都为假，必有一个是真的。"排中"一词的意思就是排除"是什么"与"不是什么"的中间情况，说明事物不可能有第三种状态存在，必须在"是"与"非"之间选择其一。

排中律的公式表达：

A 或者非 A

以上公式也可以用数理逻辑的符号表示：

$A \vee \neg A$

公式中的"A"表示一个思想(一个概念或判断)，"非 A"表示与"A"相否定的思想(具有矛盾关系或下反对关系的概念或判断)。排中律的公式是用选言判断的形式来表示"A"与"非 A"之间的关系的，其中的两个选言肢已穷尽了一切可能，排除了第三者。

(二)排中律的逻辑要求及违反它所犯的逻辑错误

排中律要求人们在同一思维过程中，对于两个相互否定的思想不能同时认定都是假的，必须亮明态度，旗帜鲜明。违反排中律的要求就会犯逻辑错误。

1. 在概念方面的要求及违反它的逻辑错误

排中律要求反映事物属性的概念必须是明确不含糊的。

不使用明确的概念反映事物的特有属性就会犯"概念含混"的逻辑错误。

2. 在判断方面的要求及违反它的逻辑错误

排中律要求对事物属性的断定是确定的，不是似是而非的。

不在两个相互否定的判断中作出明确选择就会犯"模棱两可"或"模棱两不可"的逻辑错误。所谓模棱两可(亦此亦彼)就是既不肯定也不否定，左右摇摆，不置可否，回避表态，用语含糊。所谓模棱两不可(非此非彼)就是对于互相否定的思想都给予否定，骑墙居中。例如，在一个案件分析会上，警察小张发言道："要说老李有作案犯罪的动机嘛，我看不能这样说。大家都知道的，老李是有名的老实人。但是，谁又能保证他不会变坏呢？毕竟人心隔肚皮呀！所以，我看也不能认为老李这个老好人就没有作案动机。"究竟老李有没有犯罪作案的动机呢？小张对"有"和"没有"都做了否定，没有从中作出明确的选择。

(三)排中律的作用

排中律的作用就是保证思维的明确性。排中律要求在同一思维过程中，两个具有矛盾关系或下反对关系的概念和判断不能同时否定，对其中之一必须加以肯定，这就可以有效地杜绝犹豫不决、模棱两可和模棱两不可的现象，保证了思维的明确性。

排中律与同一律、不矛盾一样对正确思维起着重要作用。但它也同样有着自己的适用范围。

其一，排中律也同同一律、矛盾律一样，它也只是思维的规律，它仅仅在思维领域中起作用。排中律不是世界观，不是哲学规律。排中律要求在两个相互矛盾的思想中作出非此即彼的选择，并不否认客观事物存在中间状态并经过这个中间环节相互过渡、相互转换。它同形而上学的"非此即彼"有着本质的区别。比如青蛙是客观存在的水陆两栖动物，我们不能要求人们对青蛙必须作出是水生动物还是陆生动物的明确判定。

其二，排中律的要求只是就同一思维过程中，对同一对象、在同一时间、同一关系下而言的。比如，在和平年代打死与自己敌对的人是犯法的，而在战争年代是可以的、不违法的。这是针对不同时间、不同关系而言的，当然不违背排中律。

其三，从逻辑学的角度来说，排中律只适用于两个具有矛盾关系或下反对关系的判断，而不适用于具有反对关系的两个判断。超出了上述范围，排中律就失去了作用。在排中律适用范围外进行排中，也是违反排中律的要求的。其所犯的错误可称之为"强行排中"的逻辑错误。

另外，对于"复杂问句"不能简单采取"是"与"否"的回答，而是拒绝回答，这不违反排中律。因为复杂问句不是一个简单问句，而是隐含着一个预设的问句，简单的回答"是"与"否"都会肯定着它所隐含的假定。比如，对"你是否不再盗窃了"的问题，不能简单回答"是的"或"不是"，应回答"我没有盗窃过任何东西"。

二、排中律对法律思维明确性的要求

（一）了解案情过程中排中律的运用

在运用排中律时需要关注"复杂问语"。在正常的讯（询）问、审判过程中，不能用复杂问语诱使被讯（询）问者或被审判人落入圈套。如在对某嫌疑犯甲的审讯中，审问人员问："你能不能挖挖犯罪根源？"甲听出这是一个复杂问语，因为无论你对它作肯定或否定的回答，都意味着你承认自己犯了罪，所以甲严词拒绝："我没有什么可说的。"

在讯（询）问过程中可以适当地使用复杂问语，利用复杂问语为侦查活动提供线索，但应当严格遵守法律规定和逻辑要求，否则将有损法律的尊严。在司法活动中，仅根据对方肯定或否定的简单回答就定案，那样很容易造成冤假错案。如在预审中有这样一段对话：

> 预审员：你（李某）知道相机的后盖里层还是外层磨掉了一块漆？
> 李某：（犹豫了一会儿）是外面。
> 预审员：（出示相机）外层是完好的。
> 李某：（心慌）对！对！是里面。
> 预审员：（出示相机）里面完好。

虽然不能由此对话就确定相机是否为李某所有，但通过对话，可以了解到李某对相机不熟悉这一事实。有时，正是一些事实成为案件最终破获的突破口。

运用排中律，可以及时地指出"模棱两不可"的供述，迫使被告人对企图回避的问题作出回答。例如，预审人员要求被告人对某日是否去过某地作出回答，但被告人却绕圈子，在这种情况下，就要加以制止，使其按提问作出正面回答。

(二)在确立调查方向的过程中运用排中律

在上述佘祥林冤案中，办案民警本应根据举报去查证其妻是否还真的活着。如经证实，就应当旗帜鲜明地放弃原来的调查方向，重新确定新的调查方向，如去判明那个死者到底是谁，去寻找佘妻的真正下落等。假如原来设立的调查方向都被否定了，排中律就要求我们必须新增调查方向。因为案件已经发生，不是这样发生的，就必定是那样发生的，不可能既不是这样发生的又不是那样发生的，这是排中律的基本要求。比如火灾，按一般火灾展开调查就可确立人为破坏、责任事故、设备本身出问题等调查方向。但当我们将这几个调查方向都一一否定后，不能将此案归结为"无因起火"了事，必须去设想其他的可能性。

(三)在破案过程中运用排中律

某县发生了一起杀人案。刘某与李某发生口角，刘某用双筒枪将李某打死。到底是故意杀人还是过失杀人，意见不一。根据刘某的供述，他是在被害人拽枪的时候，无意将枪碰响击中被害人的。有一位侦查人员认为，刘某的行为已构成故意杀人，其根据是在场的三名证人一致认为被害人没有抢过枪。因证据不足，案子只能被搁置。但根据排中律，必须作出选择。后来上级派员仔细分析该案的案情，再经侦查实验，发现伤口面积大小应与射击距离成正比。根据李某身上的伤口面积大小，推算刘某与李某的距离，即使当时李某想抓住枪筒，但连伸直手臂也是够不着的。因此，否定了刘某的过失杀人，肯定了其故意杀人。

(四)在其他法律工作中运用排中律

任何一部法律对应当做什么、禁止做什么、可以做什么、可以不做什么都要有明确规定，否则法律就不能对人的行为规范作出明确界定。例如，我国《宪法》第二章"公民的基本权利和义务"中的诸条款就清楚地体现了这一特点，如第36条规定："中华人民共和国公民有宗教信仰自由。任何国家机关、社会团体和个人不得强制公民信仰宗教或者不信仰宗教，不得歧视信仰宗教的公民和不信仰宗教的公民。国家保护正常的宗教活动。任何人不得利用宗教进行破坏社会秩序、损害公民健康、妨碍国家教育制度的活动。"这一法律条文在宗教问题上对公民个人、国家机关和社会团体可以做什么，不可以做什么都规定得清清楚楚、毫不含糊。再看《宪法》第41条的规定："中华人民共和国公民对于任何国家机关和国家工作人员，有提出批评和建议的权利；对于任何国家机关和国家工作人员的违法失职行为，有向国家机关提出申诉、控告或者检举的权利，但是不得捏造或者歪曲事实进行诬告陷害。对于公民的申诉、控告或者检举，有关国家机关必须查清事实，负责处理。任何人不得压制和打击报复。"这一法律条款对公民对国家机关及其工作人员能行使什么权利以及在行使这种权利的过程中不能做什么，对有关国家机关及其工作人员应当做什么、不能做什么也都作了十分明确的规定。从逻辑学的角度看，这乃是排中律的要求在法律条文中的具体体现。法律只有提出明确的主张和规定，才能够体现其应有的社会作用和权威。

从司法的角度看，在起诉、审判等各个环节也都要遵守排中律的要求，这一点其实已清楚地体现在有关的法律规定中。例如，我国《刑事诉讼法》第 168 条规定："人民检察院侦查终结的案件，应当作出提起公诉、不起诉或者撤销案件的决定。"第 176 条和第 177 条又分别规定："人民检察院认为犯罪嫌疑人的犯罪事实已经查清，证据确实、充分，依法应当追究刑事责任的，应当作出起诉决定……""犯罪嫌疑人没有犯罪事实，或者有本法第十六条规定的情形之一的，人民检察院应当作出不起诉的决定……"这些规定的基本精神，就是在案件侦查结束的时候，人民检察院必须根据具体情况作出非此即彼的选择，不能含糊其词、不了了之。在法庭审判终结的时候，也应当有一个明确的结果。我国 1996 年修正的《刑事诉讼法》，采用了无罪推定原则，充分体现了司法思维的鲜明性。这不仅起到了较好的司法效果，也排除了"模棱两可"的逻辑矛盾。《刑事诉讼法》第 200 条规定："在被告人最后陈述后，审判长宣布休庭，合议庭进行评议，根据已查明的事实、证据和有关的法律规定，分别作出以下判决：（一）案件事实清楚，证据确实、充分，依据法律认定被告人有罪的，应当作出有罪判决；（二）依据法律认定被告人无罪的，应当作出无罪判决；（三）证据不足，不能认定被告人有罪的，应当作出证据不足、指控的犯罪不能成立的无罪判决。"这三种判决实际上可归为两类，即有罪判决和无罪判决，审判的结果必定是两者居其一，有个明确的交代，这同样是排中律的要求在法律工作中的体现。美国司法界的"世纪审判"，对美国前橄榄球明星辛普森杀妻案的判决，在这一点上令人称赞。在过去的刑事审判中，由于证据不足，罪与非罪难以定论，有些法官采取了"模棱两可"的处理办法，即既不宣判有罪，也不宣判无罪，而是把案件搁置下来，久拖不判。由于法院不表态，公安机关就不能放人，致使一些被告人长期羁押，从而酿成了不少冤案，造成了较大的负面影响。有的侦查人员在对案件提出处理意见时，对情节显著轻微的违法人员作出处理，不写明有罪还是无罪，而用"教育释放"来含糊其词，这样做就违反了排中律。

第四节 确保法律思维论证性的充足理由律

在法律领域，每作出一个结论都是需要进行充分的论证。无论是侦破案件，还是审案判决，都需要充分的证据和建立法律条文与实际案情之间的内在关联，才能作出正确的法律结论，确保法律得到公平、公正的执行。

一、充足理由律的内容与逻辑要求

（一）充足理由律的内容

充足理由律的基本内容可以这样表述：在论证过程中，一个判断被确定为真，总是有充足理由的，而所谓充足理由就是说根据是真实的，并能从这个真实根据中符合逻辑地推论出结论。

充足理由律的公式可以表示为：

A 真，因为 B 真，并且 B 能推出 A。

这一内容也可符号化表示为：

A，∴ B∧(B→A)

在这个公式中，"A"代表论题(也叫推断)；"B"(它可以是一个或一组判断)代表论据(也叫理由)；如果 B 是真的，并且 B 能推出 A，那么 B 就是 A 的充足理由。

(二)充足理由律的逻辑要求及违反它的逻辑错误

充足理由律要求人们在论证中必须为论题提供充足理由。

1. 理由必须真实

不管是什么样的论证，都不能建立在没有根据或虚假根据之上。因此，作为论证的理由一定要有，而且必须是真实的。

违反这条逻辑要求所犯的逻辑错误主要有这样几种：一是"没有理由"，不提供任何根据，类似"强取豪夺"；二是"理由不真实"或"理由虚假"，将没有证实或杜撰的事实作为论证的前提根据，就像是"欺世盗名"；三是"预期理由"，将尚待证实的根据提前作为根据使用，看似有理实无理。

2. 理由与论题之间要有逻辑联系

理由即便是绝对真实的，即便是经过实践检验的科学原理，但如果理由与论题之间不能建立内在的逻辑联系，即不能从理由推出论题，论题仍然是没有经过论证的，仍然是不可靠的。所以说，理由必须能够合乎逻辑地推出论题。

违反这项逻辑要求，论证就不具有说明力，就会犯"推不出"或"推不出来"的逻辑错误。这种错误包括以下几种主要情形：一是论据与论题不相干，即两者因缺乏逻辑关联而各自独立存在，毫不相干；二是论据不足，即论据与论题之间有一定的外在联系，但并没有内在的、足以证实论题真实性的逻辑强力联系，或者说论据与论题之间只有可能性的联系；三是以人为据，即以某个人说的话建立了论据与论题之间的表面联系，但缺少逻辑上的联系；四是诉诸权威，即以某个权威理论为依据，但这个权威理论并不能符合逻辑地推出论题；五是诉诸无知，即以某种不科学的说法为依据建立不可靠的推导；六是诉诸情感，即以为依赖某种情感就能获得某个结果，而没有从逻辑上进行论证；七是诉诸公众，即以许多人的诉求为依据进行推论而不管其诉求是否合理及推论是否符合逻辑；八是诉诸他恶，即完全撇开逻辑，恶语相加，进行人身攻击；九是稻草人谬误，即有意无意地先歪曲原论题，再比较容易地进行论证；十是推理形式无效，即在论证过程中违背逻辑规则，采用无效式进行推论，论题的真实性得不到保证。

(三)充足理由律的作用

充足理由律的作用在于保证思维的论证性。充足理由律要求理由必须真实，理由与论断之间必须有逻辑联系，只有如此，才能做到思想有根据，认识准确，表达有力。

充足理由律对法律执行者来说有着特殊的意义和作用。从立案侦查、提出公诉到开庭审判以及定罪判刑都必须依据充足理由。司法工作，如果不遵守充足理由律，就极有可能发生错抓、错判、错杀。这是关系到准确打击犯罪的原则问题，也是关系到正确执行党纪国法的重大问题。

充足理由律起作用的适用范围包括：其一，充足理由律主要在论证和推理的思维形式中起作用，而对概念、判断等思维形式没有直接的约束力。其二，充足理由律主要适用于演绎推理和完全归纳推理这样的必然性推理形式，而不适用于类比推理和不完全归纳推理等或然性推理形式。因为遵循充足理由律，在演绎推理和完全归纳推理这样的推理形式中，能保证从真实的前提推出真实的结论；而在类比推理和不完全归纳推理中，却不能保证从真实的前提推出真实的结论。虽然类比论证和不完全归纳论证运用得好也有着很强的说服力，但是从根本上说它们的"理由"却是不充足的。其三，与同一律、矛盾律、排中律一样，充足理由律也只是思维的规律，它也仅仅在思维领域中起作用。充足理由律要求前提和理由必须真实，这是从逻辑的角度提出的要求，充足理由律本身并不能保证前提和理由的真实性。前提和理由的真实性最终需由各门具体学科的研究和人们的不断实践来解决。

二、充足理由律对法律思维论证性的要求

(一)司法程序中充足理由律的运用

在案件经过侦查而告破的结案阶段，公安部门一定要遵循充足理由律论证案件的真实存在，论证案件当事人具有犯法行为。

人民检察院审查案件的时候，必须查明犯罪事实，情节是否清楚、证据是否确实充分，犯罪的性质和罪名的认定是否准确；提起公诉，证据必须确凿、充分、有充足的理由。

法院判定被告人有罪或是无罪，犯的是什么性质的罪，适用什么刑罚和免除刑罚，都应有充分的理由。例如：某一被告，深夜将铁路通信线路剪下十八根钢线，卖掉后获取利益。由于被告的破坏，南昌铁路分局有线电话线路中断了一段时间。某人民检察院以被告犯盗窃罪提起公诉，但同级人民法院经审理后以破坏设备罪论处被告。法院依据的理由是：从认定的事实来看，被告窃取的钢线并非在仓库或在其他地方的备用材料，而是正在使用的通信设备；被告这一破坏行为侵害的客体有两个，首先是公共安全，其次才是公共财产。显然，法院的理由更为充足。而在另一案例中，法院就没有遵守充足理由律：

> 甲帮和乙帮两伙人在喝醉酒以后因为一点小事斗殴，几十个人斗作一团。甲帮的一个人突然倒地而死，这群人就一哄而散了。后来，乙帮为首的青年在北京被抓获了。在审讯中，他始终不承认自己动手打人，并且坚持说自己连打架都没有参与。法庭上控方出示的只有一个证人证言，是一个距离被害人倒地现场 6 米之外而且在后台操作音响的服务员的指认。该证人作证说是"看见一个挺高个的人打了一个高个子穿大衣的人，在太阳穴处猛击一拳"。法院仅凭此证人证言，就认定被告人故意伤害罪成立。在这里，法院就犯了"推不出"的逻辑错误。因为理由不充分，依据一个证人证言不足以推出被告人故意伤害罪成立的结论。

在本案中，证据只有一个，没有其他相关证据相互佐证，不能必然得出这一结论。

辩护人既是被告人的合法权益的维护者，同时又是国家法律的捍卫者，因此，辩护人作出有利被告的无罪或减罪的辩护，都应实事求是且有法律根据，只有将内在的逻辑关联性阐述清楚，才能得到法官的采纳。

(二)法律文书中充足理由律的运用

法律文书要遵守充足理由律，因为一旦形成文字，更便于人们对其逻辑性进行分析。一件法律文书的质量主要看它对理由的阐述是否充分。

以下以一份结案报告为例来说明充足理由律的运用。

侦查终结报告书

犯罪嫌疑人孙××抢劫、盗窃一案，经我局 2000 年 10 月 2 日至同年 11 月 28 日的讯问调查工作，已经侦查终结，现将审理结果报告如下：

一、犯罪嫌疑人的基本情况

犯罪嫌疑人孙××，男，1980 年 12 月 23 日生，河南省固始县人，身份证号码为××××××××××××××××××，汉族，初中文化，农民，住河南省固始县蒋集镇付集村。2000 年 10 月 4 日，因涉嫌盗窃罪被××局公安局刑事拘留，同年 10 月 30 日，经××区人民检察院批准被逮捕，现押于××公安局看守所。

二、违法犯罪事实

2000 年 7 月 17 日 3 时许，犯罪嫌疑人孙××窜至××区北大街南里 5 号楼 15 号，持刀入室，威胁被害人，并抢得照相机 1 架，寻呼机 1 部，价值人民币 1350 元。

2000 年 7 月至 8 月间，犯罪嫌疑人孙××先后窜至××区东里 1 号楼 103 室、××区看丹路 4 号院 5 楼 29 号被害人师××、王×的家中，盗窃现金 1000 元、手机 2 部，物品价值人民币 950 元。

2000 年 10 月 2 日 2 时许，孙××欲再次行窃时，被当场抓获。

三、处理意见

犯罪嫌疑人孙××的行为已经触犯了《中华人民共和国刑法》第 263 条、第 264 条之规定，涉嫌抢劫罪、盗窃罪。经反复讯问和调查，犯罪嫌疑人孙××供认不讳，犯罪事实清楚，证据确凿充分，法律手续完备。根据《中华人民共和国刑事诉讼法》第 129 条之规定，拟将此案移交××区人民检察院审查起诉，追究犯罪嫌疑人孙××的刑事责任。

四、需要说明的问题

(一)犯罪嫌疑人孙××的认罪态度一般。

(二)被害人师××所丢失的随身听已经被犯罪嫌疑人孙××扔掉，并且被害人也记不清具体的购买时间及价格，故未作价。

(三)被害人王××称除手机外，还丢失现金 50 元及书包、裤子等物品。经反复讯问，犯罪嫌疑人孙××拒不供认，我们认为，暂不认定为宜。

以上报告妥否，请批示。

侦查员：×××、×××

2000 年 11 月 28 日

上述结案报告书构成了一个逻辑论证的完整过程。这一论证的逻辑构成如下：

论题："犯罪嫌疑人孙××的行为已经涉嫌抢劫罪、盗窃罪，应追究犯罪嫌疑人孙××的刑事责任。"

论据："(1)2000 年 7 月 17 日 3 时许，犯罪嫌疑人孙××窜至××区北大街南里 5 号楼 15 号，持刀入室，威胁被害人，并抢得照相机 1 架，寻呼机 1 部，价值人民币 1350元。(2)2000 年 7 月至 8 月间，犯罪嫌疑人孙××先后窜至××区东里 1 号楼 103 室、××区看丹路 4 号院 5 楼 29 号被害人师××、王×的家中，盗窃现金 1000 元、手机 2 部，物品价值人民币 950 元。(3)2000 年 10 月 2 日 2 时许，孙××欲再次行窃时，被当场抓获。(4)犯罪嫌疑人孙××的上述行为是触犯《中华人民共和国刑法》第 263 条、第 264 条之规定的行为。(5)凡触犯《中华人民共和国刑法》第 263 条、第 264 条之规定的行为，就涉嫌抢劫罪、盗窃罪，应追究刑事责任。"

这一论证中包含着一个三段论的演绎推理过程。大前提："凡触犯《中华人民共和国刑法》第 263 条、第 264 条之规定的行为，就涉嫌抢劫罪、盗窃罪，应追究刑事责任。"小前提："犯罪嫌疑人孙××的行为是触犯《中华人民共和国刑法》第 263 条、第 264 条之规定的行为。"结论："犯罪嫌疑人孙××已经涉嫌抢劫罪、盗窃罪，应追究犯罪嫌疑人孙××的刑事责任。"论证方式主要是三段论的 AAA 式，符合三段论推理规则，形式有效。

因此，侦查人员在撰写结案报告书时，除了必须认真检查是否满足结案的必要条件，即认真检查和复核案件事实是否清楚，证据是否确凿、充分，犯罪性质和罪名认定是否正确，法律手续是否完备外，还要掌握和运用归纳推理和演绎推理等逻辑论证的方法，通过对一系列的犯罪事实和证据的逻辑分析和综合，符合逻辑规律和逻辑规则地找出犯罪嫌疑人的犯罪行为与某种犯罪的犯罪构成要件之间内在的逻辑上的因果关联，得出具有说服力的某种犯罪的结论，最后提出符合逻辑的处理意见。结案报告书的撰写过程就是对案件定性的一个逻辑论证的过程，整个论证过程必须满足充足理由律的要求，即前提为结论提供充足理由。

第五节　思维逻辑规律在法律领域的综合运用

作为思维的基本规律，同一律、不矛盾律、排中律和充足理由律对人们思维的要求是一致的，又各有侧重。它们既相互联系又相互区别，综合运用这四条规律就能全面保证思维在正确的轨道上运行。在法律思维中，综合运用它们则可保证处理法律问题的公平、公正性，彰显法律的威严，提高执法的效率，促进社会的和谐发展。

一、思维逻辑规律的相互联系

同一律、不矛盾律、排中律和充足理由律，在保证思维的确定性上是一致的。

(一)四条规律有着共同的客观基础

列宁曾指出："逻辑规律就是客观事物在人的主观意识中的反映。"[①]这就是说，逻辑

---

① 《列宁全集》第 38 卷，人民出版社 1959 年版，第 714 页。

规律并不是人们主观创造的，而是有着客观基础的。辩证唯物主义告诉我们，世界是普遍联系和永恒发展的。事物是永恒发展的，是一个由量变到质变的过程。在量变过程中，事物只是在一定的度之内进行量变，并没有发生质变，具有相对的稳定性，或者叫作质的规定性。客观事物的质的规定性反映在人的思维中，就表现为思维的确定性。即一个思想反映了 A 就是 A（同一律），不能既是 A 又是 ¬ A（不矛盾律），必须在 A 和 ¬ A 中明确地确定一个（排中律），事物的质的规定性是同一律、不矛盾律、排中律的客观基础。事物是普遍联系的，每一个事物都不是孤立存在的，事物内部以及与其他事物都处于互相依赖、互相影响、互相制约、互相作用的关系中，每一个事物的存在都是有条件的，所有与之相联系的各个事物构成了该事物存在的条件。反映在思维领域，所有思想的存在都有条件、根据、理由，都必须由一个系统中已知为真的思想合逻辑地推理出来。这就是充足理由律的客观基础。

(二)四条规律都是思维领域的规律

逻辑基本规律是人们在长期实践的基础上对思维活动规律性的概括和总结，它仅仅在思维领域中起作用。在思维逻辑中有同一律，要求如果 A，那么 A，但在客观世界没有永恒的 A 是 A；在思维逻辑中有不矛盾律，要求思维不能既是 A 又是 ¬ A，但在客观世界存在永恒的辩证矛盾即 A 与 ¬ A 的对立统一；在思维逻辑中有排中律，要求思维在 A 和 ¬ A 中明确选择一个，但在客观世界 A 和 ¬ A 之间有许多中间状态。充足理由律是思维的一种最高理想状态，仅适用于演绎推理和完全归纳推理等推理形式，因为这些推理能保证从真实的前提推出真实的结论，因此，它们的结论是必然的。但在现实的思维中，在类比推理和不完全归纳推理中，不能保证从真实的前提推出真实的结论，其结论具有或然性，因此，从根本上说，它们的理由是不"充足"的。寻找充足理由是一个非常复杂的动态过程，是我们思维的终极标准。

(三)四条规律起作用的条件是一致的

逻辑思维的基本规律起作用的条件都是在同一思维过程中，即思维去反映客观事物发展的量变过程不包括质变过程。在同一时间、同一对象、同一关系中，我们的思维必须保持思维的确定性、无矛盾性、明确性和论证性。如果不在同一思维过程中，这些规律就会失效，而代之以辩证逻辑的基本规律来起作用。

(四)四条规律可以联合起作用

四条规律具有一致性，只是侧重点不同而已，它们的关系非常密切。因此，在认识事物的过程中，我们可以让它们联合发挥作用。我们先充分及时全面地收集需要的信息，仔细阅读分析，不急于接受，而是运用同一律、不矛盾律、排中律判断这些信息是否与客观实际、常识、科学及自身相一致、无矛盾、清楚明晰。然后进一步运用充足理由律，在事实基础上进行有效充分的证明或反驳，建构认识的真理体系。

二、思维逻辑规律的相互区别

(一)四条规律强调重点不同

逻辑思维的基本规律共同要求人们的思维具有确定性，但各自强调的重点还是有所区别的。同一律强调思维的一贯性，不矛盾律强调思维的无矛盾性，排中律强调思维的鲜明性，充足理由律强调思维的论证性。四大规律的内容、公式、逻辑要求、所犯的逻辑错误、作用也都有所区别。同一律、不矛盾律、排中律与充足理由律的区别明显，后者主要在论证中起作用；同一律与不矛盾律、排中律的区别也明显，前者提出的是正面要求，后两者则是反面或侧面的特殊要求。

在四条规律中，同一律是最基础的。人们的思维首先要遵守同一律，尔后在遵守其他基本规律时也必须同时遵守同一律。

（二）不矛盾律与排中律的区别

排中律和不矛盾律的区别有着特殊的意义。两者主要有以下几点区别：

第一，两者的适用范围不同。不矛盾律适用于两个具有矛盾关系、反对关系的思想；而排中律适用于具有矛盾关系或下反对关系的思想。对于两个反对关系的判断排中律是不起作用的，对于两个具有下反对关系的判断矛盾律是不起作用的。

第二，两者的逻辑要求不同。不矛盾律要求两个具有矛盾关系或反对关系的思想不能同真，二者必有一假，不能同时加以肯定；排中律要求两个具有矛盾关系或下反对关系的思想不能同假，二者必有一真，不能同时加以否定。

第三，两者所犯的逻辑错误不同。违反不矛盾律所犯的逻辑错误主要是"自相矛盾"；违反排中律所犯的逻辑错误主要是"模棱两可"和"模棱两不可"。

第四，两者的作用不同。不矛盾律保证思维的无矛盾性，排中律保证思维的明确性。

三、思维逻辑规律在法律中的综合运用

逻辑的基本规律贯穿于人类的思维活动中，每个基本规律都有其特定的要求和作用。在执法实践中，人民警察、人民检察官、人民法官应该把逻辑基本规律的知识和具体的执法实践结合起来，既能充分发挥每个基本规律的作用做好执法工作，又能综合运用逻辑基本规律来提高自己的应变能力和处理现实问题的能力。我们在处理问题时，应该学会综合运用逻辑基本规律的能力。

下文，将对滕某善一案进行综合分析。

1987年4月在湖南省怀化麻阳苗族自治县有人报案发现了被肢解的人体尸块，经初步鉴定死者为一名年轻女子。10月，经警方的调查后认定受害人为该县旅店服务员谢某。经警方调查发现高村乡马兰村村民滕某善有作案嫌疑，他熟悉现场，有作案时间，有作案工具和技能（从事生猪屠宰），且似乎与谢某有染。在当时的条件下，司法侦查虽然还存在许多问题，在该案中许多的侦查细节仍存在疑点，嫌疑人关于作案事实的前后供词间明显存在诸多矛盾，且其杀人动机、杀人现场、死者的遗留物也没有彻底交代清楚，但司法机关仍认为滕某善杀人犯罪的证据充分，足以认定他就是凶手，最终判处他死刑，剥夺政治权利终身。而以为已被杀害的谢某17年后重新与家人取得联系，当年的她只是被人贩子拐卖到了外地，几经辗转才回到家乡，但无辜的滕某善却早已魂归九泉。"杀人犯"被枪毙17年后死者竟活着回来，无名女尸真正的身份仍然未知，真正的凶手仍然逍遥法外。究竟是什么原因导致这一重大司法冤案呢？在这里我们从逻辑规律的角度来进行综合分析。

在讯问笔录中，我们找到了以下材料：

1. 滕某善(以下统称为滕)关于作案动机的供述

(1)12月9日：被害人到滕家中偷钱被发现→被害人手中持有菜刀→滕认为如果他不杀掉她，她就会杀掉他→滕夺走被害人手中的菜刀并杀了她。

(2)12月10日：滕的100元放在公文包里后不见了，滕认为是被害人拿走了他的100元，滕顺手拿起一把杀猪刀杀了她。

(3)12月11日：滕要搜身激怒了被害人→滕想干脆搞死她→滕从后面右手箍住她的脖子，左手捂她的嘴，把她捂死了。

2. 滕关于致死方法的供述

(1)12月9日：人，是用菜刀把她砍死的。

(2)12月10日上午：滕是用刀和斧头砍的→滕用右手挟着她的脖子，左手捂着她的口，他站在她身后捂晕她后，她就倒在了地上。下午：滕在她的颈部割了一刀，割死了。

(3)12月11日：把她捂死。

(4)12月17日：对着她的太阳穴将她打昏→死后用刀子分尸。

(5)1988年1月9日：滕不承认杀人，表示前面交代的东西大部分是乱讲的。

(6)1988年5月26日：办案人员问为什么又要交代一节又不交代一节，滕表示："现在我也讲不清楚了，其实我是愿意交代清楚的。"

(7)1988年9月5日：滕表示他只与被害人发生过性行为，并没有其他犯罪行为。

3. 滕关于碎尸的方法、碎尸的部位的供述

(1)12月9日上午：滕把被害人的手、脚砍了。下午：滕先砍头部，接着脱了她的衣服砍手，砍手之后砍脚。

(2)12月11日：先砍头，再从关节处割肩部关节，有骨头就用小斧头砍，再割腿，从大腿靠肚子边的关节处砍不断，又用斧头砍骨头，并用刀在身上画了个十字架，顺几刀、横一刀破开。

4. 滕关于抛尸过程的叙述

(1)12月9日上午：砍了以后，就把她的手脚丢到河里去了。下午：砍后，分别把头、手、腰部丢到河里去了，在丢脚时，不小心还把一只脚遗落在沙塘里，沙塘当时没有水，第二天涨水了，把脚冲走了。

(2)12月11日：第一步先甩头到滩中间。第二步用姜子树叶包住双手甩到滩上，由于姜子树叶是脆的，两手可能被甩开了。第三步在姜子树上捡了一张大概2尺宽长的薄膜纸，包住身体甩下河，身体当时就沉下去了。

下面我们综合运用法律思维的逻辑基本规律对于办案人员的侦查思维做一个逻辑分析：

第一，违背同一律。

滕某善的证言前后处处都有不一致的地方，办案人员却视而不见。滕某善交代使用一

把斧头碎尸，而该斧头后再未使用，但经法医鉴定斧头上有可疑斑迹却未见有人血，斧头作为作案工具并没有得到同一认定。死者的颅像鉴定报告显示，死者与认定被害人谢某颅骨某些部位不符，死者的身份也没有得到同一认定。确认滕某善为犯罪嫌疑人需要多重证据，而办案人员却只是因为滕某善具有作案时间，熟悉现场情况，具有作案工具和作案技能等表层原因给滕某善判了死刑，而其他疑点却被警方弃之不顾，对更有力的证据更是避而不谈，歪曲认定滕某善为杀人犯的证据，回避较强的证据而攻击较弱的证据，实则是落入了稻草人谬误。在整个案件的审判中，滕某善本无罪，他一开始并不承认，但是在办案人员的严刑讯问之下他不得已承认自己的罪行，他本人对事实最为了解，然而他却没有如实表达，在滕某善找到警方申冤之时，警方说"这个不由你说了算，政府肯定没错"，从中可以看出办案人员没有追根溯源查明案情，未弄清案情真假，没有与客观事实保持一致，导致冤假错案，严重违反了同一律。

第二，违反了不矛盾律。

从滕某善的多次"交代"来看，其杀人、碎尸、抛尸的原因、过程，作案工具的来源、去向等主要犯罪事实，不仅供述不清楚、不完整，更加严重的是，前后矛盾，漏洞百出，难以置信。对于这些明显的漏洞和矛盾，办案人员听而不闻。有如下五个"没有交代清楚"或者说"交代不清楚"、充满矛盾的地方：一是没有交代清楚被害妇女是谁，情况如何，滕某善与其交往的过程；二是没有交代清楚杀人、碎尸的原因；三是没有交代清楚作案过程即如何杀人、如何碎尸的过程；四是没有交代清楚抛尸的原因以及抛尸地点、过程；五是没有交代清楚凶器是什么，究竟是菜刀、杀猪刀还是斧头，作案工具的来源、去向也没有交代清楚。

第三，违背排中律。

滕某善对于是否杀人前后态度两相矛盾，且不存在既杀人又没有杀人的中间地带的可能性，因而根据排中律两个互相否定的思想必有一真，而法官直接忽略掉另外一种可能性的存在，也是导致冤假错案的一大原因。据办案人员的说法，滕某善从马兰村出发，一路追到马兰洲，将谢某杀害。但是，两地被河水隔开，唯一的通道，只有枯水时才能通行。案发当日，麻阳苗族自治县暴雨倾盆，那条小路早已被淹没。按照办案人员的说法，就只有两种可能。一是两人都冒着被洪水冲走的危险，游到马兰洲上；二是两人都租船到了马兰洲。这样的案发过程，实在是不合情理。据锦江河上游划渡船的船工反映，他们曾看到过尸块。若滕某善是在马兰洲抛尸，尸块一定是顺着河水往下游漂，怎么可能出现在上游呢？案发地点出现矛盾，那么孰真孰假呢？而办案人员对于如此关键的问题模棱两可，不再深究，严重违背了排中律。

第四，违背充足理由律。

将从斧头上提取的毛发作为认定滕某善杀人的证据，是缺乏充足理由的。"送检颅骨（97号）与嫌疑人谢某人像经颅像重合检验"过程中存在"放大后上颌左第一、二齿缝较大，与颅骨不符"的情况，而鉴定机关在缺少充足理由的情况下就认定该颅骨属于谢某，而事实证明这次鉴定也缺乏充足理由，是错误的。在确认碎尸工具到底是斧头、菜刀还是杀猪刀的时候，滕某善根本没有完整的一致的供述，而检验机关在实验证据并不充分的情况下断定"现场尸首上的痕迹是滕某善的斧头形成"同样缺乏充足理由。最后将滕某善定为杀人凶手，办案人员并没有将案件发生的必要条件：动机方面的条件、作案特征方面的条件、物质方面的条件、罪后方面的条件有机联合，形成一个有内在联系、无矛盾的、具有同一指向的证据链条，即并没有找到给滕某善定罪的充足理由。

思维的逻辑规律是侦查法律活动中"看不见的红线"，而本案办案人员无视逻辑规律，对逻辑理性毫无敬畏，导致了冤假错案发生。这是所有司法人员必须吸取的血的教训。

◎ 练习一：法律逻辑规律训练

一、下列各题中的议论或对话是否符合思维基本规律的要求？如有不符，请指出其违反了哪条基本规律的要求，犯了什么逻辑错误？

1. 在一次庭审中，审判官问被告："你认识被害人吗？"被告答："我没说我认识他。"审判员又问："那么你不认识他？"被告答："我没说我不认识他。"

2. 在一份离婚的判决书中，案情材料部分有"原告提出双方是经人介绍，认识一个月结婚的，婚后感情不好，对方不顾家，吵架时还打我，主张离婚。被告答辩称，婚后感情很好，有时吵嘴，吵了就好，不同意离婚。经查以上情况均属实。"

3. 我认为，本案所有的材料都是可信的，当然其中有些材料也不那么可信。

4. 某法学杂志上有人撰文："某人有罪与某人无罪，这是两个互相矛盾的判断。就是说，某人不是有罪就是无罪，非此即彼，非彼即此，两者必居其一。有的人认为被告的行为介于罪与非罪之间，确系犯有严重错误，宣告无罪太便宜了他，就判'不予刑事处分'。这种说法，既不符合事实，也不合乎逻辑。"

5. 某刑警大队的一个负责人说："今年咱们的破案率基本上达到了百分之百。"

6. 被告主动放弃犯罪，属犯罪未遂。

7. 被告是否有罪要根据证据来判定，我们不能说所有的被告都是有罪的，也不能说所有的被告都是无罪的。

8. 某预审员问："你偷盗厂里铜材是不是犯了法？"某被审犯人："还有人拿厂里更值钱的东西呢，你们为什么不问？"

9. 颜某刑满释放后，社区里的有些居民背后称他为"刑满释放犯"。

10. 被告伤人，既不是故意，也不是过失，可给予训诫处分。

11. 被告经常毒打妻子，致使其妻成为残疾人，情节严重，依法判处有期徒刑一年，缓刑一年。

12. 审判员：你作案后跑到什么地方去了？被告：我没有作案。

13. 有这样一个案件：被告殷某对其生母不抚养外祖母从不满发展为憎恨，决意用犯罪手段惩罚母亲，然后自杀。有一天，殷某准备好了自杀的毒品，乘其母熟睡之际，用大铁锤敲母亲的头部。其母被砸痛惊醒，殷某的弟弟闻声赶来及时制止了她的行为，其母只受了轻伤。法院在讨论这起案件时，对殷某的行为是否具有故意杀人的性质有不同看法。争论中有人提出，被告人与被害人系母女关系，并无利害冲突，对母亲的不道德行为，只是想泄愤惩罚，有伤害的故意，而没有剥夺母亲生命的必要。

二、根据思维基本规律的有关知识，回答下列各题中的问题

1. 甲、乙、丙三人因某起案件而被传讯，当办案人员问谁是作案人时，他们的回答如下：

　　甲："我没有作案。"

　　乙："这个案子与我无关。"

　　丙："甲才是作案人。"

现已知甲、乙、丙三人中只有一人说了真话，请问谁是作案人？谁说了真话？写出推导过程。

2. 某珠宝商店失窃，甲、乙、丙、丁四人涉嫌被拘审。四人的口供如下：甲说：案犯是丙。乙说：丁是罪犯。丙说：如果我作案，那么丁是主犯。丁：作案的不是我。四人的口供中只有一个是假的。如果以上断定都为真，则以下哪项断定是真的？（　　）

　　A. 说假话的是甲，作案的是乙。

　　B. 说假话的是丁，作案的是丙和丁。

　　C. 说假话的是乙，作案的是丙。

　　D. 说假话的是丙，作案的也是丙。

　　E. 说假话的是甲，作案的是甲。

三、分析下列案情，简要写出推导过程

1. 某农场的更夫被打死在值班室里。在侦查中，有人举报钱某嫌疑重大，他不仅符合侦查人员在对现场分析后作出的对犯罪人的"刻画"，且具有作案的因素，他最近因赌博债台高筑，急于筹款还债。侦查组正要采取措施深入侦查之际，钱某主动前来"自首"，供述更夫为他所杀，侦查组对其"供述""自首"作了认真的研究，认为其供述的大部分内容与案情相符，但有两处重大出入。一是更夫是被钝器打死，而钱某自供是用刀子杀害；二是钱某自供是骑马来到现场，而在现场搜索时，未发现任何兽蹄印痕迹（案发在雪后）。侦查组认为，他既然承认杀人这一事实，为什么他不承认用棍棒将人打死，又为什么谎说骑马而来，感到其中必有缘故。侦查组未被这一"自首"而蒙蔽，继续深入调查，结果找到了真正的杀人犯，使"自首"者开释，犯罪者伏法。请问：侦查组为什么会怀疑钱某供述的真实性？

2. 某地发现一具尸体，经公安人员侦查，认为附近一个村庄的何某和贾某有重大嫌疑。在预审中，二人都供认了杀人罪行，于是公安人员便认定两人合谋杀人属实。后来法院反复研究案件材料，发现两人交代的合谋地点、分赃时间及赃款数目不一，两人交代的凶器（锐器）与技术鉴定的（钝器）相冲突，认为此案应重新调查。后终于查明，真正的凶手只有何某一人，由于他与贾某有私仇，故意陷害贾某。请问：法院发现此案有问题，依据了什么逻辑规律？

3. 某年冬天，在江苏、安徽交界的江南三省连续发生三起杀人抢劫案，犯罪分子与那段时期从江北某监狱越狱逃跑的吴犯的作案手段一样，很可能这三起案件也是吴犯所为。当将吴犯抓获后，吴犯一口咬定越狱后从来没有到过苏南、皖南一带。为了揭穿吴犯的谎言，预审员从吴犯随身携带的物品中，搜出苏州自产自销的火柴，继续审问他：你越狱逃跑后到过哪些地方？答：一直在苏北。问：有没有到过苏南？答：没有，天地良心真

没有！预审员拿出那包火柴，问：这是什么？答：火柴。问：在哪儿买的？答：……当然在苏北买的了。预审员把火柴拿给他看，问：你再看看是哪里的火柴？答：苏州……问：告诉你，这种火柴只有在苏州地区才能买到。你老实交代吧。在任何人都不可抗拒的逻辑规律面前，终于迫使吴犯交代了这三起杀人抢劫案的罪行。预审人员在审案的过程中运用了什么逻辑规律？

4. 据某报载，某贪官为自己被黑社会腐化的行为辩解："被黑社会腐化实属无奈。"理由是"大权在握，所以身不由己"。某贪官收受贿赂，东窗事发。检察机关经过仔细调查，终于弄清楚贪官的受贿金额。但贪官拒不承认，并愤愤地说："不错，别人是送了我 50 万元，但都是假币，应视为无效货币，所以不能说我受贿。"因为大权在握，所以身不由己？因为接受的是假币，所以就不是受贿？这种刺耳的声音，倒应了黑格尔的一句评价：世界上一切腐败的事物都可以为它的腐败说出好的理由。

5. 据某报载，某人在家具商场看中了一件家具，按约定向商家交了 200 元订金，而商场却在相关票据上将"订金"写为"定金"。后来这个人由于某种原因不打算购买这件家具了，便要求商场退还 200 元订金。但商场却以《合同法》的有关规定为由，不予退款。此时，这个人才意识到当初商场将"订金"写为"定金"就是为了扣住这 200 元钱。又有一人看中了某房地产公司的期房，于是与该公司签订了认购书，并交付了 3 万元定金。但在认购书及收款收据中被该公司均写成了"订金"。后该公司因资金周转不灵而导致工程停工，房子无法交付。此人便要求该公司双倍返还定金，而该公司认为 3 万元是订金，不能适用定金规则，仅同意原数返还。于是这个人将该公司告上法庭。经法院审理，认为双方将该 3 万元冠名为"订金"，并且认购书和收据中均无对符合定金特性的定金法则的约定，因此不能适用于特定的定金法则。于是判决该公司返还 3 万元并承担该款同期银行存款利息。目前像这种商家利用人们对"定金""订金"的差别不甚了解而将消费者诱入"文字陷阱"的事例并不鲜见。请从逻辑规律的角度，分析商家的营销伎俩。

◎ 练习二：行政职业能力测验逻辑规律题训练

（说明：思维基本规律当然能普遍应用，无论是阅读理解还是图形推理、类比推理等都可运用这些规律解题。1~2 题主要是运用同一律解答片段阅读题）

1. 尽管国际上对此存在很多争议，意大利文化部门还是决定用蒸馏水清洗米开朗琪罗的旷世杰作——《大卫》雕像。这项清洗工程的目的之一是除去这座高达 4.5 米的雕像上的尘土和油污。佛罗伦萨博物馆的负责人说："这项工程并不是为了让雕像变得更好看。"意大利文化部长已经排除了干洗的可能性。

"国际上对此存在很多争议"的"此"指的是（　　　　）。

A.《大卫》雕像是米开朗基罗的旷世杰作

B. 这项工程是为了让雕像变得更好看

C. 决定用蒸馏水清洗《大卫》雕像

D. 要除去这座高达 4.5 米的雕像上的尘土和油污

2. 最近，本市一所高校和一个区的老龄问题委员会就维护老年人合法权益的问题，对 1600 多名老人进行社会调查。调查中，老人认为家庭中小辈尊重他们的占 52.3%，有一部分人认为一般尊重，认为不尊重老人者也为数不少。这一点值得社会重视。

老年人的问题是全社会的问题，需要得到全社会的关心。最近，静安区老龄问题委员会向中青年朋友发布了一封敬老公开信，公开信中呼吁："今天，你们是中青年，明天，你们也将成为老年人，关心老年人的今天，也就是关心你们自己的明天。"这起到了很好的宣传效果，我们希望社会各界更热忱地关心、爱护老年人。

关于以上两段话，下列说法不正确的是（　　）。

　　A. 敬老公开信之所以能达到很好的宣传效果是因为巧妙的措辞

　　B. 有 52.3% 的小辈尊重老年人说明不尊重老年人的人数只是极少数

　　C. 作者赞同全社会都应该关心和爱护老年人

　　D. 文中"一部分人"是指代部分被调查的老年人

（说明：应用同一律的一致性、不矛盾律和排中律的确定真假特性、充足理由律的内在关联性等，可迅速解答以下的判断推理题）

3. 某年中国移动通讯公司曾经投入巨资扩大移动通讯服务覆盖区，结果当年用户增加了 25%，但是总利润却下降了 10%。最可能的原因是（　　）。

　　A. 中国移动新增用户的消费总额相对较低

　　B. 中国移动话费大幅度下降了

　　C. 中国移动当年的管理出了问题

　　D. 中国移动为扩大市场投入的资金过多

4. 某国家先后四次调高化肥产品出口关税以抑制化肥产品出口。但是，该国化肥产品的出口仍在增加，在国际市场上仍然具有很强的竞争力。

以下选项不能解释这一情况的是（　　）。

　　A. 国际市场上化肥产品处于供不应求的状态

　　B. 该国化肥产品的质量在国际市场上口碑很好

　　C. 该国化肥产品的价格在关税提高后仍然比其他国家低

　　D. 该国化肥产品的产量仍在不断增加

5. 有一个岛上住着两种人，一种是说真话的人，一种是说假话的人。一天，一个人去岛上旅游，遇到甲、乙、丙三个岛上居民，便问起他们谁是说真话的人，谁是说假话的人。甲说："乙和丙都是说假话的人。"乙说："我是说真话的人。"丙说："乙是说假话的人。"这三个人中有（　　）个是说假话的人。

　　A. 0　　　　　　B. 1　　　　　　C. 2　　　　　　D. 3

6. 狭义的心育指培养良好的性情，广义的心育则指完善人格，包括培养性情，也包括培养高尚的道德感。我国现行学校教育虽较重视德育，但对学生心理健康缺乏足够的关注。许多孩子尽管道德感很强，心理却很不成熟，常常不能接纳现实的自我。

由此可以得出（　　）。

　　A. 德育不能代替心育

　　B. 心理越成熟的人道德感越弱

　　C. 德育对完善学生的人格不起作用

D. 我国现行学校教育没有心育的内容

7. 桌子上有 4 个杯子，每个杯子上写着一句话。第一个杯子上写着："所有的杯子中都有水果糖"；第二个杯子上写着："本杯中有苹果"；第三个杯子上写着："本杯中没有巧克力"；第四个杯子上写着："有些杯子中没有水果糖"。

如果其中只有一句真话，那么以下哪项为真？（　　）

A. 所有的杯子中都有水果糖。

B. 所有的杯子中都没有水果糖。

C. 所有的杯子中都没有苹果。

D. 第三个杯子中有巧克力。

8. 今年以来，某导游被游客投诉的次数比其他导游多出 1 倍，针对旅游公司认为自己服务不到位的质疑，该导游反驳说，每次针对投诉的调查都说明，这些针对他的投诉只是游客太过挑剔。

要使该导游的反驳成立，以下（　　）是必须假设的。

①如果游客不是太过挑剔，他们就不会进行投诉。

②游客是否挑剔与导游的服务质量没有关系。

③每次针对投诉的调查都能够真实反映当时的状况。

A. 只有①　　　B. 只有③　　　C. 只有②③　　　D.①②③均是

9. 空气污染导致的最常见的疾病是哮喘，最致命的危险是导致心脏病。细小微粒造成伦敦每年死亡 1 万人，空气中微粒的数量与心脏病之间是有联系的。人们每次呼吸，都往肺部深处吸入大约 50 万个微粒，可是在受到污染的环境中，吸入的微粒比这多 100 倍。由于微粒极小，因此它们能滞留在空气中，并能进入肺部深处。

下列哪项如果为真，最有助于证明微粒和心脏病之间有密切联系？（　　）

A. 微粒的吸入会导致呼吸道疾病。

B. 微粒的来源是被风刮起的泥土和灰尘。

C. 微粒可以充当把化学污染物质带入肺部深处的媒介，这些物质会加速一种被称为游离基的有害物质的产生。

D. 在受到污染的环境里，微粒的数量在逐渐增加。

10. 据国家权威机构研究证实，当前市场上热销的某品牌保健食品并不含有提高人类身体机能、增强个体免疫力的成分。但调查结果表明，不少身体虚弱的人在购买服用了该品牌的保健食品一段时间后，身体素质明显提高。

以下最有助于解释上述矛盾的一项是（　　）。

A. 保健食品作用的发挥具有一定的时间滞后性

B. 许多身体健康的人在服用保健食品后体质也增强了

C. 购买该品牌保健食品的人大多经济条件较好

D. 服用保健品的人在生活其他方面也开始注重健康

第七章 法律假设的科学构建

人们在探索苍茫宇宙、茫茫世界的过程中，遇到了很多的谜题。于是，人们就开始大胆猜测，甚至建立起推测性的解释体系。如果这种猜测、推测是建立在科学基础上的，是有着逻辑支撑的，那么这就是科学假设、科学假说。法律人往往会面对扑朔迷离、错综复杂的案件，我们要先进行法律假设，再逐步展开分析，破获案件或理清案件的条理脉络，最终得到正确的法律判决。

第一节 科学假设的逻辑特征

虽然假设得到的都是或然性的结论，但我们仍然要抱着科学的态度认真对待，以提高结论的可靠程度，减少胡思乱想带来的不确定性。

一、科学假设的实质

科学假设是人们在科学研究活动中根据已有的事实材料和科学原理对未知的事物或现象所作的假定性说明。

在科学生产和社会实践中，人们常常会遇到一些用已有的理论无法解释的事物现象。为了实践的需要及理论本身发展的需要，人们必须从已有的事实材料出发，以已有的科学原理作为指导，作出某些猜测、假定的解释，大胆提出一些猜测性的说法，这就是科学假设。

例如，地球上常有地震发生、火山爆发，是什么原因造成的呢？人们希望得到一个解释。但"上天容易入地难"，地质学家最初只能根据海底岩石的地磁走向和有关科学知识，对这种现象产生的原因提供一些猜测性的解释。地质学家认为，地球外壳（包括大陆和海洋）是一块块拼起来的，像七巧板似的，块与块之间产生互相作用，便促使了地震发生、火山爆发。

二、科学假设的特点

科学假设当然是具有科学性的假设，而所谓科学假设是指建立在已有事实材料和科学原理的基础上的，并且经过一定的逻辑推导而得出来的结论。它有别于建立在道听途说、缥缈传说基础上的胡乱预测。科学假设还与其所属的科学领域中的已知的科学原理相一致。因此，科学假设具有一定的科学性。它与那些毫无事实根据，又无科学论证的纯主观臆测或妄想是截然不同的，科学假设有着自己的特点。

(一)具有较好的解释力

人们建立假设的目的正是用它来解释某种未知的事物现象，因此，解释力是科学假设的基本功能。科学假设的使命就在于圆满地解释客观事物。牛顿的万有引力定律起初就是一个假设，它首先解释了成熟的苹果为什么要向地面落下来，进而成功地解释了整个太阳系的星球为什么各自沿着自己的轨道运行，并由此计算出它们运行的规律。相反，如果某一假设不具有解释力，不能圆满地解释客观事物的情况或现象，这个假设就不能成立。

(二)具有一定的推测性

虽然科学假设是在事实材料和科学原理的基础上经过一定的逻辑论证形成的，但由于人们最初观察到的事实材料并不是充足的，并且受到思维能力、研究方法等方面的限制，科学假设只是对未知事物及其规律性的猜想、推测，还不是确切可靠的认识，是一种有待于实践进一步检测，有待于继续修改、补充和完善的思想。因此，它不同于已被证实的科学理论。科学假设必须进一步发展，使其在实践中得到更多的证实，形成较为完善的假说，最终向科学理论迈进。

(三)具有复杂的多样性

由于科学假设具有推测性，因此，不同的人对同一个认识对象的本质和规律可以有不同方面的猜测，这就形成了对同一认识客体或现象所提出的假设往往不止一个。假设的这一特点充分反映了认识的复杂性。认识是一个复杂的过程，对于同一个客体，不同的认识主体由于各自的天赋和知识结构不同或由于所获得的事实材料不同、思考的角度不同、使用的方法不同等因素，对同一认识对象所提出的假设也就不同。比如，光现象是比较特殊的，对其性质进行解释就产生了光是高频电磁波的波动假设和光是光粒子基本粒子组成的粒子流的微粒流动假设。再比如，一对男女青年在山顶上坠崖而亡。人们就可以根据自己的知识储备和了解的初步情况，提出殉情自杀的假设，或提出失足坠亡的假设，还可提出仇人谋杀的假设等。

同时，由于认识是个循环往复的过程，因此，对于一事物的本质的揭示往往需要多次反复才能完成，一个假设可能因为新事实的发现而改变，也可能因为新理论的提出而更改，因而假设往往呈现出复杂多样的特点。但我们不能因此否认假设的价值，因为任何假设都反映了客观现实的某个方面，是对客观事物真理性认识过程的必不可少的环节。

(四)具有能重复的可检测性

可检测性是科学假设非常重要的特征，因为非科学的假设是无法得到实质性的反复检测的。科学假设的可检测性是指人们可以通过一定的途径和方法对假设进行能重复进行的检验，在实践或实验中检验假设的内容是否真实可靠。一个假设如果在检验中被不断证实，就获得了更多的支持，其确证度不断提高，为发展成为假说及最终转化成为科学理论提供了较好的基础；一个假设如果在检验中被证伪，人们还可以对原来的假设进行修正、补充和完善，或提出新的假设。

恩格斯曾经说过这样一段话："哥白尼的太阳系学说作为一种假设有300年一直是一种假说，这个假设尽管有99%、99.9%、99.99%的可靠性，但毕竟是一种假设；而当勒维列从这个太阳系学说所提供的数据中，不仅推算出必定存在一个尚未知道的行星，而且还推算出这个行星在太空中的位置的时候，当后来加勒确定发现了这个行星的时候，哥白尼的学说就被证实了。"①

在司法实践中，我们用得到的证据不断证实或证伪原来的法律假设，我们也可以在发现新的证据之后改变原来的假设，作出新的法律判断。

三、科学假设的作用

(一)科学假设是建立和发展科学理论的桥梁

科学理论是对客观世界规律性发展的正确反映，但是由于受各种条件的限制，人们不可能一下子达到对客观规律的真理性认识，而往往要借助于假设这种研究方法；运用已知的科学原理与事实去探索未知的客观规律，不断地积累实验材料，不断地增加假设中的科学性的内容，减少假定性的成分，逐步地从现象深入本质，从个别上升到一般，从感性经验达到理性认识，建立起正确反映客观规律的科学理论。随着实践的发展，又会出现原先的理论所不能解释的新现象，这就需要提出新的假设、建立新的理论。自然科学就是沿着假设—理论—新假设—新理论……的途径，不断地向前发展的。

假设的这一作用，使它成为科学发展的一种重要形式。所以，恩格斯说："只要自然科学在思维着，它的发展形式就是假说。"②

(二)科学假设是创新思维的重要方法

科学假设是根据已有的事实材料和科学原理对事物现象作出的一种推测性解释，包含想象的成分；假设虽然以事实为依据，但又不是等待事实材料全面积累起来之后才作出假设；假设虽然运用了已有的科学知识，但又不被传统观念所束缚。它是对旧的思维模式的突破，能引发一系列创新思维成果。

第二节　科学假说的建立

在科学假设不断得到证实的基础上，我们就可以建立系统的科学假说。

一、建立科学假说的逻辑步骤

科学假说的建立是一个非常复杂的创造性思维过程，一般要经过以下的逻辑步骤。

(一)科学假说的形成

1. 初建阶段

根据已观察到的事实材料和相关科学知识，对被研究的事物现象作出初步的解释，这是科学假说的初建阶段。即人们在发现了某种需要解释的事物现象后，围绕该事物现象收集相关的事实材料和科学原理，通过思维加工(主要运用推理等逻辑方法)而提出初步的假定。例如：

德国科学家魏格纳曾发现非洲西部海岸线与南美洲东部海岸线彼此相吻合。他

---

① 《马克思恩格斯选集》第4卷，人民出版社2009年版，第279~280页。
② 《马克思恩格斯选集》第3卷，人民出版社1972年版，第561页。

说：任何人观察大西洋的两对岸，一定会被巴西与非洲间的海岸线轮廓的相似性所吸引住。不仅圣罗克角附近巴西海岸的大直角突出和喀麦隆附近非洲海岸线的凹进完全吻合，而且自此以南一带，巴西海岸的每一个突出部分和非洲海岸的每一个同样形状的海湾相呼应。反之，巴西海岸有一个海湾，非洲方面就有一个相应的突出的部分。如果用罗盘仪在地球上测量一下，就可以看到双方大小都是准确一致的。

魏格纳需要解释的现象是：为什么南美洲东海岸与非洲西海岸的海岸线轮廓如此相似？他根据有关地球构造的知识，作出了一个初步的假说：巴西与非洲这两块陆地早先是合在一起的，后来才漂移开来(即近代大陆漂移说)。

这个解释的过程实际上是一个推理的过程，根据科学原理或一般性知识推测，说明被解释的事物现象出现的原因。上述魏格纳提出假说的思维过程可简单表示如下：

南美洲东部的海岸线与非洲西部的海岸线彼此正相吻合。(被解释的现象)

如果地球上的各大陆都是原始大陆的整体破裂后漂移形成的，那么相应的各大陆边缘的海岸线轮廓就会吻合。(一般性知识)

所以，南美洲与非洲这两块大陆早先是合在一起的，后来才漂移开来。(科学假定)

在假说的初建阶段，回溯推理、归纳推理、类比推理等或然性推理起着重要作用。科学史上许多有重大影响的假说都是借助归纳推理、类比推理等或然性推理提出来的。如达尔文的"进化论"、惠更斯的"光波说"都是运用类比推理提出来的，门捷列夫的"元素周期"等假说则是运用归纳推理提出的。

初步假定是从一定的事实、一定的理论分析出发，经过一定的逻辑推论而提出的，初步的假定还具有尝试性、暂时性。因为初步假定所占有的事实材料还不完全，所依据的理论未必恰当，所进行的推理也不一定严密。所以，有时对于同样的现象，可以从不同的角度作出不同的解释，提出多个不同的初步假定，然后比较择优，从而确定一个比较合理的假定。

2. 完成阶段

确立初步假定之后，科学假说的形成就进入完成阶段。即从已确立的初步假定出发，运用科学理论和事实材料进行系统论证，以形成一个较为严密完整的理论系统。一般是以确立的初始假定为核心，一方面运用科学理论对其进行论证，另一方面运用初始假定对已知事实作出解释，并对未知事实作出预测。初始假定经过论证、扩充、整理，成为一个结构稳定的理论系统，初步假定也就发展成为假说。如魏格纳在提出初步假定后，又对"大陆漂移"的原因即过程作了如下论证：在古代的地球上只有一整块陆地，称之为"泛大陆"，在它的周围是一片广阔的海洋。后来由于天体的引潮力和地球自转所产生的离心力，使原始大陆分裂成为若干块，这些陆块就像冰块浮在水面上一样逐渐漂移分开。美洲脱离了欧洲和非洲向西移动，在它们之间就形成了大西洋。非洲有一半脱离了亚洲，在漂移的过程中，它的南岸沿顺时针方向略有扭动，渐渐与印巴次大陆分离，中间形成了印度洋。南极洲、澳大利亚脱离了亚洲、非洲向南移动，而后又彼此分开，这就是澳大利亚和南极大陆。

上述"大陆漂移说"的形成过程体现了假说的形成过程。

(二)科学假说的检验

科学假说作为一种假定性的解释，具有或然性。假说是否正确，必须通过人类社会实践的检验。

假说的检验过程，实际上是从假说的初建阶段就开始了。假说的提出者在提出几个简单的设想时，往往就进行初始评价、比较择优，这实际上就是一种检验。但这只是局部的检验，只有假说形成之后进行全面而严格的考察与检验，才具有决定意义。

假说的检验分为逻辑验证和实践验证两个步骤：

1. 逻辑验证

逻辑验证也叫逻辑推演，就是以科学假说为出发点，结合背景知识，必然地推出一系列关于事实的推断，这一过程表现为若干个充分条件假言判断，形式如下：

如果 H，那么 e_1
如果 H，那么 e_2
如果 H，那么 e_3
……，……
如果 H，那么 e_n

其中 H 代表假说的基本理论及一定的背景知识，e_1、e_2、e_3…e_n 代表由假说推出的关于事实的判断，这些判断可以是需要解释的已知事实的判断，也可以是关于未知事实的判断。

2. 实践验证

实践验证就是通过社会实践检验由假说引申出来的推断是否符合客观实际。如果由假说引申出来的推断是否符合客观实际，那么该假说就得到证实；相反，该假说就被证伪。

魏格纳为了完善和证实自己的理论，对"大陆漂移说"进行了广泛的推演：

如果大陆漂移，那么各大陆块可以像拼板玩具那样拼合起来，大陆边缘之间的吻合程度非常高；

如果大陆漂移，那么大西洋两岸以及印度洋两岸彼此相对地区的地层层序(地层构造)是相同的；

如果大陆漂移，那么大西洋两岸的古生物种(植物化石和动物化石)应是相同的；

如果大陆漂移，那么应有古气候证据；

如果大陆漂移，那么在大洋两岸对应的位置上有相对应的山脉；

如果大陆漂移，那么在大洋两岸对应的位置上有相同的矿产；

如果大陆漂移，那么大西洋两岸的距离正在增大。

在此基础上，魏格纳进行了实地考察，这些推演结果得到了证实，因而该假说被证实。

证实假说的逻辑形式：

> 如果 H，那么 E，
> 　E，
> 所以，H。

这个推理形式是充分条件假言推理的肯定后件式，在逻辑上属于无效式，违反了"肯定后件不能肯定前件"的规则，由前提不能必然地推出真实的结论，所谓"证实"，只能说假说得到了支持，只是证明了假说为真的可能性较大。因此，往往还需要从假说中引申出一系列推断，支持假说的事实越多，假说得到确证的程度就越高。

证伪假说的逻辑形式：

> 如果 H，那么 E，
> 　非 E，
> 所以，并非 H。

这个推理形式是充分条件假言推理的否定后件式，在逻辑上属于有效式，符合"否定后件必然否定前件"的规则。虽然证伪假说的推理形式是有效的，其结论是必然的。但在实践中，提出科学假说时，总是要结合一定的背景知识，即前提中的假说 H 是假说的基本理论观点与一定的背景知识的结合（即 $H_1 \wedge H_2 \wedge \cdots\cdots H_n$），所以，在证伪某些复杂的假说时，得出 H 为假的结论，可能是假说涉及的背景知识或事实材料有误。也就是说，由推断 E 的虚假，不能必然推出假说的基本观点是虚假的，只是其中的某个或某些 H_n 有问题。

总之，对假说进行逻辑推演和实践验证，只是假说验证过程中的基本步骤。实际的验证过程中，无论是证实一个假说，还是证伪一个假说，都是非常复杂的。

二、建立科学假说的逻辑要求

（一）形成假说的合理性要求

所谓合理性要求，一是指形成的科学假说必须具有科学性和合理性，二是指怎样增强假说的合理性。为了达到合理性要求，在形成科学假说的过程中，要注意以下几个方面：

1. 合理利用科学理论

科学的基本理论已为人类的长期实践所证实，因此提出科学假说应以科学的基本理论为指导，而不能与之相矛盾。但是，人们的认识是辩证发展的，原来的理论不是完美无缺的。人们提出科学假说，正是因为现有的科学理论对新的事物现象无法解释。只能通过假说使原有的认识得到扩展和深化。因此，提出假说时，既要依据一定的科学理论，也不能完全受原有理论的束缚。

2. 合理利用事实材料

事实材料是建立科学假说的基础和出发点，在提出科学假说之前，要千方百计地搜集事实材料，事实材料愈丰富、愈全面，提出的假说合理性程度就愈高。但是，事实材料的收集是一个历史的过程，常常受到一定时期的技术条件和时间范围的限制，因此，不能等到事实材料全面系统的积累之后才提出假说。

3. 合理解释事物情况

科学假说只有既符合事实，又能解释事实，才能获得支持，才具有合理性。它所解释的事实愈多，其合理性程度就愈高。当然，假说只能是尽可能地对相关事实作出圆满解释，不能仅仅因为个别事实得不到解释而轻易放弃自己的设想。

(二)验证假说的严密性要求

1. 假说推演的严密性

假说的推演实际上是在做充分条件假言判断，充分条件假言判断要为真必须确保充分条件的成立，即从假说引申出的检验结果，必须是从假说中必然推导出来的。同时，应当从假说引申出尽可能多的检验结果，不但推演出关于已知事实的推断，而且要推演出关于未知事实的推断，从而多角度、多层次地检验假说。

2. 假说验证的严密性

科学假说的证实，一方面是对推断的事实进行严密的验证，必须对每一个检验结果进行验证；而且还应在长期的实践中检验关于未知事实的推断。科学假说的证伪，既要验证检验结果；同时，还要注意分析背景知识是否正确，不能轻易作出否定判断。总之，个别的一次实践活动不足以证实或证伪科学假说的基本理论，科学假说的验证往往要经过长期、反复多次的科学实验或社会实践的检验，才可能转化为科学理论。

第三节　侦查假设的构建

在法律领域也可以建立科学假说。假说的建立从探索某种未知现象开始，试图形成一个解释系统；而法律领域的假说则是从探索案件的原因开始，希望能还原案件真实的发生、发展过程。法律诉讼活动是从侦查开始的，法律假说也不需要形成复杂的理论体系，只要能建立证据与案件之间真实性的联系，分清各自的法律责任即可。鉴于此，我们将法律领域的科学假说称为侦查假设。

一、侦查假设及其特点

侦查假设从广义上来说，包括一切法律事件通过调查、审理来重建其发生、发展过程所形成的解释。从狭义上讲，侦查假设指的是对刑事案件还原案件真相的过程。

(一)侦查假设的含义

从思维模式和过程来看，侦查假设是科学假说这种思维方法在刑事侦查活动中的具体运用。侦查假设，又称为侦查假说，是指侦查人员根据已知的案件事实材料和相关的理论知识，对案件未知情况作出的一系列假定性猜测。

在刑事侦查中，侦查人员对所发生的案件，最初由于掌握事实材料不多，对整个案情或某些情节不能作出确定的判断，而只能进行猜想或推测。侦查假设就是在已经掌握的事实材料和有关知识的基础上，结合过去积累的实践经验，针对刑事侦查需要弄清的事物情况作出推测性的或假定性的说明。刑事侦查的全过程，可以说就是侦查假设的提出、检验、证实的过程。例如：

> 1997 年 7 月 15 日，意大利著名时装设计大师范思哲在美国迈阿密城度假时遇害。案件发生时，凶手逃走得很快，现场没有任何抢劫的迹象。据目击者称，作案凶手是一名二十多岁的白人男子，头戴白色太阳帽，身穿白色或浅色上衣，深色短裤，身背一个背包。就在案发后不久，当地警方在范思哲住处附近发现一辆红色雪佛莱小货车。经目击者验证，在车里遗留下来的衣服与杀害范思哲凶手所穿的衣服相同。警方证实这辆车是安德鲁·库纳南从新泽西州偷来的。这辆货车的主人是两个月前被杀害的一个守墓人，他是一个系列谋杀案的第四个受害者。警方根据调查以及目击者提供的情况，推断这是一次蓄谋已久的谋杀案，而且推断这些谋杀案和库纳南有关。库纳南是美国联邦调查局长期通缉的十大要犯之一，他在此之前被怀疑在 1997 年 4 月底至 5 月初的两周时间内连续杀死了四名男子。而刚刚遇害的范思哲是他杀死的第五个受害者。

警方的这一推断就是一个侦查假设。

侦查人员在侦破案件的过程中，需要对与案情有关的很多方面作出侦查假设。侦查假设可以是关于案件性质的假设，关于作案人数的假设，关于作案时间、作案地点的假设，关于作案目的、动机的假设，关于作案工具、作案手段的假设，关于作案过程的假设等。

（二）侦查假设的基本特征

1. 侦查假设是科学性和推测性的统一

与科学假说一样，侦查假设也是科学性和推测性的统一。一方面，任何侦查假设都不能离开案件事实，客观性是科学性的前提；另一方面，侦查假设是在综合现场勘查和调查访问各种材料的基础上，以这些已知的有限的事实为依据，根据以往的经验，运用专业知识和现代科学技术，对案件性质、犯罪时间和地点、作案手段和方法、犯罪动机和目的、实施犯罪的过程和犯罪分子的情况，提出各种侦查假设，以便根据这些假定的说明去开展侦查活动。

2. 侦查假设是一种工作假设

在侦查工作中，侦查假设一般只涉及某个具体的案件。当某个案件发生后，侦查人员在侦查开始时，围绕该案件的案发性质、作案时间、作案地点、作案人数、作案手段、作案动机和目的以及作案分子在现场的活动等几个方面的情况作出假设，以求明确破案思路，确定侦查方向，尽快查明案件的事实真相。待找出真凶以后，有关此案的侦查假设也就完成了它的使命。

3. 侦查假设具有或然性

侦查工作是一项实践性很强的工作，无论侦查员经验如何丰富，都不可能准确地再现案发现场的细枝末节。侦查假设是根据初步的、不完全的事实材料对案情作出的尝试性、推测性解释，所以无论其根据如何充分，逻辑思维如何严密，在没有验证之前，毕竟还只是假设，只是对某一事件或现象发生的可能性的推断，而不是绝对可靠的结论。侦查假设能否成立，还须通过调查取证、技术鉴定、侦查实验、逻辑推理等方法予以验证，最终才能成为侦查结论。因而，侦查假设具有或然性的特点。

二、侦查假设的形成

侦查假设是科学假说的一种形式，其建立必须遵循科学假设的逻辑步骤，即侦查假设的形成大致有两个基本的阶段，即初始阶段和完成阶段。

(一)侦查假设形成的初始阶段

侦查假设形成的初始阶段，是指侦查工作者根据已搜集和占有的与案件相关的事实材料、相关理论知识及现行法律规定，通过思维加工(主要运用推理等逻辑方法)而提出初步尝试性假定。例如：

> 在某储蓄所存放在保险柜中的现金被盗窃案的侦破过程中，通过对现场勘查后发现，作案人是在值班届午餐的时间内盗窃得手，而被打开的保险柜、门、锁、四周都无撬压的痕迹，经过分析研究，便可作出"作案人是用钥匙打开保险柜"的初步假定。

在提出初步假定过程中，归纳推理与类比推理起着非常重要的作用，由观察现象到对案件发生情况的猜测性解释，是非常富有创造性的，它需要侦查人员进行逻辑思维的归纳升华或跨域推移。例如：

> 某地在一个星期六的晚上，曾发生一起趁男女青年谈恋爱之际抢夺手机的案件。侦查人员在侦破这一案件的过程中，又发现一个月前的另一抢夺手机的案件。侦查人员将这两个案件进行了对比，发现它们有许多共同之处：(1)两案都发生在星期六的晚上，而且在同一个地方；(2)从作案手段上来看，作案者都是从树林里突然蹿出，冒充巡警，以扭送审查为名抢夺手机；(3)根据两案的受害人称，作案者的口音、身材、高矮、年龄等基本相同。于是侦查人员作出初步假定：两案很可能为同一犯罪嫌疑人作案。

侦查人员提出这一侦查假设，就运用了类比推理。事实上，借助类比推理提出侦查假设，其侦查价值相当高，因为它往往能够把嫌疑对象的侦查范围压缩到最小程度。当然，这种假设要获得成功，应尽可能满足类比推理的应用条件。再如：

> 在一案发现场，发现了犯罪分子留下的一双长 25 公分的深蓝色旧泡沫拖鞋；侦查人员对拖鞋进行了研究并获得以下情况：(1)鞋上有点状红油漆；(2)鞋的裂缝内有河沙、石灰、水泥和碎石，鞋带上捆的细铁丝是捆钢筋用的铁丝；(3)鞋底上有月牙状裂口。如果单独分析这些事实，是看不出什么特征的。例如单以带有河沙而论，到处都有，仅以此为根据很难提出一个较为适当的假定。但该案的侦查人员却把这些

看来极为平常的事实联系起来研究，提出初步假定："作案人可能是一个常穿拖鞋上班的基建单位的职工或出入建筑单位的有关人员"，后来经证实，作案人果然是一个建筑公司的木工。

在这一侦查假设中主要运用了归纳推理。

从观察分析与案件相关的事实材料到初步假定的提出，其思维模式与溯因法具有逻辑同构性，都体现为充分条件假言推理肯定后件式的思维过程，只是这一过程包含类比推理或归纳推理。

由于初步假定的提出具有尝试性，侦查人员可以从不同角度进行思考，因而初步假定常常是多元的，而不一定是单一的。例如，关于刑事案件中他杀溺死的可能性就是多元的，既有可能是凶手将被害者打昏后扔入水中溺死，也有可能是被害人在服用安眠药或烈酒后丧失抵抗力而被投入水中溺死，还有可能是被突然推入水中溺死等。

对于多元性初步假定还要比较择优。侦查人员根据法学理论知识、法律规定及与案件相关的事实材料（包括初步假定提出后获得的新证据材料），逐一比较各个初步假定的解释力，从而确定一个较优（较合理）的假定。择优过程所运用的逻辑方法可用下列模式表示：

H_1 或 H_2，
H_1 比 H_2 更有解释力，
推测：H_1 更合理。

这种逻辑模式不具有逻辑必然性，可称为"似然选择推理"。例如：

一起杀人、抢劫、纵火案件中，家庭主妇被烧死在其独生女儿的床上，室内有多处被翻动的痕迹。经清点，被劫走照相机、手机存款单等大量财物，柜内的一些存折和大批贵重衣物未被劫走。死者系被窒息死亡后，再用刀戳，然后移尸在其独生女儿的床上被焚烧的。

根据这些情况，对案件的性质既可以提出财杀的初步假定，也可以提出仇杀的初步假定。

假定该案是财杀（H_1）或仇杀（H_2），
H_2 比 H_1 解释力（因为，存在凶犯将被害人窒息后，再用刀戳，然后移尸在其独生女儿床上被焚烧；柜内的一些存折和大批贵重衣物未被劫走等事实），
推测：该案为仇杀（H_2）更合理。

可见，在这一案件的侦查假设中，用前一个侦查假设难以给予现有事实材料以圆满解释，用后一个侦查假设便能较圆满地进行解释。所以，后一个侦查假设比前一个侦查假设

的价值高。后来经破案证实，该案确系仇杀。

(二)侦查假设形成的完成阶段

初步假设确定之后，侦查假设的形成过程就进入了完成阶段。

所谓侦查假设形成的完成阶段，是指从已确定的初步假定出发，运用相关的理论知识和法律法规及与案件有关的事实材料，进行系统说明和解释，以形成一个较为严密完整而确定的猜测或设想，即侦查推论。

在侦查假设形成过程进入完成阶段，侦查人员主要运用演绎推理方法。因为这一阶段主要是扩大侦查假设的解释力，以便确定推论尽可能真实或具有更强的指导性。侦查假设的功能主要体现在两个方面：一是侦查假设对已知事实能否给予圆满解释；二是侦查假设能否推导出较多的可由经验检验的未知事实。爱因斯坦曾指出，理论家的方法，在于应用那些作为基础的普遍假设或者原理，从而导出结论。假设完成之后，推理就一个接一个，它们往往显示出一些预料不到的关系，远远超出这些原理所依据的实在的范围。实际上，侦查假设形成的完成阶段，也就是对经过竞优后的初步假定进行系统论证和推导，一方面用初步假定来解释现场勘查和调查访问所获得的各种事实材料，弄清楚该初步假定的说明能力如何。一般来说，对已知的事实能解释得愈多，对该初步假定的支持率就愈强，反之则愈弱。若另一方面，从竞优后的初步假定出发，运用相关理论知识和案件事实，推导新的未知案情，用此指导侦破工作进一步有效展开。例如：

> 在某凶杀案件的现场发现一个柳条筐，侦查人员便推测此筐可能是凶手遗留的。这个假设同要抓获的凶手还不能直接联系起来，于是进一步思索：如果柳条筐是凶手的遗留物，那么筐上肯定有凶手留下的痕迹。循此思路，从筐内发现有猫毛和猫吃剩的生鱼。据此，侦查人员进一步推测，该柳条筐是装猫的筐。谁会随身携带装猫的筐呢？侦查人员推测，如果是猫贩子，那么会随身携带着装猫的筐，并由此推测凶手可能是个猫贩子。据此假设确定了侦查的方向和范围，即寻找猫贩子。通过调查访问，有人证实有个携带柳条筐的青年来买过八只猫，还在附近塘内捕鱼喂食，并且还了解到贩猫人姓郭，19岁，家住河南省，此人身材较高，左眼有白内障等特征。至此案情获得重大的进展，侦查方向和范围越来越清晰。可是河南省有百十个县(市)，从何处入手比较容易找到凶手呢？据了解，河南省虞城县鼠害成灾，贩猫人较多，由此进一步推测凶手可能是虞城县人，于是，侦查人员直奔虞城县查访。最后，该假设得到证实，凶手很快被抓获归案。

从侦查假设形成的两个阶段可以看出，侦查假设的形成有以下特点：

第一，现场勘查和分析是侦查假设的基础。

在刑事侦查中，建立哪些侦查假设，是由现场勘查和分析所要解决的问题来决定的。发现问题和提出问题是提出假设的起点，所以，侦查假设和科学假说一样，都是从发现问题开始的。但侦查假设与科学假说不同，后者一般是在原有理论与实践之间的矛盾中产生的，而前者的产生一般不是源于理论与实践之间的矛盾，而是源于现场勘查和分析所要解决的问题。例如：

2002 年 7 月，英国曼彻斯特市郊发生一起入室盗窃案，受害者理查德开的一家餐馆被盗。据理查德回忆，7 月 12 日的关店时间约为 23 点，关店后他和妻子开车回家。13 日凌晨 1 点多，理查德接到居住在餐馆附住的尼尔森的电话，得知自己的餐馆被盗。警方对尼尔森进行了询问。尼尔森叙述了当晚所见的一切：7 月 12 日晚 23 点 50 分左右，因和妻子吵架打算出门到酒吧喝酒，走出家门时看见距餐馆大约 150 米处有两个陌生人。第二天凌晨 1 点 40 分开车回家又经过这家餐馆时，发现那两个陌生人不见了，餐馆大门上的巨大的锁也不见了，遂停下车查看，发现整个餐馆一片狼藉。于是，尼尔森立即给理查德打了电话。经过现场勘查，警方在案发现场发现了两种不同的足印；在餐馆对面的一处角落发现了一堆烟头和两种不同的足迹，并且确认，从足印的大小分析，这两种足迹都应该是成年男性的足印。通过与案发现场的足印比对，这两种足迹和现场的足迹是相同的。

根据对受害人和目击证人的询问调查，以及现场勘查的结果，警方作出了如下侦查假设：

（1）大概的作案时间为 7 月 12 日 23 点 50 分至次日凌晨 1 点 40 分。
（2）作案者有两名，均为吸烟的成年男性。
（3）他们的作案手段是在作案地点长时间蹲守，等周围无人出入后撬锁入室盗窃。

以上表明，没有现场勘查和分析，就不可能建立侦查假设。因此，这要求侦查人员在勘查现场时，必须对现场痕迹具有敏锐的观察力和警觉性；并要进行详细的勘查和深入的分析，进而提出各种假设。

第二，尽可能穷尽一切可能性。

侦查工作开始的阶段，由于掌握的事实材料有限，有时侦查重点一时难以确定。这时，应该放宽侦查视野，对案情的假设，要提出多种可能性，尽可能穷尽一切可能性，不要遗漏。穷尽列举，避免顾此失彼，错失现场勘查中有价值的信息；同时可以把各种假设加以比较，以便找出其中可能性较大的假设作为侦查重点。如果能够做到除一种可能假设之外，其余几种可能假设都被推翻的程度，那么，剩下的一个假设就是唯一的可能了。例如：

英国侦探小说家柯南·道尔的《四个签名》中有这样一段情节：房间的主人惨死在一张木椅上。福尔摩斯已经确定这是一起谋杀案，和他同行的医生华生却弄不明白："罪犯究竟是怎么进来的呢？门是锁着的，窗户又够不着。烟囱太窄，不能通过。"福尔摩斯说："当你考虑一切可能的因素，并且把绝对不可能的因素都除去以后，不管剩下的是什么，不管是多么难以相信的事，那不就是实情吗？我们知道，他不是从门进来的，不是从窗户进来的，也不是从烟囱进来的。我们也知道，他不会预先藏在屋里边，因为屋里没有藏身的地方。那么，他是从哪里进来的呢?"医生嚷道："他从屋顶那个洞进来的。"这就是用逻辑方法穷尽了一切可能性。经检查，果然这一假设得到了证实。

关于侦查假设的"穷尽"，一种是用逻辑方法穷尽一切可能性。如盗案的种类无非是内盗、外盗、内外勾结三种。这种穷尽是按同一标准进行划分，只要划分正确，就会穷尽一切可能性。另一种是具体条件下的穷尽。如上述《四个签名》中的谋杀案，关于罪犯是从何处进来的问题，在那间屋子的具体情况下，只有上述几种可能。有的案件情况比较复杂，未必能做到穷尽。这时，对于经过了排除了其他可能、剩下唯一可能的推断要特别慎重，以免找错办案的方向。

第三，侦破案件是侦查假设的归宿。

侦查假设的建立，始终围绕一个目标，即查明犯罪者及其罪行。如果提出的假设不符合客观事实，经不起检验，就要推翻这个假设，建立新的假设;如果提出的假设尚未被推翻，但也不能得到证实，就应扩展思路，寻找新线索，连续提出其他方面的假设，并寻求检验，以逐步接近侦破的目标。例如:

> 2007 年 1 月，巴西南部城市库里蒂巴市的一处居民楼发生火灾，事故没有造成人员伤亡。该民宅位于城乡交界处。据房主举报，作案人很可能是与自己有恩怨的玛拉迪蒙。警方首先以此为侦查的起点，将玛拉迪蒙作为调查的对象。经过调查，警方发现，玛拉迪蒙虽然有作案动机，但是并没有作案时间。因为案发之时，玛拉迪蒙在距离库里蒂巴市 50 公里以外的乡下探亲。这样，第一个侦查假设被推翻。侦查人员继续在现场勘查，发现大火的起火点位于房屋顶部的左上角。附近居民说，大火发生之前曾下过一场雷阵雨。还有人证实有一次雷击的位置距离案发地点很近。根据这一线索，警方提出了新的侦查假设:火灾是由雷击引起的。侦查人员对房屋内的未被烧毁的家用电器进行技术侦查，结果发现，屋中冰箱所带的电磁证据证明，该房屋确实曾经被雷电击中过。因此警方得出结论:这次大火并非人为，而是因为雷电击中房屋后瞬间增大的热量将可燃物引燃所致。

侦查假设的归宿在于侦破案件。在这一过程中，新旧假设交替出现，接连不断，直到破案为止。

三、侦查假设的检验

侦查假设与假说不同，侦查假设是可以被证实的。由于科学假说一般是关于事物普遍规律的解释，表述这样的科学命题是全称命题，其主项的量是无限的。因此，我们无法用有限次检验或实例来确证关于无限数量事物的命题，即全称命题不能被证实。即使科学理论的命题已经多次被实践检验，也无法保证它永远不被实践所推翻。而侦查工作要弄清的事实不是某个类的事实，不是普遍的事实，而是特定的、具体的事实;所要证实的命题不是全称命题，而是特称命题或单称命题。所以，侦查假设是可以被证实的。

　　侦查假设的验证就是将由侦查假设推演出来的推断与客观事实相对照。如果这些推断与客观事实一致，那么假设就会得到证实；如果这些推断与客观事实不一致，那么原假设就会被否定，就必须重新建立新的假说。

　　侦查假说的检验方法有两种，一是对侦查假设的证伪，即对侦查假设的否定；二是对侦查假设的确证。

（一）侦查假设的证伪

　　侦查假设的证伪，是指依据假定所蕴涵的事实命题的虚假来否定原侦查假设的真实性。例如：

　　　　某天傍晚，孕妇安某坠楼身亡。据了解，死者生前无任何自杀迹象，而且夫妻感情和睦，经济比较宽裕，本人性格也很开朗，因而认定自杀的可能性不大。经现场勘查发现，一块湿抹布在死者身边，还有一块抹布放在水池中，但这两块抹布均无血迹，开着的窗户有两块玻璃留有刚擦过的痕迹，而死者的工作鞋有一只在窗台上，另一只随死者掉在楼下。工作鞋是再生塑料的，加之窗台也比较光滑，死者又受孕六个月，身体笨重，这些都使她在擦玻璃时很容易失足坠楼，于是侦查人员提出了这样的初步假定："安某是擦玻璃时不慎失足坠楼而死的。"

　　然而，在进一步勘察现场时发现，死者坠楼窗口外的树叶上有一点自上而下的滴状血迹，这个事实与擦窗户失足坠楼死亡假设的结论相矛盾。因为，如果死者是由于擦窗户失足坠楼，那么死者在坠楼之前身上是没有出血的；如果死者坠楼之前身上没有出血，那么一楼窗外树叶上就不应有自上而下的滴状血点，至此，便可以明显地得出原本的结论是不成立的。

　　用与侦查假设推出的结论相矛盾的事实否定假设，有两个优点：一是较为有力，因为这类事实比较鲜明，能起突出矛盾的作用；二是容易证明，因为与结论相矛盾的事实一经发现，便确定原假设错误无疑，难以立即再被否定。

　　侦查假设否证的逻辑模式可以用如下公式表示：

　　　　H 被否证，当且仅当：
　　　　（1）H∧C→E，
　　　　（2）E 假，
　　　　（3）C 真。

　　应当指出的是，否定一个侦查假设常常是比较复杂的，一方面，确认 E 假本身就是一个复杂的过程，不仅与实地观察中事物属性的暴露程度有关，还与观察手段、勘查技术以及记录结果有关。另一方面，即便 E 假是成立的，也不足以断定 H 一定是不真实的，因为蕴涵 E 的命题是一个合取式即 H∧C 的否定式，不必然导致 H 假，只有当 E 假且 C 真时才必然导致 H 假。值得注意的是，在侦查假设检验过程中，通常还有这种情形：某一侦查假设就整体而言不成立；但它的某些部分确实是合理的，一旦经过修改、调整或增加辅助性侦查假设，原侦查假设还可得到确证，甚至被否定了的侦查假设还可复活。

(二)侦查假设的确证

侦查假设的确证(或称弱证实)，是指依据有限的事实证据对侦查假设提供部分证实或一定程度的支持。

侦查假设确证的逻辑模式可用以下公式表示：

如果 H 且 C，则 E(E_1、E_2、……En)；E；因此，H。

这一逻辑模式也是一个归纳的模式，它可表示为：

如果 H 且 C 是真的，则 E(E_1、E_2、……En)支持 H；
C 是真的；
E_1 支持 H；
E_2 支持 H；
……
所以，H 是真的。

在侦查假设的确证中，证据 E 越是新颖的预测事实，那么它对侦查假设的支持强度即正确度就越高。因为对新颖的预测事实在进行侦查假设的检验时更严格，同时它是与之相互竞争的其他侦查假设不能解释的。

无论从侦查假设确证所使用的逻辑方法还是确证的程序和机制来看，侦查假设的确证模式也基本上遵循着一般假说的逻辑程序。例如，在上述孕妇安某坠楼身亡一案的侦查过程中，侦查人员舍弃了"安某是擦窗户时不慎失足坠楼而死的"这一侦查假设后，重新提出了"安某是被人击昏后抛出窗外摔死的"的假设，并努力寻找支持该侦查假设的事实 E：

(1)如果安某是被人击昏后抛出窗外摔死的，那么，室内应有血迹，并且血型与安某的血型相同(E_1)；

(2)如果安某是被人击昏后抛出窗外摔死的，那么，安某身上应有坠楼前的伤痕(E_2)。

侦查人员在全面勘查现场和调查访问的基础上，详细分析了法医检验尸体的报告。第一，安某生前最反对将抹布泡在水池中，而现场勘查却发现一块抹布泡在水池中。可见，有人动过抹布，很可能用来抹洗过现场，故现场未发现明显血迹。第二，经反复仔细勘查，在室内窗户下的暖气片夹缝中发现了四滴小米粒大小的喷溅血迹，与死者血型相同。第三，法医的检验报告表明死者颈部有轻微掐痕，颈前有轻度皮间出血。

所有这些事实均使假设的事实 E_1、E_2 基本得到证实，这就大大支撑了侦查假设并增强了其可靠性。这样就从逻辑上确证了"安某是被人击昏后抛出窗外摔死的"这一侦查假设。

当然，从侦查实践来看，仅靠这种逻辑确认是不够的。因为侦查假设确证模式不具有逻辑必然性，它不足以证明侦查假设是正确可靠的，侦查假设的可靠性还要靠其他的逻辑分析和客观事实的证明。例如，在孕妇安某坠楼身亡一例中，就需要寻找安某致死的原因。各方面的事实材料表明不存在奸情杀害、仇杀、财杀的可能性。侦查人员最后分析安某之死可能是夫妻关系方面的原因所致。经过进一步侦查，最后证实杀害安某的凶手正是其丈夫。至此，"安某是被人击昏后抛出窗外摔死的"这一侦查假设不仅从逻辑上得到了确证，而且从实践中得到了证实。

总之，侦查实践离不开侦查假设，而侦查假设的归宿在于破案，查明案件事实，掌握真凭实据，最终抓获犯罪人。无论在侦查假设的形成过程还是检验过程中，侦查假设的初步假定与侦查推论及新旧假设不断交替，构成一个不断演变深化的复杂进程。

因此，对形成的侦查假设进行科学的检验，通过确证与证伪，有的侦查假设被淘汰；而有的侦查假设则被不断修正、完善。随着侦查假设确证度的提高，侦查破案不仅会从中找到可靠的思维导向和途径，而且侦查效率和侦查质量也会不断提高。

◎ 练习一：法律假设训练

一、根据以下材料，分析假说提出的一般步骤。

人们早就发现，蝙蝠能在黑夜中快速飞行，而且不会撞到障碍物。这种现象如何解释呢？眼睛是视觉器官。根据这个认识，生物学家曾提出一个假说：蝙蝠能在黑夜避开障碍物是由于它有特别强的视力。这个假说对不对？如果是对的，那么，要是把蝙蝠的眼睛蒙上，照理它就会撞到障碍物。为了验证这个推论，科学家们设计了一个实验：在一个暗室中系上许多条纵横交错的钢丝，并在每条钢丝上系上一个铃铛，给蝙蝠蒙上眼睛，放在这个暗室中飞行。实验结果表明，蝙蝠仍然能快速飞行而没有撞到钢丝。这个事实推翻了以上假说。于是人们又提出了一个新的假说：蝙蝠靠耳朵来导航。

二、分析下列这段话是如何验证"鸽子利用地球磁场导航"这一假说的？

一百多年前，有人提出鸽子利用地球磁场导航的假说，现已通过实验部分地得到验证。把小磁棒绑在鸽子身上，使鸽子周围的地磁发生畸变。把这些鸽子运到外地，如果在阴天放飞，它们便向八方飞散而去，而带铜棒的对照组的鸽子则向故乡的方向飞去。如果在晴天，放飞带磁棒和带铜棒的鸽子没什么区别，都能向故乡方向飞去。为了进一步证实这些实验结果，人们在鸽子头顶和脖子上绕上线圈，通以电流，使鸽子头部产生一个均匀的附加磁场，当电流逆时针方向流动时，线圈产生的磁场北极朝上，这时无论晴天或阴天，在外地放飞的鸽子都取向家乡的方向；如果电流顺时针方向流动，线圈产生的磁场南极朝上，晴天放飞的鸽子回家，而阴天放飞的鸽子则"南辕北辙"。同时人们也观察到，在强大的无线电台附近，在太阳发生强烈磁暴期间，以及在月食时，鸽子也会失去定向能力，而太阳耀斑和黑子引起的地磁变化虽然小于 100 伽马，但足以显示对各自选择方向的影响。上述事实说明，鸽子能按地磁导航。

三、指出下述案例中警方提出了什么侦查假设？

2003 年 11 月 30 日晚 12 时左右，德国科隆警方接到报案，报案者是一家物资公司的工人莫林。莫林对警方说，刚才有一个蒙面大盗持刀敲门入室，抢走现金 3000 余欧元。

警方现场勘查发现，莫林陈述的案件经过与现场环境之间有较大的出入：

（1）晚上 12 点，是夜深人静之时，而独自一人在家的女性当事人居然开门让陌生人入室；

（2）当时夜晚，无月光和星光，四周也没有任何光源，而作案人入室后居然能在现场一片漆黑的情况下迅速准确地将藏好的现金找到；

（3）莫林的房间周围有人居住，当时还有人没有熟睡，可没有人听到任何声响。

据此，警方分析这是一起假抢劫案。

四、请你对下列案件性质（内盗、外盗）及作案人条件提出初步假设。

某演出公司财务室被盗。财务室位于演出公司一层，内外两室，位于东面的里间为财会的办公室，位于西面的外间为杂物室。作案人由外间撬门入室，然后进入里间将八张桌子全部撬开，并将其中所有现金 10 万余元全部盗走。在勘查现场结束时，侦查人员让现场勘查见证人进入现场整理物品，会计人员进入现场后直奔外间屋的两个洗衣机包装盒，并着急地说："我看我的金柜被盗没有。"见此情景，现场勘察人员都很惊讶，只见会计人员提起洗衣机包装盒，露出两个金柜，金柜完好无损，会计人员感到很庆幸，侦查人员却感到很惊讶，原来作案人和侦查人员都没有发现金柜。

五、下列侦查假设是用什么逻辑方法提出来的？并说明该假设成立与否的理由。

（1）仓库保管员李某外出参加秋收，待收工回来时发现仓库内物资被盗。侦查人员经过现场勘查和调查访问发现：作案者在李某外出秋收时实施偷盗，而且知道李某身上带着库房钥匙，并能在秋收地准确地偷走李某的钥匙，敢于在周围有住家和值班人员的情况下作案，事后又把库房房门关上并锁好等事实情节。于是，侦查人员基于这些事实材料，运用侦查假设得出可能是内部人员作案的结论。

（2）数粒油菜籽是在受害人与歹徒搏斗处找到的，而现场其他地方均未发现油菜籽，现场又不是收割、运输油菜的必经之路。联想到受害者曾经说过，歹徒的裤管卷起。经分析认为，很可能这些油菜籽是歹徒作案时从裤管里掉下来的。在调查访问中了解到，案发时正是收割、脱粒油菜籽的大忙季节。因此，侦查人员推测：作案人很可能是附近的农村青年。

◎ 练习二：行政职业能力测验可能假设题训练

（说明：严格来说，行政职业能力测验并无对应假说的题目，但阅读理解和判断推理题中的可能性断定的题目与假说的或然性特点是一致的）

1. 信息时代，信息的存在形式与以往的信息形态不同，它是以声、光、电、磁、代码等形态存在的。这使它具有"易转移性"，即容易被修改、窃取或非法传播和使用，加之信息技术应用日益广泛，信息技术产品所带来的各种社会效应也是人们始料未及的。在信息社会，人与人之间的直接交往大大减少，取而代之的是间接的、非面对面的、非直接接触的新式交往。这种交往形式多样，信息相关人的行为难以用传统的伦理准则去约束。

作为一篇文章的引言，这段文字后面将要谈论的内容最可能的是（　　）。

　　A. 信息存在形式的更新　　　B. 信息社会与信息伦理

　　C. 人际交往形式的多样化　　D. 信息技术产品与生活方式

2. 世界经济论坛年会 2 月 1 日在瑞士达沃斯落下帷幕，出席论坛的经济专家们普遍认为，全球经济下滑但尚未触底。

这句话告诉我们，出席世界经济论坛年会的经济专家(   )。

    A. 认为全球经济出现了下滑

    B. 认为全球经济仍有继续下滑的趋势

    C. 对全球经济下滑问题达成了共识

    D. 对全球经济下滑的研究没有尽头

3. 某国经济以农业为主，2001 年遭受百年不遇的大旱，国际有关组织号召各国人民向该国伸出援助之手。下面最有可能的推断是(   )。

    A. 该国农业生产力水平低

    B. 该国是一个经济发达国家

    C. 该国国民收入低、生活水平低

    D. 该国的经济受气候影响大

4. 教授：如果父母都是 O 型血，其子女的血型也只能是 O 型，这是遗传规律。

学生：这不是真的，我的父亲是 B 型血，而我是 O 型血。

学生最有可能把教授的陈述理解为(   )。

    A. 只有 O 型血的人才会有 O 型血的孩子

    B. O 型血的人不可能有 B 型血的孩子

    C. B 型血的人永远都会有 O 型血的孩子

    D. 如果父母都是 B 型血，其孩子也会是 B 型血

5. 厂长：采用新的工艺流程可以大大减少炼铜车间所产生的二氧化硫。这一新流程的特点是用封闭式熔炉替代原来的开放式熔炉。但是，不仅购置和安装新的设备是一笔很大的开支，而且运作新流程的成本也高于目前的流程。因此，从总体上说，采用新的工艺流程将大大增加生产成本而使本厂无利可图。

总工程师：我有不同意见。事实上，最新的封闭式熔炉的熔炼能力是现有的开放式熔炉无法相比的。

在以下(   )问题上，总工程师和厂长最可能有不同意见？

    A. 采用新的工艺流程是否一定使本厂无利可图

    B. 运作新流程的成本是否一定高于目前的流程

    C. 采用新的工艺流程是否确实可以大大减少炼铜车间所产生的二氧化硫

    D. 最新的封闭式熔炉的熔炼能力是否确实明显优于现有的开放式熔炉

(说明：假设前提的题目与假说从假设出发进行推演的特点一致，当然假说是进行或然性推演的，假设题目则要进行必然性假设)

6. 新一年的音乐颁奖典礼打破了过去只有一首最佳金曲的评选方式，而按照摇滚、爵士等几种音乐风格分别评选最佳金曲。这样既可以使音乐工作者的工作得到更为公平的对待，也可以使听众和音乐爱好者对音乐的优劣有更多的发言权。

根据以上信息，这种评选方式的改变所隐含的假设是(   )。

    A. 划分音乐风格，能促进音乐界百花齐放、百家争鸣

B. 每一首歌都可以按照该划分方式进行分类，没有遗漏

C. 听众和音乐爱好者都有各自喜欢的歌曲风格

D. 评选方式的改变为音乐工作者提供了更多展现自己、实现自我价值的机会

7. 事实1：电视广告变得越来越没有效，电视观众能回忆起来的在电视上做促销的品牌名字的比例在慢慢降低。事实2：电视观众回忆起在一组连续的商业广告中播放的第一个或最后一个广告的情况要比他们回忆起中间某一地方播放的广告的情况好得多。

下列选项中，如果(　　)正确，事实2将很可能为事实1作出一个解释。

A. 一组连续的电视广告的平均数量逐渐增加

B. 目前一般电视观众只能回忆起他或她看到的在做促销的不到一半的品牌

C. 分配给每一组连续电视广告的总时间逐渐减少

D. 每小时电视播放连续广告的组数逐渐增加

8. 超级笔记本市场中有一个非常有竞争力的新生力量，2011年销量只占移动计算机市场销量的20%，低于预期的30%，有供应商表示，超级本之所以遭遇销售低迷很大程度上是因为欧洲市场对超级本需求过小。调查显示，欧洲消费者普遍青睐15英寸及以上尺寸的笔记本电脑。有数据显示，目前欧洲售出的移动计算机中有40%~45%都是15英寸的机型，而超级本根本就没有这样的尺寸。

供应商得出上述结论的前提假设是(　　)。

A. 生产前厂家未考虑欧洲消费者的使用习惯

B. 超级本应该设计生产15英寸级别的产品

C. 欧洲消费者的消费习惯与其他地区相类似

D. 欧洲市场在全球笔记本市场中占较大比例

9. 大雁一般排成整齐的人字形或一字形飞行，这是集群本能的表现。因为这样有利于防御敌害。雁群总是有经验的老雁当"队长"，飞在队伍的最前面。在飞行中，带队的大雁体力消耗得很厉害，因而它常与别的大雁交换位置。幼鸟和体弱的鸟，总是插在队伍的中间，因此，飞行时它们不会受到敌害的攻击。

以下(　　)项如果为真，可以成为得出上述结论所需的前提。

A. 大雁的飞行队形兼具防守和攻击两种功能

B. 体弱的不可能成为带队的大雁

C. 飞行时敌害不会攻击大雁飞行队列的中间

D. 雁群中需要有不止一只能带队的大雁

10. 在接受测谎器测验时，只要服用少量某种常用镇静剂，就可使人在说谎时不被察觉。因为由测谎器测出的心理压力反应可以通过药物抑制，而不会产生显著的副作用。由此推之，这种药物对降低日常生活中的心理压力也会很有效。

此段话的假设前提是(　　)。

A. 镇静剂对于缓解心理压力有效

B. 对于心理压力反应的抑制增加了主观的心理压力

C. 由测谎器测出的心理压力与日常生活中的心理压力相似

D. 在测谎器测验中说谎的人经常显示出心理压力的迹象

第八章　法律论证的全面应用

论证是逻辑学的归宿，是所有逻辑知识的综合运用。法律思维最终也是要归结到法律论证的，而且法律论证是全面应用到法律程序的各个阶段、各个环节的。侦查研判、起诉决定、法庭论辩、判决合议等，都属于法律论证。

第一节　论证的逻辑构成及规则

概念、判断、推理是逻辑思维的基本形式，论证则是逻辑思维的综合形式。论证一般由推理群构成，除了遵守推理的规则以外，它还有自己的一套规则。

一、论证的逻辑构成及种类

(一)论证的定义

论证是根据已知为真的一个或若干个判断，通过推理来确定另一个判断真假情况的思维过程。

在日常工作和理论研究中，经常需要证明某一个判断的真实性。为此，人们就引用一个或若干个其他的真实判断作为依据，从而确定该判断的真实性，这就是论证。例如：

> 在一起案件的侦查报告中，侦查人员对案件的性质作了这样的论证：此案被认定是凶杀。本案经调查，发现它只能或是凶杀或是上吊自杀。尸检结果表明：死者颈部索沟繁多，方向不一，并存在不同形状的索沟，舌骨及甲状软骨骨折。而如果是上吊自杀，则不能形成这些损伤。所以，此案只能是凶杀。

作为思维过程，论证不同于经验证明、实践证明。所谓经验证明是根据经验、感官来确定某一事实的真假情况；所谓实践证明，又称为事实证明，是指通过社会的实践活动来确定某一判断的真假情况。而论证则是通过抽象的思维活动，运用抽象的逻辑推理来确定某一判断的真假情况。

任何真理的获得既需要实践的证明，同时也离不开逻辑论证。单纯的实践检验只能说明论点与事实是否一致，只有通过逻辑分析才能阐释清楚论点被确证或被证伪的原因。正因为如此，人们常常不满足于实践的确认，而力图求得对观点的逻辑论证。

在获得真理的过程中，逻辑论证与实践证明是互相补充、互相渗透、相辅相成的。逻辑论证在一定范围内、一定层次上可以确定某一判断的真假情况，但它不能代替社会实践作为检验真理的标准。实践是检验真理的唯一标准。但在实践证明中，无时无刻都离不开逻辑论证。任何把逻辑论证与实践证明相混淆，或者把二者割裂开来的观点都是错误的。

(二)论证的逻辑要素

逻辑学不研究论证的具体内容，而主要是研究论证的逻辑形式，是从逻辑形式方面来考察论证的。从逻辑形式上看，论证包括以下三个方面要素：

1. 论题

论题，又称论点，是指真实性尚待证明的判断。它是论证的中心和主题。论题回答的是"证明什么"或"反驳什么"的问题。所以，论题只能有一个，它可以用简单判断表达，也可以用复合判断表达。例如，"勤出成果"便可以作为一个论题。

2. 论据

论据，又称理由或根据，是用于证明或反驳论题的具有真实性的判断。论据回答的是"用什么证明"或"用什么反驳"等问题。论据可以有多个。为了证明"勤出成果"这个论题，我们可以列出一系列真实判断。例如，马克思辛勤劳动，艰苦奋斗，阅读了数量惊人的书籍和刊物，其中做过笔记的就有 1500 种以上，写下了《资本论》；司马迁从 20 岁起就开始漫游生活，足迹遍及黄河、长江流域，并遍阅古籍，汇集了大量社会素材和历史素材，写下了历史巨著《史记》；德国伟大诗人歌德前后花了 58 年时间，搜集了大量的素材，写出了对世界文学界和思想界产生较大影响的诗剧《浮士德》；我国年轻的数学家陈景润，在攀登科学高峰的道路上翻阅了国内外上千本有关资料，通宵达旦看书学习，取得了震惊世界的成就。这些都是论据。

3. 论证方式

论证方式是指论题与论据的联结方式，即论据是用何种方法来证明论题的真实性或反驳论题的虚假性。它回答的是"如何证明"或"如何反驳"的问题。上例我们便是借助简单归纳推理，通过直接或间接论证方式，达到了证明观点或反驳观点的目的。

(三)论证与推理的关系

论证与推理的关系是十分密切的，同时又是相互区别的。

首先，二者是紧密联系的。第一，任何一个论证都总要借助于推理，没有推理就没有逻辑证明和逻辑反驳。第二，从论证与推理的结构看，二者有如下对应关系：论证的论题与推理的结论相对应，论证中的论题相当于推理的结论；论证的论据与推理前提相对应，论证的论据相当于推理的前提；论证方式与推理形式相对应，论证方式相当于推理形式。

其次，二者又是相互区别的。这个区别主要表现在如下几方面：第一，二者的目的不同。逻辑论证的目的是确定某个判断是真实的或是虚假的，因而论证的过程就是证明真理或是驳斥谬误的过程；推理所要达到的目的是获得一个新判断，是由已知推出未知，因而推理的过程是发现真理的过程。第二，二者的思维过程不同。论证是先提出论题，然后为论题寻找论据，并用论据对论题作出证明与驳斥，即从论据开始，最后归结为论题；而推理则是先有前提，后推出结论，是从前提向结论过渡。第三，二者的要求不同。推理只是断定前提与结论之间的逻辑联系，要求推理具有逻辑性或有效性，并不必然要求前提与结论一定是真实的；而论证不只是要求断定论据与论题间的逻辑联系，而且还要求从论据的真实性出发来断定论题的真实性或虚假性。因此，一个论证必然是推理，但一个推理却不一定同时是论证。第四，逻辑结构不同。推理是由前提、推理形式和结论构成；论证是由论题、论据、论证方式构成。推理的结构可以是单一的，而论证结构往往比推理结构复杂，它可以通过一个推理形式实现，但更多情况下是通过一系列推理才能实现。

(四)论证的种类

从论证的最终目的来看，我们可以把它分为逻辑证明与逻辑反驳。

所谓逻辑证明是根据已知为真的一个或若干个判断，通过推理确定另一个判断为真的思维过程。前面所举的例子就是逻辑证明。

所谓逻辑反驳就是根据已知为真的一个或若干个判断，通过推理确定另一个判断为假的思维过程。例如，美国大律师赫梅尔在一件赔偿案中代表一家保险公司出庭辩护。原告声称："我的肩膀被掉下来的升降机轴打伤，至今抬不起来。"赫梅尔问道："请你给陪审员看看，你的肩膀现在能抬多高?"原告慢慢地将肩膀抬起，手举到齐耳的高度，就面带痛苦表情，示意不能再举高了。这时赫梅尔又出其不意地问道："你受伤以前能举多高?"原告不由自主地一下将手臂举过了头顶，引起旁听席上一片笑声，原告的赔偿诉求因此不攻自破了。这里赫梅尔正是巧妙地通过原告的表现间接地驳斥了原告的谎言。

由此可见，逻辑证明的目的在于立，逻辑反驳的目的在于破。然而逻辑证明与逻辑反驳又是密切联系的。逻辑反驳实质上是一种特殊的逻辑证明。如果用 P 表示一个论题，反驳论题 P，实际上就是要确定 P 为假，即并非 P，这也就是要论证：论题"并非 P"为真。

二、论证的逻辑规则

要使论证得以正确的实现，就必须遵守论证的规则。论证的规则是保证论证正确的充分必要条件。

(一)论题必须明确

论题是论证的对象，是论证所要确定其真假的判断。只有论题明确，才能使论证有的放矢。

此规则要求在表达论题的判断中，概念的内涵与外延要明确，没有歧义。例如，在诉讼文书中，要论证的问题主要是对罪与非罪的判定或彼罪与此罪的界定。这就需要诉讼文书的制作人全面地把握案情，准确地理解刑法，只有把"罪"与"非罪"的内涵与外延明确地揭示出来，对犯罪的种类进行科学分析，才能对罪与非罪作出准确的判定，把彼罪与此罪区别开来。

如果违反此条规则，在论证中就会出现"论题不清"或"论题模糊"的逻辑错误。例如，黄某因在公交车上盗窃被扭送公安机关，在途中趁机逃跑，对此有关的判决书上这样判断："黄某犯有'脱逃罪'。"这里就将"脱逃行为"与"脱逃罪"两概念混淆了，使判决对象变得模糊不清了，势必影响对犯罪嫌疑人正确的定罪量刑。

(二)论题必须始终如一

这一规则要求在论证中论题只能有一个，并且在整个论证中保持其确定不变。若违反这一规则，就会犯"偷换论题"或"转移论题"等错误。

所谓"偷换论题"就是论证者在论证中有意地改变论题的内容，使论题中关键概念的内涵和外延发生变化。例如，一位年迈的母亲对儿子说："你做领导可不要贪啊，贪污是犯罪，是要被抓的。"儿子听了，说："我会处理好各种关系的，尽管放心。"这里母亲的论题本是"你当领导不要贪污"，而儿子却将其偷换为"当领导要搞好各种关系"，避开了原论题。

所谓"转移论题"或"跑题"，是论证者在论证时无意中改变了论题。如一位辩护律师在为涉嫌盗窃的被告进行无罪辩护时，大谈被告家境困难，本人又起早贪黑勤奋工作，却赚钱不多，而对被告行为是否构成盗窃罪只字未谈。很显然，这位律师将被告行为不构成盗窃罪的论题"转移"为被告盗窃行为是有多种原因的。这样的辩护论证就犯了"转移论题"的错误，对于法庭审判来说，没有任何益处。

（三）论据必须真实、可靠

论据是论题的根据、理由，论题的真实性是依赖于论据的真实性的。此规则要求论据必须是真实的，使论据能够论证论题的真实性。

若违反此规则，就会在论证中出现"虚假论据""预期理由""隐瞒真实论据"等逻辑错误。

所谓"虚假论据"，是指用不真实的判断作论据进行论证所犯的逻辑错误。例如，一位原告在起诉书中，指控被告人偷盗了自己的耕牛，依据是他认出了被告家中的一头牛正是自己丢失的那头牛。但后来经查证，被告家中的那头牛是被告新近买来的，只是与原告丢失的那头牛极为相似而已。由此看来，原告的起诉就犯了"虚假论据"的错误。

所谓"预期理由"就是用真实性尚未得到证明的判断作为论据来论证论题所犯的逻辑错误。例如，有人告发某领导贪污，依据是这位领导新近买了一辆豪华轿车，而按照工资收入计算，他应该买不起这样的豪车。但这辆豪车是不是用贪污款购置的，是尚待证实的判断。后经查证，这辆车是因他在香港的叔父去世，而叔父没有子女，他是作为遗产继承人之一获得的这辆车。告发人在这里所犯的逻辑错误就是"预期理由"的错误。

所谓"隐瞒真实论据"的错误就是避开真实的论据，避重就轻，只选择有利于论证自己论题的论据，故意进行错误的论证。在一起报复杀人案中，某律师为被告人辩护道：报复杀人，一般来说都是那些有深仇大恨或者因矛盾发展到极点所致。而本案被告人与被害人之间不具有这些关系。被告人与被害人是中学同学，后来又在同一个工厂工作，每天进餐坐在一起，下班又是同路人，关系密切是众所周知的。虽然两人因闹笑话翻脸，被告人一时激怒砍伤了被害人。但他只有伤害的故意，而绝不会有杀人的故意。如果他想置被害人于死地，他也不能只砍两刀就住手，况且所伤部位并非要害。因此，无论从主观还是从客观上看，被告人只有伤害故意，而无杀人故意。辩护律师的此番辩护，看似有理，却经不起事实的考证。事实上，被告人与被害人因同时爱上本厂一个女工，后来女工与被害人订婚，这引起了被告人与被害人之间的矛盾，而且被告人曾说过要与被害人"走着瞧"。至于被告只砍两刀便停刀不砍，不是他不想杀死被害人，而是当他捅第二刀时，被害人满脸是血，卧倒在地，他无法判断是死是活，此时有人夺下他手中的刀，使他无法再继续行凶。没刺中要害部位，并非被告之所愿，刀子是直刺入被害人胸部的，只是由于被害人的反抗躲闪，才没有伤及致命的部位。而辩护律师只说明过去两人关系密切，然后就推断被告不会有杀人故意，但却故意隐瞒了后来的事实，其所犯的正是"隐瞒真实论据"的错误。

（四）论据的真实性不依赖于论题的真实性

论题的真实性要依赖于论据的真实性，而反过来，如果论据的真实性又是依赖于论题真实性的，那么这个论题的真实性就无法得到确定。

若违反此规则就要犯"循环论证"的逻辑错误。所谓"循环论证"就是用来论证论题的论据还需要论题加以论证的逻辑错误。例如，某地公安机关在审查一起杀人案时，因证据不足，错误地采用刑讯逼供方法，使嫌疑人张某供认自己作案，并且使用的凶器是菜刀。据此，公安机关以缴获凶器菜刀为证据认定张某杀人，并将此内容写进了起诉意见文书中。这就犯了"循环论证"的逻辑错误。因为断定张某杀人，依据是有凶器菜刀，而菜刀为杀人凶器又是因为张某杀了人。显然，这里的论题是否真实依赖于论据，而论据是否真实又依赖于论题。

（五）论据应能推出论题

任何正确的论证，在选用了正确的论证方式，即把论据和论题有效地联系起来后，都应能推得论题。此规则要求论题与论据有逻辑意义上的联系，同时论据与论题联系起来时必须遵守有关推理规则。

若违反此规则，就会导致"推不出"的逻辑错误。所谓"推不出"，就是由论据不能必然地推出论题的逻辑错误。一般"推不出"的情况有两种，一种是推理形式不正确，即论证方式不合乎推理规则，这样，即使已知论据真实，但因论据与论题之间缺乏逻辑联系，论题仍不能得到有效的论证。例如，有人在论证"很多有高学历的人成了贪污犯"这一论题时，采用如下论证方式：

> 有些贪污犯是国家机关工作人员；
> 很多有高学历的人是国家机关工作人员；
> 所以，很多有高学历的人是贪污犯。

这个论证方式显然违背了三段论推理"中项在前提中至少周延一次"的逻辑规则，由论据是推不出论题的。

另一种是论据与论题不相干，即两者风马牛不相及，由论据当然也推不出论题来。例如，有这样一个论证："这个人是不会犯诈骗罪的，因为，他在学校是三好学生，在村里又乐于助人。"显然，这一论证中的论据"三好学生""乐于助人"与论题"是否犯诈骗罪"毫无本质联系，由此论据推不出论题。

由以上两种情况可知，论证中出现的"推不出"的逻辑错误，并非必然地说明论题的真假情况，有时虽由论据不能推出论题，但论题本身却是真实的。

（六）论证必须遵守充足理由律

所谓论证的充足理由律是指在论证中，如果论题被确定为真，这个论证就一定为这一论题提供了充足理由，也就是说，在论证中，论据不仅是真实的，而且它还是论题的充分条件，由论据一定能推出论题。否则，该论题就不可能真正被确定为真。例如，在执法活动中，对犯罪嫌疑人的定罪量刑，其根据必须包括犯罪全过程的证据，同时，这些证据必须与犯罪嫌疑人作案有逻辑联系，它们是犯罪嫌疑人作案的充分条件。如果在定罪量刑时离开了充足的论据，就会造成冤假错案。佘祥林冤案形成的很重要的原因就是在对犯罪嫌疑人定罪量刑时，仅根据作案时间、作案动机等一些必要条件就草率地得出结论，缺少在细致的现场勘查、调查询问基础上的缜密思考，不仅所获得的证据不真实，而且证据与结论间也缺乏逻辑联系，最终没能为结论提供充足的证据支撑。

(七)论证应避免非形式谬误

论证中的非形式谬误在第六章第四节讲违背充足理由律的错误时，已经列举了十种情形，请参考。比如，某律师在法庭上为被告辩护，他不是根据有效的论据说明被告人无罪，而是说被告人也是血肉之躯，他上有年迈的老母、下有年幼的儿子等，以此感化陪审团并获取同情，为其委托人开脱罪责。这位律师所犯的错误就是"诉诸感情"的错误。

第二节 法律证明

证明是根据真实的论据确定论题真实性的论证方式。法律证明就是根据真实的证据得出确切的论题，从而确定某人的行为的确违反了法律，应当受到法律的惩处。

一、证明的方式

(一)证明方式的含义和种类

证明方式是确定论题必然真实的论证方式，而论证方式是从论据到论题的推演过程中推理形式的总和。它回答的是"怎样论证"论题为真的问题。

按证明方式的不同，实际上就是按证明中所使用的推理形式的不同，证明可以分为演绎证明、归纳证明和类比证明。

(二)演绎证明

演绎证明就是引用一般性的公理、原则、定律，并借助于演绎推理推导出论题真实性或正当性的证明。例如：

> 夏洛克·福尔摩斯与日后负责记述他一生行迹并充当他探案助手的约翰·华生医生初次见面时，说的第一句话便是"你从阿富汗来。""你怎么会知道的?"疑惑的华生问，这也问出了他以及所有读者想问的问题。后来，福尔摩斯解释道："这一连串的推理是这样的：'这位先生是医生之类的人，但他有军人的气质，因此显然是个军医。他一定刚从热带回来，因为他面部肤色黝黑，然而这并不是天生的，因为他手腕处的皮肤颇白。他憔悴的脸色很清楚地说出他曾受过病痛。他的左臂曾受伤，因为动作显得僵硬而不自然。一个英国的军医会在热带的什么地方遭到磨难而且还使左臂受伤呢? 显然是在阿富汗。"

这就是一个演绎证明，其论据与论题之间的推理关系，包含以下几个三段论：

> 比如说华生是个军医的时候，
> 大前提：有某种特殊气质的人是军人；

小前提：华生有这种特殊的气质；

结论：华生是军人。

再结合前面朋友介绍说华生是医生，因此他推断出华生是军医。

推断出华生去过阿富汗，则是一个更为复杂的推理：

大前提：皮肤黝黑的人要么是天生的，要么是后天晒黑的；

小前提：华生面部肤色黝黑；

结论：华生要么是天生黑，要么就是晒黑了。

结合华生手腕处白皙的皮肤，福尔摩斯排除了先天因素，得到的结论是华生是晒黑的。既然是晒黑的，就又有了下面这段推论：

大前提：高纬度地区光照较弱，不容易晒黑；

小前提：英国属于高纬度地区；

结论：华生不是在英国晒黑的。

因此推断出华生是在热带地区晒黑的。再结合军医的职业和时代背景，最终，福尔摩斯说出了他的结论——"你从阿富汗来。"

由于演绎推理是前提蕴涵结论的必然性推理，因此，演绎证明只要论据真实、形式有效，就能必然确定论题的真实性。

（三）归纳证明

归纳证明是用一些具体事实作为论据，通过归纳推理的形式，来证明论题的真实性的证明。归纳证明同演绎证明主要区别在于：归纳证明的论证方式用的是归纳推理，论据多是反映个别事实的判断，它的特点是用个别证明一般；演绎证明的论证方式用的是演绎推理，论据中包含关于一般原理的判断，它的特点是用一般来证明个别。由于演绎推理与归纳推理的结论可靠性程度不同，因此一般说来，演绎证明的证明力大于归纳证明。由于归纳证明的论据多是反映具体事实的判断，"事实胜于雄辩"，引用具体事实容易说服人，因此归纳证明的说服力比较强。

根据归纳是否包括全部的对象，归纳证明可分为完全归纳证明和不完全归纳证明两种：

1. 完全归纳证明

完全归纳证明就是运用完全归纳推理形式进行的论证。它的论据包括归纳的所有对象。例如：

某诈骗团伙被一举捣破时，共实施了 20 起诈骗行为，获得诈骗金额 700 万元。侦查人员在诈骗窝点发现，墙上到处张贴着如何交友的卡片，于是他们断定这是一个以交友为名的诈骗团伙。接着，他们对 20 起案件进行了梳理，发现：案件一是以男女交友为手段，诱使受害人上当受骗；案件二是以落难兄弟交友为手段，诱使受害人上当受骗；案件三是以闺蜜交友为手段，诱使受害人上当受骗。……一直考察到第 20 起案件，都是以所谓的交友为手段进行诈骗的。由此，他们先前的判断得到了证实：该团伙所有的案件都是以交友为手段，诱使受害者上当受骗的；因此，这是一个以交友为名的诈骗团伙。

可见，完全归纳推理是根据对某类事物的全部个别对象的考察，发现它们每一个都具有某种性质，因而得出必然结论：该类事物都具有某种性质。

根据完全归纳推理的逻辑形式，完全归纳证明的形式为：

所有 S 都是 P(S 表示事物，P 表示属性)，
因为：S_1 是 P，
S_2 是 P，
……
Sn 是 P。
(S_1，S_2……Sn 是 S 类的所有分子)

从公式可见，完全归纳证明考察的是某类事物的全部对象，而不是某一部分对象，其论题断定范围是论据断定范围的总和，因此，完全归纳证明只要论据真实，其论题就会必然被确定为真。

2. 不完全归纳证明

不完全归纳证明就是运用不完全归纳推理的形式来确定某论题具有真实性所进行的论证。它包括枚举归纳证明和科学归纳证明。

(1)枚举归纳证明。枚举归纳证明就是运用枚举归纳推理形式确定论题真实性的论证。由于枚举归纳推理的结论断定范围超出了前提断定的范围，其结论不是必然为真的，因此枚举归纳证明只是一定程度上确定了论题的真实性。例如：

某派出所接到报警，一位妇女接到中大奖电话，让她汇款公证费、手续费一千元，结果没了回音，才知道被骗了。接警警员意识到这是以中奖为诱饵的诈骗行为。后来，接连几天，该派出所分别接到老人、学生等人的类似报警，均称接到中奖电话后汇款杳无音讯。于是，以中奖为诱饵诈骗钱财的判断得到了证实。

这个派出所的警员就是不自觉地运用了简单枚举归纳证明证实了通过中奖电话进行诈骗的真实性：

所有电话中奖都让人汇寄公证费、手续费的行为都是诈骗行为。
因为：
第一次接警是电话中奖汇款诈骗；
第二次接警是电话中奖汇款诈骗；
……
第 n 次接警是电话中奖汇款诈骗；
每次接警的电话中奖汇款都是诈骗，且无相反情况。

如用公式表示简单枚举归纳证明为：

所有 S 是 P，
因为：
S_1 是 P，
S_2 是 P，
……
Sn 是 P。
（S_1，S_2，……Sn 是 S 类部分对象，枚举中未遇相反情况）

从以上公式可见，在枚举归纳证明中，所列举的某类事物的部分对象都具有某种性质，且不具有相反的情况。

（2）科学归纳证明。科学归纳证明就是运用科学归纳推理形式确定论题真实性的论证。由于科学归纳推理是建立在对事物因果联系认识基础上的，其结论有较高的可靠性，因此科学归纳证明具有较强的说服力。例如：

> 某金库被盗，接到报警后，侦查人员前往现场进行勘察。勘察结果表明，犯罪嫌疑人没有留下指纹和脚印，但多重密码的保险柜被毫无破损地打开，内存的巨额资金被盗走一空。于是，侦查人员断定这是一个惯犯、高手作案。后来，某财务室被盗，也没有留下指纹、脚印，保险柜也没有破损地被打开。侦查人员分析认为，因为惯犯、高手知道怎样避免留下生物痕迹并掌握打开密码的技巧。后来，经过分析各种监控录像和警情资料，才艰难破获此案，抓住了经过特殊技能训练的惯犯张某。

该例就是科学归纳的证明，因为其中分析了现场特征与作案者必备素质之间的因果联系，并提取了两个犯罪现场的共同特征。

（三）类比证明

类比证明就是运用类比推理形式确定论题为真的论证。类比证明的论题和论据或者都是一般性的原理，或者都是具体性的事实。它是用一种一般来论证另一种一般，或者是用一个个别来论证另一个个别，前提与结论的逻辑联系是不必然的，其结论未必一定为真，所以类比证明不能必然确定论题为真。因此，应注意尽量地比较两个对象的相同属性，相同属性与推出属性之间应有一定的联系。遵守了类比推理的逻辑要求，类比证明就有了更强的力度。例如：

> 在讨论如何将"蓝鸟"黑帮组织一网打尽时，刑警队长提出了在"蓝鸟"老大生日当晚，请求武警部队支援的合围方案。刑警队长是这样分析的：邻近地区抓捕其辖区内"红枫"黑帮集团时，也是利用其二头目过生日，成员都来祝寿的时机，在武警部队的协助下，精心部署，一举抓捕了这个黑帮的全体人员，无一漏网。这两个黑帮组织，在人数、组织架构、人员身份及欺行霸市方面都有相似之处，更重要的是它们都

有封建贺寿的传统。他们成功捣毁了"红枫"组织，我们也一定能成功让"蓝鸟"组织覆灭。

该例中，刑警队长之所以提出在祝寿晚宴合围抓捕的方案，就是通过对两个组织进行的类比，找到了两者的许多相同点、相似点，确认自己也能取得成功。

类比证明用公式表示如下：

B 具有新属性 d，
因为：
A 具有属性 a、b、c、d，
B 具有属性 a、b、c。

二、证明的方法

在实际证明中，人们在运用一定证明方式展开论证的过程中，往往会灵活地选用一些思维方法来丰富证明方式，以提高证明的效率。证明的方法可分为直接论证和间接论证两种。

(一)直接证明

直接证明是从论据的真实性中直接推出论题的真实性的论证。其特点是确定论题后，就从论据出发，为论题的真实性提供理由，直接推导，得出真实论题。直接证明是最重要、最常用的一种论证方法。在司法工作领域，无论检察机关的起诉书，还是审判机关的判决书，都要提出法律论据和事实论据，都必须运用直接证明的方法。例如：

被告单位德骏公司违反海关法规，逃避海关监管，采取低报价格的方式走私普通货物，被告人马某作为被告单位直接负责的主管人员，偷逃应缴税款人民币4045722.88 元，属情节严重；被告人康某作为被告单位的直接责任人员，参与走私偷逃税款人民币3766691.39 元，其行为均已触犯了《中华人民共和国刑法》第一百五十三条之规定，构成走私普通货物罪，应当追究其刑事责任。

这是一个直接证明，证明的论题是"被告单位德骏公司、被告人马某及康某依法构成走私普通货物罪"。证明的论据是对犯罪事实的陈述和引用《刑法》的法律规定。论题和论据构成了一个三段论推理，根据三段论的推理规则，论据若为真，则可确立论题为真。

(二)间接证明

间接证明不是由论据直接证明论题的真实性，而是通过确定与论题相矛盾的判断或相关的其他判断的虚假性，从而确定论题真实性的特殊论证方式。间接证明的特点是从相反方面为论题提供间接的论据。间接证明主要有反证法和选言证法两种。

1. 反证法

所谓反证法，是先假设一个与原论题相矛盾的反论题，证明该论题是虚假的，根据排中律，确定原论题是真实的。

运用反证法进行证明，一般要遵循以下几个步骤：

（1）确定论题；

（2）设定一个与原论题相矛盾的反论题；

（3）确认反论题为假：以反论题为前件构成一个充分条件假言判断，并以此为前提构成一个充分条件假言推理的否定后件式，从而推出否定前件的结论；

（4）根据排中律，确定论题为真。

用公式表示则为：

> 论　题：P
>
> 设反论题：非 P（非 P 与 P 相矛盾）
>
> 论　据：如果非 P、则 q，
>
> 　　　　非 q，
>
> 所以，非非 P（根据充分条件假言判断推理否定后件式），
>
> 所以，P。

例如，楚庄王养的一匹爱马死了，他十分痛心，命令群臣用大夫等级的礼节来埋葬这匹马。大臣们说不能这样做。楚庄王非常生气，下令："有敢以马谏者，罪致死。"一说要判死罪，大臣们都不敢吱声了。优孟听说此事后，去见楚庄王。他要求以君王之礼来葬这匹马，并叫上各诸侯国，以便好让各诸侯都知道大王贱人而贵马的事。楚庄王听了，羞愧满面，如梦初醒。

优孟谏楚庄王所用的就是反证法。他意欲向楚庄王证明的论题是"不该用重礼葬马"。为了证明这个论题，他先提出一个反论题："该用重礼葬马。"从这一反论题引出的判断：各诸侯都知道"大王贱人而贵马"。而这种结果对楚庄王来说是十分危险的，所以这个反论题为假。既然"该用重礼葬马"为假，那么"不该用重礼葬马"就为真了。

反证法的优点是，它在没有直接证据证明原论题，但有证据证明反论题的虚假时发挥作用。它是通过否定反论题来确定原论题的真实性，因而是一种非常有力的间接证明方法，其应用范围很广，所以在论述事理和办案中常常使用它。需要注意的是，反证法的原论题和反论题必须是矛盾关系，不能是反对关系，因为反对关系不能由一个假论题推出另一个真论题。另外，反证法中的论证方式必须是充分条件假言推理，否则不能通过否定后件进而否定作为反论题的前件，达到"反证"的目的。

2. 选言证法

选言证法是运用选言推理的否定肯定式，即否定与论题相并列的几种可能情况，进而确定论题的真实性的间接证明。因它是通过排除而确定的，所以这种证明也叫"排他证明"。

选言证法的证明步骤如下：

（1）确定论题；

（2）设立与论题并列的各种可能判断，与待证论题构成一个选言判断；

（3）通过论据逐一确定除论题外的其他判断的虚假；

（4）根据选言推理的否定肯定式推出论题的真实。

用公式表示则为：

> 论题：P
>
> 论证：或 P，或 q，或 r
>
> 非 q，非 r，
>
> 所以，P（根据相容选言判断推理否定肯定式）。

例如，拿破仑兵败之后被判流刑。他被流放到一个荒岛之上。关于他的死因是长期困扰人们的一个谜，人们怀着极大的兴趣作出了种种揣测。有人认为，拿破仑是死于圣赫勒拿岛恶劣的气候；有人认为，拿破仑和英国总督之间的矛盾层出不穷，导致拿破仑"经年累月饱受极其可怕的痛苦折磨"；有人认为，拿破仑因为帝国几位将军之间的明争暗斗，而大费脑筋，以至于身体大伤元气；还有人认为，拿破仑死于中毒。一位牙科医生收集了种种资料对这个问题进行了仔细的研究，他认为拿破仑死于中毒。他发现：尽管拿破仑曾经抱怨孤岛"气候恶劣"，但是岛上的空气是清新的，也不乏海岛常有的赏心悦目的景色，况且拿破仑有 8 平方公里的活动区域，于健康是有益无害的；拿破仑与英国总督之间的矛盾只是拿破仑图谋东山再起的一幕幕闹剧；至于帝国几位将军之间的争权夺利，的确使拿破仑不快，以至于大发雷霆，但是拿破仑好战成性，对此类角逐是司空见惯，岂会因此而大伤元气，弄得一命呜呼。排除了上述因素，这位医生认为拿破仑死于中毒。后来他费尽千辛万苦，通过化验拿到拿破仑的头发，在其中发现了高于常人的毒物含量，并且亲自到圣赫勒拿岛曾经埋葬了拿破仑的墓地查证，得知当年迁移拿破仑遗体的时候，虽然尸体经过了 19 年的岁月，却仍然栩栩如生。从而最终证明了他的推论：拿破仑死于长期饮用含有了三氧化二砷，即含有砒霜的酒。

本例中，牙科医生的证明过程如下：

> 论题：拿破仑死于中毒。
>
> 论证：或者拿破仑是死于圣赫勒拿岛恶劣的气候；或者拿破仑和英国总督之间的矛盾层出不穷，导致拿破仑"经年累月饱受极其可怕的痛苦折磨"；或者拿破仑因为帝国几位将军之间的明争暗斗，而大费脑筋，以至于身体大伤元气；或者拿破仑死于中毒。
>
> 拿破仑不是死于圣赫勒拿岛恶劣的气候；拿破仑不会因和英国总督之间的矛盾层出不穷，而致"经年累月饱受极其可怕的痛苦折磨"；拿破仑不会因为帝国几位将军之间的明争暗斗，而大费脑筋，以至于身体大伤元气。
>
> 所以，拿破仑死于中毒。

应当指出，选言证明法要求在确立有关论题的各种可能情况时，必须穷尽一切可能，并遵守选言推理的规则。这样，在否定除论题以外的其余选言肢之后，才能必然确定论题的真实性。

除上述两种主要方法之外，喻证法、引证法和比证法在实践中也是经常使用的间接证明方法。

第三节　法　律　反　驳

反驳是通过论据的真实性确定一个论题虚假性的论证方式。法律反驳常常用于对被告的辩护，即确定被告有罪、罪重或课以重罚是不正确的，应当被判无罪、罪轻或课以轻罚。当然，我们也可以对反驳进行反驳。

一、反驳的方式

（一）反驳的定义和结构

1. 什么是反驳

反驳是根据一个或一些真实的判断，通过推理来确定某一判断的虚假性或某个论证不能成立的思维形式。例如：

> 有些东南亚小国的反华人士说："南沙群岛离 F 国近，就应该属于 F 国。"我国外交部反驳道："按照你们的逻辑，你们国家所在地区离中国近，你们就是属于中国的了。"

这个例子中，我国外交部运用"F 国所在地区离中国近，但这些地区并不属于中国"这一事实，对有些东南亚小国反华人士的论题"南沙群岛离 F 国近，就应该属于 F 国"进行了有效的反驳。

反驳与证明都属于论证，两者可以说是针锋相对、相互对立的，我们常将证明称为"立论"，将反驳称为"驳论"。但是证明与反驳又是密切联系、相辅相成的。确定了一个判断的真实性，同时也就意味着确定了与之相矛盾或相反对关系的判断的虚假性。反之，确定了一个判断的虚假性，同时也就意味着确定了与之相矛盾关系的判断的真实性。所以，在实际应用中，证明与反驳是相辅相成的，它们都是人们探索真理不可缺少的工具。因此，反驳和证明既有联系，又有区别。

2. 反驳的结构

反驳的目的是推翻对方的证明，而对方的证明是由论题、论据和论证方式构成的，因此，反驳就是要反驳对方的论题、论据或者论证方式。

（1）反驳论题。反驳论题就是以对方论证的某一论题为驳斥对象，通过对对方论题存在的矛盾、谬误或者不当、不准之处进行揭露或批驳，从而确定对方论题的虚假性或荒谬性，这是彻底驳倒对方观点的一种最有效的方法。因为论题是一切论据所推出的结论，如果其结论被动摇，那么其立论中的一切论证也就化为无用。其逻辑形式为：

A：p 真，因为 q，

B：p 假，因为 r。

辩者 A 以 q 为论据，论证了论题 p 为真；而辩者 B 则以 r 为论据，论证了论题 p 为假，即 B 反驳了 A 的论题。例如：

认为美国不存在侵犯人权问题，这是不符合实际的。在美国存在种族歧视是任何人都否认不了的事实，而种族歧视说到底是人权问题。四名白人警察殴打一名黑人，这难道不是明目张胆地侵犯人权吗？黑人罗德尼·金被警察毒打了 66 下，连还手自卫的权利都没有，还谈什么人权？而一贯高唱保护人权的美国的司法机构，竟然对毒打黑人的四名白人警察作出无罪判决，难道保护种族歧视就是保护人权吗？

这段话主要是反驳论题，在被反驳的论题之后常用一些习惯性语言，例如："这个论题是站不住脚的""是不符合实际的""是错误的""是荒谬的"，然后再论述反驳的理由。

（2）反驳论据。反驳论据就是以对方论证的论据为驳斥对象，即依据事实、原理确定对方论证的论据是虚假的，或其真实性是未经确定的。论题的真实性要靠论据来证明，如果对方证明的论据被驳倒，或其真实性未得到确定，那么，虽然不能说对方的论题必为假，但至少可以说对方的论题是没有得到证明的。反驳论据的形式主要包括：①指出论据的虚假性或错误性；②指出论据与论敌的论题无必然联系；③指出论据对论敌的论点具有不充足性。不过，在通常情况下，驳倒论据并不能确定对方论题的虚假，而只能确定它在这一论据下不成立，论题因而未被证明。其逻辑形式为：

A：p 真，因为 q，

B：q 假，因为 r。

辩者 A 以 q 为论据，论证了论题 p 为真，而辩者 B 则以 r 为论据，论证了 A 的论据 q 的虚假性，即 B 反驳了 A 的论据。例如：

1836 年，未当美国总统之前的林肯是一位律师，他朋友的儿子小阿姆斯特朗被人诬告为谋财害命罪。原告收买证人福尔逊，一口咬定亲眼看见小阿姆斯特朗作案。针对证人福尔逊"10 月 18 日夜 11 时，通过月光照射，在草堆旁看清了二三十米外的大树下作案人小阿姆斯特朗的脸"的证言，进行了如下反驳：

林肯说："我不能不告诉大家，福尔逊的证言是完全编造的谎言。因为，10 月 18 日那天是上弦月，11 点钟时月亮已经下山，是没有月光的。退一步讲，时间稍提前一点，月亮尽管还没有下山，但那时的月光应该是从西向东照射，草堆在东，大树在西。如果被告的脸面对草堆，脸上是不可能有月光的。如果被告的脸向西，月光能照到脸上，但福尔逊是看不到被告的脸的。在没有月光或在月光照不到脸上的情况下，福尔逊怎么能在二三十米处看清了被告的脸呢？"

林肯通过对事实的分析说明，有力地反驳了福尔逊证明小阿姆斯特朗有罪的证言，也就是论证了小阿姆斯特朗有罪的证据是虚假的。

（3）反驳论证方式。反驳论证方式就是以某论证的论证方式为驳斥对象，即指出对方的论据与论题之间没有必然的逻辑联系，对方论证犯有"推不出"的逻辑错误。其逻辑形式为：

> A：P 真，因为 q 蕴涵 P，
> B：并非 q 蕴涵 p。

辩者 A 确立 p 为真，是因为从 q 为真能逻辑地推出 P 为真，而辩者 B 则指出这一推断是不成立的，即从 q 推不出 p，或者说 q 与 p 之间没有逻辑上的必然联系。例如：

> 王若飞同志在狱中时，法官诬蔑他"卖国"的理由是："马克思、列宁都是外国人，一个中国人讲外国人的主义，还不是卖国？"这位法官的说法犯了"推不出来"的错误，即"一个中国人讲外国人的主义"与"卖国"没有必然联系。王若飞同志抓住这个论证方式（"推不出来"）的错误，进行了有力的反驳：
> "法官先生，你简直太可笑了，可笑得令人齿冷。你竟然无知到这样可怜的程度，真是令人惊奇。对你讲话，我得讲一点普通常识：马克思是德国的犹太人，他在德国不能立足，曾在巴黎进行过革命活动。后来又寄居在英国伦敦。他在英国参加工人运动。英国工人阶级很欢迎他。照你的说法，莫非英国工人把自己国家出卖给了马克思吗？列宁根据马克思主义的真理，在俄国建立布尔什维克党，领导人民推翻了反动的沙皇统治，赶走了德国侵略者。难道列宁赶走了德国人，又把俄国出卖给了德国人吗？先生们，马克思列宁主义是无产阶级革命的真理，哪国需要就在哪国发展，谁也阻止不了，你不懂不要装懂，假装有学问。这样自以为是，自欺欺人，除了给人增加笑料别无好处。"[①]

还必须指出：证明对方推理形式的错误，并不等于对方的论题一定是假的，只是表明对方的论证是错误的，而论题的真假与否是另外的问题。但是指出论证的错误就基本上达到了反驳的目的。因为反驳了对方的论证，就说明对方论题的真实性还没有得到证明。

（二）反驳的方式

按照反驳过程中的方式，即所运用的推理形式的不同，可以把反驳分为演绎反驳、归纳反驳、类比反驳三种。

1. 演绎反驳

演绎反驳就是运用演绎推理形式作为反驳方式的反驳。凡运用演绎推理形式的反驳，

---

① 王日诚：《王若飞在狱中》，吉林人民出版社1963年版，第35页。

不论是直接推理、三段论、关系推理，还是假言推理、选言推理等都是演绎反驳。例如：

> 日本电影《追捕》中有这么个情节，朝仓议员从高楼上"跳下身亡"，在分析朝仓死亡的原因时，有人认为"他是自杀"，检察官杜丘不同意这种看法。他用下面的推理反驳它：
> 如果他是自杀的，那么他必然有自杀的动机和原因，
> 他没有任何自杀的动机和原因，
> 所以他不是自杀的。

杜丘事先并不了解事情的真相，但他用合乎逻辑的推理反驳了"他是自杀的"论断。最后结果证明：朝仓议员是被政界的幕后操纵者长冈害死的，杜丘的推理是完全正确的。

演绎反驳和演绎证明在论证方式上是一样的，因而其论证性是很强的。

2. 归纳反驳

归纳反驳就是运用归纳推理形式作为反驳方式的反驳。它包括运用完全归纳推理和不完全归纳推理进行的反驳。例如：

> 有人说："有些法律是没有阶级性的。"这句话不对。因为一切法律都是有阶级性的。从历史上看，奴隶社会的法律是体现奴隶主统治阶级意志的，封建社会的法律是体现地主统治阶级意志的，资本主义社会的法律是体现资产阶级意志的，社会主义法律是体现无产阶级意志的，所以一切法律都是统治阶级意志的表现，因而一切法律都是有阶级性的。

这个反驳是通过完全归纳法得出"一切法律都是有阶级性的"结论，它与"有些法律是没有阶级性的"这一论题是两个互相矛盾的判断，根据不矛盾律，从前者为真(已推出)就可以推出后者为假。

值得注意的是，归纳反驳所使用的反驳论据往往是许多事实，这种以归纳和列举许多与论据相违背的事实的反驳，仅仅指出论敌的论题与许多事实相违背，因而并不等于将论敌的论题驳倒了，而只能说明该论题难以成立。所以或然性的不完全归纳反驳应该同具有必然性的演绎反驳结合起来使用，其论证性就会更强。

3. 类比反驳

类比反驳就是运用或主要运用类比推理形式来进行的反驳。例如，《晏子春秋》中记载了晏子使楚时，对楚王"齐人固善盗"污蔑之辞所作的类比反驳："婴闻之，橘生淮南则为橘，生于淮北则为枳，叶徒相似，其实味不同，所以然者何？水土异也。今民生于齐不盗，入楚则盗，得无楚之水土使民善盗耶？"

运用演绎反驳、归纳反驳和类比反驳进行司法论证时必须遵循演绎推理、归纳推理和类比推理的基本规则和逻辑要求。否则，反驳本身站不住脚，更不用说驳倒对方、确立己方对案件事实的观点。

二、反驳的方法

根据反驳方法的不同，可以将反驳分为直接反驳和间接反驳两种。

(一)直接反驳

直接反驳就是引用真实判断直接确定对方的论题或论据虚假，或者论证方式无效的反驳。

直接反驳具有针锋相对、直截了当、一语中的等特点，是最重要、最常用的一种反驳。在实际反驳中，人们经常使用直接反驳来推翻对方的论题、论据和论证方式。在上文王若飞的反驳中，他列举一些基本事实所进行的反驳，就是直接反驳。

1. 直接反驳论题

这是通过直接反驳以确定对方论题的虚假性。这是反驳的关键，因为只有驳倒对方的论题，才能彻底驳倒对方。例如：

> 有人说，给人造成了伤害就要进行法律赔偿。然而，这种说法绝对是不正确的。一个歹徒要行凶，我们及时将其击倒，给他造成了伤害，我们不但不用赔偿，反而要获得社会的称赞，拿一个见义勇为奖；驾驶大巴车，车闸失灵了，我们只能将车往边上开，借助与墙体产生的摩擦力迫使车停下来，因此撞倒了无辜的行人，但这种紧急避险也是不用负法律责任、进行法律赔偿的。……可见，并非给人造成伤害就必须进行法律赔偿。

这就是通过摆事实、讲法律直接指出被反驳论题"给人造成了伤害就要进行法律赔偿"的虚假性。

直接反驳论题时应注意：

(1)明确对方论题中的主要概念。明确论题，主要是明确论题中的概念。如果论题中的主要概念含糊不清，那么论题就会留下被人反驳的致命弱点。所以，我们要明确对方论题中的主要概念，对其中含糊不清的地方进行有力的反驳。

(2)注意在论辩过程中对方的论题是否自始至终保持一致。如果对方有意或无意地"转移论题"或"偷换论题"，则应该迅速反应，抓住不放，穷追猛打，直至驳倒对方。

2. 直接反驳论据

这是通过直接反驳以确定对方论据的虚假性，不能成为论题的充足理由的反驳。

论据是论题的根据。从论据的真实性出发，可以推出论题的真实性。因此，我们可以直接指出被反驳的证明所用的论据是虚假的或尚未证明的，从而驳斥对方的观点或动摇其论题。当然，作为论题根据是虚假的，并不必然导致论题的虚假。但通过这种方法，我们至少可以证明对方的论证不能成立。例如：

> 原告确认是被告在夜里持镰刀从背后砍伤了自己，根据是"在被告家里找到一件衬衣，上面有血迹；找到一把镰刀，它的刀刃形状与伤口形状基本吻合"。被告的辩护律师反驳指出：被告衬衣上的血迹是被告在家杀鸡时溅上的鸡血，而那样刀刃形状

的镰刀在这个村里至少能找出十把，所以，凭此怎么能确认"这名被告夜里持镰刀伤害了原告"呢？

这里，反驳者驳倒了对方的论据。但是需要指出的是，反驳的对象是论据而不是论题。由于论据是虚假的而论题不一定是虚假的，因而，驳倒了对方的论据并不等于驳倒了对方的论题，只能说明对方论题的真实性是值得怀疑的，而不能由此下定论说对方的论题不能成立。如上例论据被驳倒了，但论题"这名被告夜里持镰刀伤害了原告"仍有可能是真的。如果对方不仅论据是虚假的，而且论题也是虚假的，那么要想彻底驳倒它，就不能仅仅满足于驳倒论据，还要进一步驳倒论题，所以在反驳中，只反驳论据是不够的。如果把反驳论据和反驳论题结合起来，反驳会更加有力。

直接反驳论据时应注意：

(1)保障自己论据的正确性。作为反驳的论据，要查证属实，经得起对方的质问。只有确凿的证据，才能辩驳虚假的证据。

(2)发现对方论据存在的瑕疵。要及时发现，立刻攻击。

(3)发现对方推理形式错误，要熟练运用规则，敏锐指出。

(4)由于驳倒对方论据，并不意味着对方论题为假，因此，有时需要采取与其他论辩方法相结合的方式，多管齐下，予以反驳，达到驳倒对方论题的目的。

3. 直接反驳论证方式

这是通过直接反驳来指出对方的论证方式不符合推理规则，或者指出对方的论据和论题之间没有必然的逻辑联系的反驳。

论证方式作为一种把论据和论题联系起来的方式，要求论据与论题之间有逻辑上的必然联系，否则，当对方出现"推不出"的逻辑错误时，我们可以直接给予有力的反驳。例如：

> 有一个小偷偷了一个密码箱。在审问过程中，这个小偷一口咬定密码箱是他的，并说如果我能打开它，那就证明它是我的了。公安人员当即针对他的论证方式加以反驳："如果是你的密码箱，你就能打开它。但你能打开它，并不能证明是你的密码箱。"
>
> 这个小偷使用的推理形式是：
> 如果密码箱是我的，我就能打开它；
> 我能打开它；
> 所以，密码箱是我的。

显然，这个小偷使用了充分条件假言推理的肯定后件式进行论证，犯了"由肯定后件而肯定前件"的逻辑错误，其论据和论题没有必然的联系，因此，由其论据不能必然推出论题。公安人员正是针对小偷的论证方式进行反驳的。这就是根据推理规则，直接指出论证过程中存在逻辑错误、论证无效，从而进行反驳。

在实际的反驳过程中，必须注意反驳了对方的论证方式不等于证明对方的论题是虚假的。如果对方的论题是虚假的，那么还必须用足够的材料分别从论题和论据的角度加以反驳。

在司法实践中，针对对方论证方式中的不同错误，我们可以从以下几个方面进行反驳：

一是从论据与论题不相干上予以反驳。如果对方的论据是真的，但它与论题毫无内在联系，不能由此推出论题的真实性，就可以明确指出对方犯了"论据与论题不相干"的错误。

二是从论据不足上予以反驳。论据是论题的充足理由，从论据的真实性可以推出论题的真实性。在法庭论辩中，如果对方虽然提出一些真实论据，但理由不充分，不能足以证明论题，就可以指出对方犯了"论据不足"的错误，使辩护获得成功。

三是从相对判断作绝对判断上予以反驳。相对判断作为绝对判断的错误，是指在法庭论辩中对方把在一定时间、条件和意义上正确的判断作为绝对正确的判断，并以此为根据论证论题的真实性，使论题得不到合理的论证。如能指出相对为绝对的错误，就能获得论辩的成功。

四是从适用法律不当上予以反驳。法律条文是案件处理的法律根据。因此，对援用的法律条文必须确保准确无误。否则得出的结论，从表面看是根据某项法律条文推出来的，但实质是对法律条文的曲解。在法庭辩论中，我们常遇到这种情况：对方所援引的法律条文和案件事实对不上号，律师如运用此法进行反驳，往往能收到预期效果。

五是从论据自相矛盾上予以反驳。论据自相矛盾，主要是指公诉人或对方人员用以作为证明论题的依据——法律条文或事实自相矛盾。当公诉人或对方人员对案件的性质和情节的认识尚不确定时，就急于提起诉讼，往往会造成引用法律条文的失误。

六是从以人为据上予以反驳。在论辩中，对方不是以相关的法律条文和在法律条文制约下陈述的案件事实作为确凿可靠论据，来论证所确定的论题，而是以对人的褒贬或攻击代替对论题的论证。

（二）间接反驳

间接反驳是相对于直接反驳而言的，就是用论据间接去确认对方的论题或论据的虚假性，即是通过确定与被反驳判断相矛盾或相反对的判断为真，进而确定被反驳对象为假的反驳方法。这种方法不是直接论证对方论题的虚假性，而是先论证与对方论题相矛盾或相反对的判断为真，再间接确定对方的论题为假。间接反驳又可以分为独立证明法和归谬法两种，一般用于反驳论题与反驳论据。

1. 独立证明法

独立证明是先自行通过引用真实论据，独立确定与被反驳判断相矛盾或相反对的判断为真，进而确定被反驳的判断为假的反驳方法。因为这种方法先把对方的论题暂时撇开，来证明自己的论题，因而称作独立证明。

独立证明法的反驳步骤如下：

（1）设立一个与论题的真假具有相互矛盾关系或反对关系的命题作为反论题；

（2）引用论据确定反论题的真实性；

（3）根据矛盾律，由所设论题为真而确定被反驳的判断为假。

用公式表示则为：

被反驳的论题：P。

确立反论题：非 P（"非 P"与"P"具有矛盾关系或反对关系）。

独立论证：非 P 真。

根据矛盾律：所以 P 必假。

需要说明的是，这里的反论题，既可以是与被反驳的论题存在矛盾关系的论题，也可以是与被反驳的论题存在反对关系的论题。因为矛盾关系和反对关系的判断都不能同为真，只要能证明其中一论题为真，那么和它相矛盾或相反对的论题就只能是假的了。

在通常情况下，反驳的任务在于证明被反驳的论题的虚假性。这一任务可以借助直接反驳来完成。但是现在却拐了个弯，引用论据来证明与这一论题相矛盾或相反对的论题是真实的，从反论题之真推出原论题之假，所以叫做独立证明的反驳。由此我们可以看到，独立证明的反驳具有这样的特点：辟径自立，正面出击；观点鲜明，以正压邪。例如：

有人说："青少年犯罪不负刑事责任。"这是不对的。因为我国 2021 年 3 月 1 日新颁布的《刑法修正案（十一）》规定，在"特定情形、特别程序"的前提下，12～14 周岁未成年人实施严重暴力犯罪也要承担刑事责任。

这里被反驳的论题是"青少年犯罪不负刑事责任"。反驳的方法是引用我国《刑法》有关条文作论据，自行证明"青少年（已满 12 岁不满 14 岁的人）犯罪应负刑事责任"。显然，经过独立证明的这一论题与被反驳的论题是一对矛盾判断。这样，根据矛盾律既然独立证明的论题为真，那么，由真推假，被反驳的论题就必然是假的。这就是独立证明法，也叫反题法。

再如，在王若飞的反驳中，在直接反驳的同时，他又用间接反驳的独立证明法，论证了"他不是卖国"为真，从而驳斥了"他卖国"这个说法的虚伪性。

在司法实践中，运用独立证明反驳时应注意：

（1）所依据的法律和事实材料要可靠，能为对方接受；法律条文的内涵和外延要理解得透彻、全面。否则，事实材料虚假，不能必然推出可靠结论；法律条文理解不透彻或掌握不全面，就容易产生援引错误，使案件事实与法律规定对不上号，导致论辩失败。

（2）要全面深入调查，掌握案件的全部事实，保持与援引的法律规定相统一。否则，不能发挥反驳作用。

（3）论证的结论必须是对对方论题的否定，否则，论证本身无任何意义。

2. 归谬法

归谬法是通过从一个命题导出荒谬的结论而否定该命题的一种方法。

归谬法的反驳步骤如下：

（1）假定被反驳的论题是真的；

（2）以此为前提条件却推出一个荒谬的结论；

（3）然后根据充分条件假言推理的"否定后件就要否定前件"的规则，确定原来的假定是错误的。

用公式表示则为：

> 被反驳的论题：P。
>
> 假设：P 为真。
>
> 证明：如果 P 真，则 q，
>
> 　　　　非 q，
>
> 所以，非 P（充分条件假言推理否定后件式）。
>
> 结论：P 假。

在人们的实际思维活动中，归谬法这种方法经常被运用到。在具体运用中既可以反驳对方的论题，也可以反驳对方的论据，还可以反驳对方的论证方式。

针对论题进行反驳是主要的反驳方法。归谬法常用来反驳对方的论题。例如：

有人提出"只要努力办案，就没有破不了的案"的观点。这一观点的意思是"所有案件经过努力都是可以破获的"。这是一种绝对的观点、一种不正确的认识。我们对此观点可以进行这样的反驳："倘若努力就能破获所有的案件，那么推论起来，谋杀肯尼迪总统的案子早就破了，优秀的侦查机关就没有任何积案了。"显而易见，总统被谋杀，美国司法机关肯定是尽力去破案了，但至今这仍然是个悬案；优秀的侦查机关之所以优秀，一定是工作努力的，但仍有不少优秀的侦查机关存有未破的积案。所以，"所有案件经过努力都是可以破获的"观点也就不能成立了。

在反驳中也常用归谬法反驳对方的论据，指出对方论据的荒谬性，从而证明对方论题不能成立。例如：

有人来到派出所报案，说自己的老伴遭遇车祸受了重伤，要求民警将自己的儿媳妇抓起来审问。为什么呢？他说，自己偶然发现儿媳妇做了一个婆婆形状的布娃娃，暗地里念念有词诅咒自己的老伴，还用针使劲扎那个布娃娃。正因为儿媳妇用这种手段诅咒婆婆，才使得自己的老伴遭遇了车祸。民警面对这样的报案者，只好进行耐心地劝说。一位民警用归谬法进行了这样的劝说："要是扎个布娃娃就能伤害一个人，那我们扎个蔡英文，诅咒她，让她出事，让'台独'势力瓦解，那是不是中国统一大业就不用大动干戈，就顺利解决了？"报案的老者无言以对，不再提儿媳的事，而是在民警引导下解决交通事故的赔偿。报案老者在这里的错误观点是"儿媳妇扎布娃娃造成了婆婆受伤害"。所依据的理由是，扎布娃娃可以诅咒一个人。针对这个错误的理由、论据，民警巧妙运用归谬法予以驳斥："如果扎布娃娃可以伤害人，那么扎布娃娃就可伤害"台独分子"，进而轻松完成统一大业。"这显然是荒谬的，不可能的，所以老者哑口无言了。归谬法之妙，于此可见一斑。

如果在实际思维中发现对方的论证所用推理形式错误，可以直接指出其推理形式违反推理规则，犯了逻辑错误；也可以用归谬法反驳对方的论证方式，揭示其论证方式荒谬，来说明对方论题不能成立。例如：

> 一位新入警的警员在分析案情时说："所有的网络诈骗都要求对方汇款，这个人也要求某人汇款，所以这个要求对方汇款的人一定是个网络诈骗者，大家说对吗？"一位老警员答道："你的推论也太绝对了吧，如果你的推论正确，那么下面的推理也能成立，所有鹅都吃白菜，你也吃白菜，所以你也是鹅。"

这里新警员论证的是要求汇款的人就是网络诈骗者，所用三段论推理违反三段论规则，前提为真却不能推出必然正确的结论。为了证明对方的推理形式无效，观点不能成立，老警员运用了与对方完全相同的推理形式，从真实的前提却推出一个对方根本无法接受的荒谬结论，以使对方意识到自己的错误。用归谬法反驳论证方式可以表述为：

如果 B 能证明 A，那么 B' 就能证明 A'；B' 不能证明 A'（因 B' 为真而 A' 为假），所以，B 不能证明 A。即从 B 推不出 A，该论证方式错误。

这里 A 代表对方论题，B 代表对方论据，A' 代表对方无法接受的荒谬结论，B' 代表一些明显为真的判断。

运用归谬法反驳论证方式与前面讲过的运用归谬法反驳论题、反驳论据有所不同。用归谬法反驳论题或反驳论据，是以对方的论题或论据为前提，按照正确的推理形式，推出对方显然不能接受的荒谬结论，从而证明对方论题或论据的虚假性。而用归谬法反驳论证方式是以明显为真的前提，按照对方的论证方式却推出一个对方显然不能接受的荒谬结论，以此来说明对方推理无效，犯"推不出"的逻辑错误。

运用归谬法应特别注意：要善于发现对方的谬误，然后予以反驳。只有发现对方的谬误，才能为运用归谬法反驳奠定基础。

发现对方谬误的方法很多，可以从对方使用的关键概念入手，可以从分析对方三段论的判断构成入手，可以从分析语句中不同语境的不同意义入手，可以从分析一个语词在不同语境中的不同含义入手等。这要求司法工作者平时加强语言、修辞、逻辑等方面基本知识的学习。

◎ 练习一：法律论证训练

一、结构分析题

请分析下列证明或反驳的逻辑构成，指出它们的论题、论据和论证方式：

1. 原告说自己是劝架，而不是故意伤害被劝说的人，这一说法是不可信的。众所周知，劝架是一种避免和阻止被劝人受伤害或伤害他人的行为，可是原告在被劝人胡某某因手掌骨折剧痛发出救命呼声时，却继续伙同他人将被劝人拖行10余米，这究竟是在避免被劝人受伤害呢，还是在故意伤害被劝人呢？

2. 从该案的现场来看，可以肯定是凶杀案。因为尸体上布满致命伤，自杀不会有这么多致命伤；从伤痕的特征看，应属刀刺伤，如果是自杀，凶器一定在现场或离现场不远的地方，但在现场及附近，都没有找到刀子。

3. 某被告的辩护人在辩护词中根据医院"表面无伤痕"的鉴定，论证被告打的一拳是"轻"的。公诉人说：辩护人提出的理由不够充分。表面无伤痕，不是用力大小的唯一依据，甚至不是重要依据。轻抓伤皮可以有伤痕；重打引起内伤，可以无伤痕。因此，仅根据"表面无伤痕"，就认定被告打击的一拳属于"轻击"，说服力不强。

二、实践题

1. 从报刊上寻找一个案例，看完后立即将案情通报给同学或老师，然后让对方检查你通报的全面性、准确性和简洁性是否到位。

2. 2008年3月14日，一群不法分子在西藏自治区首府拉萨市区的主要路段实施打砸抢烧，焚烧过往车辆，追打过路群众，冲击商场、电信营业网点和政府机关，给当地人民群众生命财产造成重大损失，使当地的社会秩序受到了严重破坏，13名无辜群众被烧死或砍死，造成直接财产损失超过3亿元。但是有些西方媒体进行了失实的报道。公安机关侦破拉萨"3·14"事件中两起纵火案的有关情况，根据掌握的情况，判定这起严重的暴力犯罪事件是由达赖集团有组织、有预谋、精心策划和煽动的，是由境内外"藏独"分裂势力相互勾结制造的。如果你作为公安部的新闻发言人要做一个面对社会的公开演说说明真相，那么请自拟一份演说稿，并从逻辑方面分析得失。

三、逻辑错误分析题

请指出下列论证中的逻辑错误：

1. 甲乙两伙人在喝醉酒以后因为一点小事斗殴起来，几十个人打作一团。甲帮的一个人突然倒地而死，这群人就一哄而散。经过法医的鉴定，死者是外伤性脑出血死亡。后来，乙帮为首的青年在北京被抓获了。在审讯中，他始终不承认自己动手打人，并且坚持说自己连打架都没有参与。法庭上控方出示的只有一个证人证言，是一个距离被害人倒地现场6米之外而且在后台操作音响的服务员的指认。该证人作证说："看见一个挺高个的人打了一个高个子穿大衣的人，在太阳穴处猛击一拳。"凭着这一个指认，加上法医鉴定，就认定他是凶手。辩方律师聘请了北京市高级人民法院、最高人民检察院、公安部的5位法医专家，对鉴定结论进行分析论证，发现尸检报告里没有提到任何外伤，太阳穴处连皮下淤血都没有，可外伤性脑出血必然得有外伤，既然没有外伤也就无法确定被告人确实打了被害人一拳。这样的话，证明被告人打人的证据只有一个证人证言。但是法院根据这个证据仍然认定被告故意伤害罪成立。

2. 某被告在刑讯逼供的情况下，供认自己杀了人，并称是用他家的那把菜刀杀的。于是，审判员就作了杀人罪的判决。这个审判员首先用被告的口供，证明被告家中的那把菜刀是杀人凶器，然后又用这把菜刀是被告杀人的凶器，证明被告是杀人凶手。

四、思考题

如果你是执法人员，你应该如何反驳下列违法行为，并分析运用了哪种反驳方式：

1. 2002 年 8 月 13 日上午，石家庄市某医药公司的经理尹先生开车送朋友到郊区开会。车沿 308 国道行驶至市郊的一个路口时，尹先生突然发现一条狗在车前一闪，随即感到车后颠簸了一下，发现撞死了一条狗。狗主人穆先生表示这是一条世界名犬，至少要赔 1 万块钱才行。尹先生表示难以接受，认为撞了狗不算交通事故。

2. 有一犯罪嫌疑人在为自己的违法犯罪开脱时说：如果我是故意杀人，我就会认识他，如果我故意杀人，我就会与他有冤有仇，我又不认识他，又和他无怨无仇的，我怎么会故意杀害他。

五、判断题

判断以下内容中，执法人员运用了何种反驳方法来驳倒被训斥人的荒唐论题。并写出其反驳过程。

1. 在一抢劫案中，犯罪嫌疑人辩称：我当时虽然手持匕首向过路行人要钱，但我一没打他，二没骂他，又是他自己把钱交给我的，我根本没有违法犯罪。执法人员训斥说："如果手持匕首逼迫过路人交出财物不是违法犯罪，那么人人都可以手持匕首、刀枪或其他凶器，在光天化日之下胁迫他人交出财物而不受法律追究。那样的话，公民的生命财产安全将随时处在被他人的威胁之下，社会秩序还怎么得以维护呢？"显然，认为手持匕首胁迫他人交出财物不是违法犯罪的论题是十分荒谬的。按照《中华人民共和国刑法》第 263 条的规定，对无论以暴力、胁迫或者其他方法抢劫公私财物的，都要依法以抢劫罪予以惩处。

2. 在一次讯问中，侦查人员指着从嫌疑人家里搜查到的一部相机问道："这是你的相机吗？"

嫌疑人回答道："是我买的。"

侦查人员接着问："你买了多久了？"

答："3 年了。"

问："那你用这个相机照过相吗？"

答："当然用过。3 年来，如果照相的话，我一般都是用这个相机。"

问："那么你对这个相机一定很熟悉了。"

答："那当然，非常熟悉。"

问："那你能够将这个相机打开吗？"

答："当然可以。我经常用这个相机的。"

嫌疑人拿起相机翻来覆去弄了好几分钟都没有把相机打开，只好说："这段时间我一直没有用这个相机了，所以就对它不熟悉了。"

侦查人员严肃地说："你刚才不是说你 3 年来一直都用这个相机吗？怎么现在又说一直没有用这个相机？你不是说对这个相机很熟悉吗，怎么现在又说不熟悉了？"

嫌疑人顿时脸色苍白，直冒冷汗："让我再想想。"

侦查人员说："不用再想了。你怎么会打不开自己的相机了？因为这相机根本就不是你的。这相机有一个按钮，按钮一按相机就开。如果是你自己的，你还用想吗？"

嫌疑人低下了头，承认了自己入室行窃的罪行。

◎ 练习二：行政职业能力测验论证题训练

（说明：加强支持类的题目都属于证明类的题目）

1. 当鸟类面临栖息地被破坏、天敌威胁和环境污染等生存压力时，自身就会分泌一种名为皮质醇的激素。因此，经常处于生存压力状态下的鸟类，其羽毛会变得较为稀疏。以下哪项如果为真，最能支持上述论证？（　　）

    A. 鸟类体内的皮质醇含量可能会因全球变暖而发生变化。

    B. 一些鸟类更换栖息地后，体内的激素水平会增高。

    C. 皮质醇会影响鸟类羽毛的生长和代谢。

    D. 如果鸟类的羽毛变得稀疏，则说明它们一定处于长期的压力状态。

2. 轿车的减震系统越"硬"，跑高速、过弯道车身就越稳。"路通"汽车销售公司的销售人员据此向制造商建议，为了提高销量，应将"路通"公司所售轿车的减震系统设计得更"硬"一些。以下各项如果为真，最能支持上述建议的是哪项？（　　）

    A. 目前市场上畅销轿车的减震系统比"路通"公司销售的轿车更"硬"。

    B. 德国轿车减震系统比较"硬"，德国车是好车。

    C. 很多人认为减震系统"硬"会使汽车颠簸，还是"软"些好。

    D. 近来喜欢"硬"的减震系统的车主开始多起来，尤其是年轻的开车族。

3. 日前，研究人员发明了一种弹性超强的新材料，这种材料可以由 1 英寸被拉伸到 100 英寸以上，同时这一材料可以自行修复且能通过电压控制动作。因此研究者认为，利用该材料可以制成人工肌肉，替代人体肌肉，从而为那些肌肉损伤后无法恢复功能的患者带来福音。

以下哪项如果为真，不能支持研究者的观点？（　　）

    A. 该材料制成的人工肌肉在受到破坏或损伤后能立即启动修复机制，比正常肌肉的康复速度快。

    B. 该材料在电刺激下会发生膨胀或收缩，具有良好的柔韧性，与正常肌肉十分接近。

    C. 目前，该材料研制成的人工肌肉尚不能与人体神经很好地契合，无法实现精准抓取物体等动作。

    D. 一般材料如果被破坏，需通过溶剂修复或热修复复原，而该材料在室温下就能自行恢复。

（说明：削弱质疑类的题目都属于反驳类的题目）

4. 历史上一度盛行的古埃及、古巴比伦、古玛雅的语言文字已成历史尘埃，世界上现存的 6000 多种语言文字，平均每两周就消失一种。由此推算，到 2050 年，世界上将有 90%的语言文字灭绝。以下哪项如果为真，最能反驳以上观点？（　　）

    A. 有许多语言学家正在研究这些语言文字。

    B. 古代语言文字往往是随着文明被征服而灭绝的。

C. 许多濒危语言文字已经得到了重视和有效的保护。

D. 现代的非文盲比例与古代相比有非常显著的降低。

5. 一类疫苗是国家根据目前国内疾病流行情况以及我国儿童的普遍身体状况规定的必须接种的疫苗，接种费用由政府支付，而其他不属于一类疫苗并且需要家长自费的疫苗属于二类疫苗。由此家长们普遍认为，二类疫苗只是预防一类疫苗之外的疾病的。以下哪项最能反驳家长们的看法？（　　　）

A. 二类疫苗中的五联疫苗可以预防一类疫苗已覆盖的一些疾病，因此可减少接种次数。

B. 一类疫苗预防的是可能给孩子带来更大伤害的疾病，二类疫苗则不一定。

C. 同一种疫苗在不同的国家和地区可能属于不同类型的疫苗。

D. 选择不接种二类疫苗除了经济原因，还有对其安全性的考虑。

6. 德国和瑞士的专家经过研究得出一个有趣的结论：餐具颜色能直接影响食欲，红色餐具可降低人们40%的食欲。在人们的传统观念中，红色是极具攻击性的色彩，用红色餐具盛放食物往往会让人难以下咽，因为在潜意识中人们会给自己发出不能吃红色餐具中食物的心理暗示，从而令食欲下降。如果以下各项为真，最能质疑上述论断的是哪项？（　　　）

A. 快餐巨头常在大堂中使用大片鲜亮的红色图案，并没有影响快餐销量。

B. 红色易使人产生紧张感，暴饮暴食是人在精神紧张时放松自己的一种方式。

C. 试验表明，使用红色水杯者比使用蓝色水杯者平均饮水量要减少44%。

D. 红色预示着不安和担忧，人们看到红色餐具会本能地担心食物有危险。

7. 自20世纪50年代以来，全球每年平均爆发的大型龙卷风的次数从10次左右上升至15次。与此同时，人类活动激增，全球气候明显变暖，有人据此认为，气候变暖导致龙卷风爆发次数增加。

以下哪项如果为真，不能削弱上述结论？（　　　）

A. 龙卷风的类型多样，全球变暖后，小型龙卷风出现的次数并没有明显的变化。

B. 气候温暖是龙卷风形成的一个必要条件，几乎所有龙卷风的形成都与当地较高的温度有关。

C. 尽管全球变暖，龙卷风依然最多地发生在美国的中西部地区，其他地区的龙卷风现象并不多见。

D. 龙卷风是雷暴天气(即伴有雷击和闪电的局地对流性天气)的产物，只要在雷雨天气下出现极强的空气对流，就容易发生龙卷风。

8. 独立证明法和归谬法是间接论证的两种方法，其中独立证明法是通过证明与被反驳命题相矛盾的命题为真，从而确定被反驳命题为假的方法。归谬法就是由所要反驳的命题为真，引出荒谬的结论，从而证明所要反驳的命题为假。

根据上述定义，下列哪项论证中使用了独立证明法？（　　　）

A.

甲：人类是由猿猴进化而来的。

乙：不可能！有哪一个人见过，哪一只猴子变成了人？

B.

甲：天不生仲尼，万古如长夜。

乙：难道仲尼以前的人都生活在黑暗之中？

C.

甲：人性本恶。

乙：如果真的是人性本恶，那么道德规范又从何而来呢？

D.

甲：温饱是谈道德的先决条件。

乙：温饱绝不是谈道德的先决条件。古往今来，没有解决衣食之困的社会也在谈道德。

9. 某学院在开学之初，利用 4 天时间开设了哲学、逻辑、数学、统计、宗教、历史和艺术 7 门课程让学生试听。每天上午、下午各一门。除一门课程可以开设两次之外，其他课程均不重复。这 4 天的课程设置还须满足以下条件：

(1) 艺术课程至少有一次安排在第 3 天；

(2) 数学课程只能安排在逻辑课程的次日；

(3) 第 1 天或第 2 天中至少有一天安排统计课程；

(4) 哲学课程与数学课程或艺术课程安排在同一天；

(5) 开设两次的课程不能安排在同一天，也不能安排在第 3 天，其中一次要安排在第 4 天。

以下哪门课程不能安排在第 4 天？（　　）

　A. 历史　　B. 哲学　　C. 艺术　　D. 宗教

（提示：本题属于综合论证，论题是不能安排在第四天的课程，可紧紧围绕第 4 天展开思考）

10. 公司召开一个重要会议，小张又迟到了。公司王经理批评他说："小张，你为什么又迟到啦？"小张解释说："因为来晚了，所以迟到了。"

以下哪项陈述正确描述了上文推论中的错误？（　　）

　A. 使用了一种原则上既不能证明为真也不能证明为假的前提。

　B. 把对一类事物中的个别种类断定为真的结论推广到这类事物的所有种类。

　C. 使用了一种强词夺理的说法。

　D. 把所需要作出解释的现象本身作为对那种现象的一种解释。

后　记

作为法律人，除了具备法律专业知识外，还必须具备较好的逻辑素养。因为他们是在特殊岗位上工作的人，他们面临复杂的环境，身居特别的地位，经历非常的考验，因而必然有着自己的逻辑思维的特点。针对法律人思维前提的法定性、思维过程的溯因性和思维结果的确证性的逻辑思维特点，我们构造了本书的体系：根据新文科跨学科、多门知识融合的理念，我们融合了哲学、思维学、法理学、犯罪与犯罪心理学、公安学、诉讼法学、证据学以及语言学、写作学等知识；依据OBE以岗位能力为导向的理念，我们将逻辑推理能力与法律理解能力、语言表达能力、公文写作能力、高效思维能力融入法律人逻辑能力的培养之中，并同时拓展培养作为国家公务人员所必须具备的行政职业能力，由此展开了本书各章节的撰写。

本书努力培养法律人应具备的逻辑素养具体包括：第一，理解逻辑是法律思维的基石，法律人必须从思想上予以重视；第二，法律概念是法律思维的细胞，一定要准确理解；第三，面对种种的法律问题，要能够作出精确的法律判断；第四，面临纷繁复杂的法律事件，保持清醒头脑，正确进行推理，有效展开各种法律推断；第五，开展一切法律工作，都必须遵守思维的逻辑规律，在正确思维的逻辑规律约束下进行法律思维；第六，对未知的案件情形能迅速形成预见，科学构建法律假设，提高执法效率；第七，综合运用法律逻辑知识，全面展开法律论证，在各种法律场景中以事实为根据，以法律为准绳，以逻辑为基座，证明正确的观点，反驳错误的思想，收到良好的效果。

本书的重点内容是法律推理和法律论证。准确理解法律概念，精确作出法律判断，是为正确进行法律推理作铺垫的，而对法律思维逻辑规律的把握是为全面运用法律论证提供前提的。因此，掌握各种法律推理形式，熟练应用法律论证能收到良好的执法效果，就成为学习本书的重点内容。

本书的难点是以高度抽象的形式讲解法律人应掌握的逻辑知识，并让抽象与实际结合起来，让逻辑化为法律工作的实际需要。

我们努力从法律思维的角度，寻找到法律思维与逻辑思维的结合点，让空洞的逻辑形式具有丰富的法律事件、法律原理的内容，并在全面、深刻的讲解中，让逻辑转化为法律人的思维素质，让法律人具有良好的逻辑素养，正确执行法律，减少冤假错案的发生。过去的研究，大多是逻辑原理与法律案件的简单相加。而我们的研究重视的是根据法律思维以及法律实施过程中所呈现的特点，针对性地进行融合性的研究，让逻辑融入法律人的血液之中。

我们在对法律人逻辑素质的培养中，也要注意融入思想政治教育的内容。本书第一章开篇就讲到，以习近平为核心的党中央高度重视法治建设，然后将法治建设与法律思维紧密联系起来。在第二章至第五章的讲解中，我们在马克思主义哲学认识论的基础上揭示概念的实质，阐明判断与实践的关系，明确推理前提的真实性要求，再展开相应的逻辑内容。在第六章思维的逻辑规律讲解中，我们更是强调遵守规律的重要性，并学会区分哲学矛盾与逻辑矛盾。在最后两章讲解逻辑、法律逻辑知识的综合运用时，我们贯穿马克思主义哲学实践论的思想，让大家明白科学假设是社会实践发展的形式，法律论证是维护社会公平正义、促进社会健康发展的基石。

经过各位作者的辛勤付出，本书形成了较为完整的法律人逻辑体系。这个体系从思维基本形式概念、判断、推理出发，研究法律概念的准确理解、法律判断的精确掌握和法律推理的正确进行；然后再提出所有法律思维都必须遵守的思维的逻辑规律，既对前述内容进行深入引导，又为后述内容进行铺垫；最后形成对法律逻辑基本知识的综合应用，讲述法律假设的构建和法律论证的全面应用。这样建构的体系既与普通逻辑体系基本吻合，又突出了体系内在的紧密连接。

从思维研究角度看，本书提供了将法律思维以及法律人思维与逻辑思维紧密结合的方式方法。它紧紧围绕法律人思维的特点，嵌入逻辑的素养，让两者能够融合在一起，避免了法律、逻辑"两张皮"的弊病。

另外，本书始终指向明确，让所有的论点或阐述都指向对法律人逻辑素质的培养。这样的理论体系就有了骨架支撑，较为完善，同时也彰显出它是始终重视理论的应用的。

这样构造的实务应用逻辑体系，其应用价值较大。总的来说，它能够帮助法律人提高执法效率，规避执法错误，促进文明执法。具体来说：第一，促进法律人进行正确有效的判断，提高断定能力。第二，促使法律人进行准确有效的推测，提高推断能力。第三，助力法律人进行严密有力的论证，提高论辩能力。第四，帮助法律人敏锐察觉谬误，提高辨析能力。第五，有利于法律人明确传达思想，提高表达能力。

多年来，我们一直致力于法律领域职业应用逻辑的研究和教学实践，并取得了一定的成果，受到逻辑界的关注。2003年，由中国逻辑学会会长吴家国主审的《司法逻辑能力基础》由广东人民出版社出版；2004年，本人主持的课题"以能力模块构建的逻辑——侦查逻辑能力"在中国逻辑学会立项，并于2005年正式由广东人民出版社出版了《侦查逻辑能力》一书，在全国十几所警察院校使用；2008年，在中国法制出版社出版《警察逻辑能力教程》；2011年，在人民日报出版社出版《警察职业逻辑能力训导》；2013年，在华南理工大学出版社出版《执法应用逻辑》；2016年，在武汉大学出版社出版《警务逻辑》。值得一提的是，2009—2010年，我们还组织全国26所政法高校、政法机关的50余名学者在中国法制出版社推出了系列逻辑艺术丛书（政法篇），其中包括《破案的逻辑艺术》《查案的逻辑艺术》《审案的逻辑艺术》《惩教的逻辑艺术》《维权的逻辑艺术》《法治的逻辑艺术》六个分册。接下来，我们还将出版《执法者怎样思维》一书，其内容包括冤案鉴别的逻辑艺术、假案甄别的逻辑艺术、错案辨别的逻辑艺术和疑案识别的逻辑艺术。

本书的编写分工如下：第一章由王仁法（东莞城市学院法学院）撰写，第二章由万月玲（广东司法警官职业学院）撰写，第三章由郑文姬、李姝昀（广东司法警官职业学院）撰写，第四章由李阳桂（湘南学院）、覃健（云南大学滇池学院法学院）撰写，第五章由杨三正（广州应用科技学院法政学院）撰写，第六章由邵长飞（广州应用科技学院法政学院）撰写；第七章由左薇(广州应用科技学院法政学院)撰写，第八章由魏翔(广东培正学院法学院)撰写。主编负责统稿、修缮以及各章附录二行政职业能力测验训练题的编排。

　　由于编写时间较为仓促，本书还有许多不尽如人意的地方。欢迎逻辑界、法律界的专家学者对此书提出自己的意见和见解，共同促进法律逻辑应用的发展，促进法律思维的研究和法律人逻辑素质的提高。

王仁法

2025 年 5 月 16 日